Hans Krämer
Kritik der Hermeneutik

Interpretationsphilosophie
und Realismus

Dieses Buch setzt sich zum Ziel, die «hermeneutische Wende» in der Philosophie in Frage zu stellen. H.-G. Gadamer hat den Hermeneutikbegriff so verändert, daß er heute fast nur noch antirealistisch verstanden wird. Die Philosophische Hermeneutik und die daran anschließende, weiter ausgreifende Interpretationsphilosophie haben in den letzten Jahren das Gros der deutschen Philosophen und Geisteswissenschaftler und Teile der Analytischen Philosophie hinter sich bringen können.

Eine kritische Auseinandersetzung ist jedoch ausgeblieben oder blieb in Ansätzen stecken. Man hat vielmehr eine ihrer Grundvoraussetzungen, den Antirealismus, als dogmatisch hingenommen: Wir verstehen und interpretieren immer und notwendig anders, als die zu interpretierende Sache selbst ist. Die Erkenntnistheorie schien damit auf eine neue Grundlage gestellt. Die Fragen der phänomenalen Bezeugung und der Beweisbarkeit sind aber dabei nicht ausdiskutiert worden.

In diesem Buch wird eine Gegenrechnung aufgemacht. Hans Krämer legt hier eine weitergehende Analyse des interpretativen Ansatzes vor und empfiehlt die Rückkehr zum Realismus. Er stimmt darin mit Vertretern des Realismus in der kontinentalen und amerikanischen Diskussion überein. Sein spezifischer Beitrag liegt in der direkten Auseinandersetzung mit den hermeneutischen und interpretativen Richtungen und ihren einschlägigen Argumenten. In der Konsequenz führt dies zu einer Wiederaufwertung der Begriffe von Realität, Erfahrung, Argument oder Wissen. Ein besonderes Augenmerk ist den Historischen Wissenschaften gewidmet.

Der Autor

Hans Krämer war bis 1994 Professor für Philosophie in Tübingen. Er ist Ehrenbürger der Platonstadt Syrakus und Mitglied der Accademia Pontaniana in Neapel. Zahlreiche Arbeiten zur Antiken Philosophie, Ethik, Hermeneutik, Theorie der Historischen Wissenschaften und der Ästhetik, darunter *Platone e i fondamenti della metafisica,* 6. Aufl. 2001 und *Integrative Ethik,* 2. Aufl. 1995.

Hans Krämer

Kritik der Hermeneutik

Interpretationsphilosophie und Realismus

Verlag C.H.Beck

Umschlagentwurf: roland angst, Berlin & stefan vogt, München
Gesetzt aus der Sabon bei ottomedien, Darmstadt
Druck und Bindung: Ebner & Spiegel, Ulm
Gedruckt auf säurefreiem, alterungsbeständigem Papier
(hergestellt aus chlorfrei gebleichtem Zellstoff)
Printed in Germany
ISBN 978 3 406 56486 4

www.beck.de

Inhalt

Vorwort

Der Titel ‹Kritik der Hermeneutik› ist im kantischen Sinne zu verstehen: Es geht nicht um eine Widerlegung, sondern um Einschränkung und Begrenzung der Ansprüche. Das Rad der Philosophiegeschichte kann nicht umstandslos zurückgedreht werden; etwas bleibt immer erhalten und bestimmt die weiteren Fragestellungen mit.

Immerhin hat Gadamer den Hermeneutikbegriff so verändert, daß er heute fast nur noch metahermeneutisch, und das heißt mit Gadamer: antirealistisch verstanden wird. Andererseits hat der durch Nietzsche antirealistisch aufgeladene Interpretationsbegriff im zwanzigsten Jahrhundert zunehmend an Durchschlagskraft gewonnen und hält zum mindesten weite Teile der deutschen philosophischen Diskussion besetzt.

In diesem Buch wird eine Gegenrechnung aufgemacht. Es erinnert daran, daß die in diesem Zusammenhang vertretene Art von Antirealismus argumentativ vor realistischen Gedankengängen nichts voraushat, daß der Antirealismus aber weitere Hypotheken übernimmt, die zuletzt nicht einlösbar sind.

Im Grunde geht es um eine Rehabilitierung der Umgangssprache, zu der Ausdrücke wie ‹verstehen›, ‹interpretieren›, ‹wahrnehmen› oder ‹anwenden› gehören und die von der Seite der Philosophie nicht einfach umgedeutet werden kann. Diese kritische Wendung ist im Horizont einer Rückkehr zur phänomenologischen Methode zu sehen, die sowohl für die Hermeneutik wie für die Interpretation verbindlich ist und die daher zuweilen die Zurücknahme von heterodoxen Deutungen nötig macht. Daraus ergibt sich weiterhin eine Neueinschätzung des Verhältnisses von progressivem und von regressivem Interpretationsverfahren.

Als Fernziel ist die Wiederaufwertung von Begriffen wie Erfahrung, Prüfung, Argument oder Wissen ins Auge gefaßt. Jedenfalls weist die Tendenz des Buches in eine solche Richtung. Inwieweit sie in der wissenschaftlichen und philosophischen Diskussion an Boden gewinnen kann, wird die Debatte ergeben.

Im übrigen sei im vorhinein klargestellt, daß eine Kritik am (unqualifizierten) Interpretationsmodell der Welt- und Selbsterkenntnis hier nicht intendiert ist. Die grundsätzlichen Vorbehalte gegenüber dem Interpretationsmodell etwa bei H. U. Gumbrecht oder L. Wiesing – auch bei J. Hörisch oder H. Schnädelbach – teile ich nur bedingt.[1]

Wie meine früheren Bücher hat auch dieses eine lange Geschichte hinter sich. Ich bin überzeugt, daß der Umgang über Jahre hinweg und der dadurch erzielte Reflexionsgewinn zum Nutzen für die Sache ausgeschlagen ist.

Mein Dank gilt zahlreichen Gesprächspartnern, die hier nicht alle im einzelnen aufgezählt werden können. Besonders fruchtbar war für mich der Austausch mit Thomas Grundmann (Köln), der mir detaillierte Hinweise auf die Analytische Philosophie vermittelt hat. Gedankt sei ferner Martin Endreß sowie meinem Mitarbeiter Christoph Wolgast für unentbehrliche Hilfe.

Tübingen, im Vorfrühling 2006 *Hans Krämer*

1 H. U. Gumbrecht, 2004; L. Wiesing, 2004, 137–151; J. Hörisch, 1998[2], H. Schnädelbach, Vernunft und Geschichte, 1987, 279–284. Die in diesen Arbeiten geäußerte Kritik ist in Wirklichkeit eine Kritik am (hermeneutischen) Historismus und hat mit dem eigentlichen (antirealistischen) Interpretationismus nichts zu tun. – Gleichfalls ist der Interpretationismus von jeder Art der (durch Interpretation nur herbeigeführten) Einsicht (dem Verstehen) abzusetzen, die als solche weder methodisierbar noch direkt beschreibbar ist. Dagegen ist die Erweiterung des *Hermeneutikbegriffs* auf die Welt (trotz der Sprachbestimmtheit der Welt) bedenklich, vgl. dazu W. Kamlah, Plädoyer für einen wieder eingeschränkten Gebrauch des Terminus ‹Hermeneutik›, 1975, 164–172.

A. Kritische Überlegungen zur Philosophischen Hermeneutik Gadamers

I. Die Unbeweisbarkeit des hermeneutischen Interpretationismus

1. Grundriß der Philosophischen Hermeneutik H.-G. Gadamers

Die Methodologie und Erkenntnistheorie der Kultur-, Human- oder Geisteswissenschaften ist in den Hermeneutiken und Historiken von der Reformationszeit an in immer neuen Anläufen gefördert, erweitert, kombiniert und reflektiert worden. Eine originelle Zusammenfassung der Methoden- und Grundlagendiskussion des 19. Jahrhunderts bot W. Dilthey in mehreren Arbeiten,[1] die neuerdings durch die Edition des XIX. und XX. Bandes der *Gesammelten Schriften* eine Vertiefung und Erweiterung erfahren haben. Autoren wie E. Rothakker haben bis in die sechziger Jahre hinein das Erbe Diltheys weiter differenziert und fortgeführt.[2]

Inzwischen hat sich jedoch die Diskussionslage im analytischen wie im kontinentalen Lager erheblich verschoben. Quine und Davidson haben mit ihren Thesen von der radikalen Übersetzung und der radikalen Interpretation, von der Unbestimmtheit des Referenten und der Unerforschlichkeit der Bedeutung skeptische, ja agnostische Züge in das Bild der Hermeneutik hineingetragen. Auf der anderen Seite hat Gadamer, angeregt von Heidegger und Bultmann und im Gegenzug zum objektivierenden Historismus, eine antirealistische Metatheorie der hermeneutischen Wissenschaften und des Alltags vorgelegt, der zufolge der Bedeutungsrahmen jeweils aus dem Fortgang der Wirkungsgeschichte neu erzeugt wird. Eine beschränkte

1 Vgl. H.-U. Lessing, 1984.

2 E. Rothacker, 1948²; ders., 1954, 249ff., vgl. den Artikel *Kultur, Kulturphilosophie* von W. Perpeet, 1976, Sp. 1309–1324; ders., 1997. Zur Vieldeutigkeit des heutigen Begriffs von Kultur vgl. E.W. Orth, 2000, sowie F.-P. Burkhard, 2000. Hier: Einleitung: Die Interpretation der Kultur.

Objektivität der Wissenschaft ist dadurch zwar gewahrt; der Wahrheits- und Sinnanspruch ist aber an ein entsprechend aufgeladenes «Verstehen» geschichtlicher Art übergegangen. Eine vergleichbare Symbolleistung hatte schon früher E. Cassirer für die Geisteswissenschaften angenommen.[3]

Da Quine und Davidson weiter abliegen und eher auf die *cultural anthropology* als Bewährungsfeld verweisen, ist im Folgenden eine Diskussion der Theorie Hans-Georg Gadamers angezeigt, der zwar viel Zustimmung, aber bisher verhältnismäßig wenig kritische Auseinandersetzung erfahren hat. Obwohl Gadamers Philosophische Hermeneutik am Leitfaden der Sprache eine universalistische Wendung genommen hat, ist die originäre Zielsetzung doch die Reformierung der historischen Geisteswissenschaften, wie sie in der teils neukantianischen, teils Diltheyschen Tradition als Gegenstück zu den Naturwissenschaften überkommen waren.

Beim gegenwärtigen Stand der Debatte ist auszugehen von einer szientifischen Hermeneutik älteren Stils, die am Realismus des geisteswissenschaftlichen Erkennens auch in der Metatheorie festhält (so Betti, Hirsch, Seebohm, Gendlin, Shusterman, auch Ricœur u. a.) und einer sich ausbreitenden antirealistischen Richtung, die im Geiste der Transzendentalphilosophie den Realismus der Wissenschaften und der Lebenswelt kritisch hinterfragt (so Gadamer und seine Nachfolger). Dieser Antirealismus ist in der Geschichte der Hermeneutik neuartig, und es bedurfte einer Reihe von Voraussetzungen, um ihn auf den Weg zu bringen. Gadamer ging von Heideggers Vorstruktur des Verstehens aus, die dieser schon beispielhaft auf das Verstehen von Geschichte angewandt hatte.[4] Gadamer fand darin ein Mittel, um den objektivierenden und distanzierenden Historismus in die Schranken zu weisen: Jedes Verstehen ist nach Gadamer mit der «Anwendung» (Applikation) auf die eigene Situation verbunden. Die Summe aller in der Wirkungsgeschichte erfolgten Anwendungen multipliziert diesen Effekt, indem sie einerseits den «Zeitenabstand» und ein distanziertes Dahingestelltsein der Geschichte durch eine Strategie der kleinen Schritte überbrückt und andererseits die Erreichbarkeit eines objektiven ‹An sich› unmöglich macht. Die Linearität und Unumkehrbarkeit der Wirkungsgeschichte wird dabei vorausgesetzt.

3 E. Cassirer, 1994⁸, 185 f., 228 ff.; ders., 1961², 77.

4 M. Heidegger, 1957⁸, § 32.

Sinn erzeugt sich bei Gadamer aus der Wirkungsgeschichte immer wieder neu und anders in den Akten eines geschichtlich veränderten Verstehens. Die dauernde Relevanz von Geschichte – oder anderen Kulturen – ist so um den Preis der Relativierung von Sinn und Wahrheit gewährleistet. Die recht begriffenen hermeneutischen Wissenschaften folgen dabei im wesentlichen der vorwissenschaftlichen Lebenswelt, und erst die philosophische Metatheorie hebt den Bedeutungsrahmen von den *intentione recta* erfaßten Gehalten ab. Durch eine in der Humboldt-Nachfolge stehende, *per definitionem* antirealistische Sprachphilosophie gibt Gadamer seinem neuhumanistischen Ansatz eine letzte Sicherung. Man kann von einer phänomenologischen Wendung der Hermeneutik insofern sprechen, als das Festhalten an der *prima-facie*-Bedeutung von Zeichensystemen sich jeder weitergehenden Theorienbildung, zumindest auf der Seite der Wissenschaft, entzieht.[5] Gadamer hat den Begriff der Hermeneutik so verändert, daß Hermeneutik heute weithin als Form des Antirealismus verstanden wird (Antirealismus als Andersverstehen des Interpretandums).

Gadamers Kritiker haben moniert, daß das Problem von Relevanz und Sinn nicht mit dem Verstehen konfundiert werden dürfe, und auf der Scheidung zwischen ‹Bedeutung› und ‹Bedeutsamkeit› (Betti, Hirsch) insistiert. In der Tat ist es schwierig, regressives und progressives Interpretieren nicht nur faktisch, sondern auch begrifflich ununterschieden zu lassen. Auf der anderen Seite ist eine detaillierte Überprüfung von Gadamers Grundpositionen vermutlich deshalb ausgeblieben, weil man in der Regel von der Ebene der realistisch verfahrenden Einzelwissenschaft aus argumentierte, ohne auf den metahermeneutischen Standort Gadamers einzugehen. Die Philosophische Hermeneutik kann aber nur philosophisch zureichend gewürdigt und gegebenenfalls zurückgewiesen werden. Und so werden wir auch im Folgenden verfahren.

Gadamer betrachtet seinen Perspektivismus – und die entsprechende Polysemie von Zeichensystemen – als apriorisch wie die Theoreme von Husserl und Heidegger. Er geht aber über beide und über den Großteil der neuzeitlichen Philosophie dadurch hinaus, daß er im Verstehen die Bedeutung von Zeichen sich notwendig an den Standort des Interpreten angleichen läßt. Während beispielsweise der Historismus das Verstehen fremder Perspektiven nicht ausschloß, hält

5 J. Grondin, 2004.

Gadamer radikalisierend die Eigenperspektive als maßgeblich für die Rezeption auch von fremden Perspektiven fest. Dieser explizite Antirealismus bestimmt alle Grundbegriffe der Philosophischen Hermeneutik (Applikation, Wirkungsgeschichte, Horizontverschmelzung u.a.). Das Selbstverständnis der Kultur- oder Geisteswissenschaften ist davon nicht unbeeindruckt geblieben. Am stärksten ist der Einfluß in der Literaturwissenschaft und in der Philosophiehistorie, wo die hermeneutische Metatheorie geradezu die etablierte Hermeneutiktheorie verdrängt hat, am schwächsten in der allgemeinen Historie, wo man weitgehend am hergebrachten Realismus festhält. Dabei ist aber in Anschlag zu bringen, daß die Metatheorie in keiner Weise das Verfahren der Wissenschaften selbst tangiert, sondern lediglich in der Zieldimension indirekt – gleichsam *a tergo* – die Erreichbarkeit übergeschichtlicher Wahrheiten relativierend in Abrede stellt. Die Zone der Interpretativität legt sich undurchdringlich um den vermeintlichen «Gegenstand selbst» und verändert damit die erkenntnistheoretischen Voraussetzungen und die Zielsetzung wissenschaftlicher Arbeit.[6]

2. *Das Dilemma des Beweises*

Indessen erheben sich eine Reihe begründeter Zweifel am dogmatisch vertretenen Anspruch des hermeneutischen Antirealismus. Schon im Vorfeld wird er durch den Umstand gemindert, daß die Differenzen zwischen Standorten und zwischen Interpretationen zuweilen nicht kongruieren. Es gibt Konvergenzen zwischen Interpretationen von

6 Gemäß dem Ansatz der Gadamerschen Hermeneutik bei Sprachen und Texten ist Interpretation nicht verstanden als Auslegung der Sachen selbst, sondern der vorangegangenen Interpretationen von Sprachen und Texten, die neu zu deuten und zu verstehen sind. Die Sache selbst bleibt wie bei Husserl in einem agnostischen Hintergrund. – Die Interpretationsphilosophie (vgl. Kap. II) ist dieser Perspektive direkt gefolgt, um von einem metaphysischen Realismus wegzukommen und ihn durch einen Kohärentismus der Wahrheit zu ersetzen. Zur Kritik unten Kap. 59, 194, 221. – Von Gadamer – und seinen interpretationsphilosophischen Nachfolgern – sieht jetzt bewußt ab G. Figal, Gegenständlichkeit, Tübingen 2006, der einerseits die Linie der realistischen Hermeneutik (Betti u.a.) weiterführt, andererseits innerhalb der Phänomenologie an vorgadamersche Positionen (Husserl, Heidegger, H. Plessner, Merleau-Ponty, u.a.), aber auch an Platon und Aristoteles anknüpft. Eine Auseinandersetzung mit der antirealistischen Hermeneutik unterbleibt (Ausnahme: zu Derrida 266–277, 294f.).

verschiedenen Standorten und umgekehrt eine Vielzahl von Interpretationen von ein und demselben Standort aus (beispielsweise in der *dissémination* Derridas, die auch Gadamer gelegentlich bemerkt,[7] doch ohne ihre Tragweite zu erkennen). Durch solche Asymmetrien verliert der Perspektivismus der Standpunkte immerhin einiges Gewicht und beginnt sich aus dem Raum-Zeit-Kontinuum zu lösen. Er nähert sich damit eher der Vorstellung von einem Mehr oder Weniger an Interpretation, das in Grenzfällen sogar den Nullgrad erreichen mag.

Grundsätzlicher sind Bedenken, die sich gegen den dogmatischen Antirealismus selber richten. Generell ist es nicht möglich, den Antirealismus zu *beweisen*, ohne wenigstens einige realistische Annahmen vorauszusetzen. So kann man nicht überzeugend von einem Pluralismus von Standpunkten aus argumentieren, wenn es einen solchen Pluralismus nicht wirklich gibt. (Das Umgekehrte gilt nicht für den Realismus, d.h., es bedarf keiner antirealistischen Annahmen, um den Realismus zu rechtfertigen.) Im übrigen ist ein hermeneutischer Antirealismus nicht apodiktisch wahr im Blick auf die Mathematik; und der Versuch, ihn zu beweisen, führt zu einem Dilemma. Wir müssen nämlich entweder Interpretament und Interpretandum vergleichen und damit das *Interpretandum* selbst kennen – und damit zum Realismus zurückkehren – *oder Urteilsenthaltung üben.* Aber im zweiten Fall wissen wir zu wenig, im ersten Fall hingegen wissen wir schon zu viel für einen entscheidenden Beweis zugunsten des Antirealismus. In dieser Form ist das Dilemma unumgänglich: Die Differenz zwischen Interpretament und Interpretandum muß explizierbar sein, wenn man den Absturz in den Realismus oder den Idealismus vermeiden will. Dies gilt nicht nur für die *Unterscheidung* zwischen Interpretament und Interpretandum, sondern auch für die *Abweichung* des Interpretaments vom Interpretandum. Der Antirealismus nimmt hier eine größere Beweislast auf sich als die traditionelle Korrespondenztheorie der Wahrheit (beide sind Referenztheorien): Geht es dort nur um den Nachweis der Übereinstimmung, so hier zusätzlich um den Nachweis für die Abweichung von einer gegebenen Übereinstimmung. Je unbestimmter dagegen die Differenz bleibt, desto fragwürdiger ist ihr «Daß». Der Nachweis der Nichtübereinstimmung mit der Realität ist jedenfalls nicht weniger schwierig als der Nachweis der Übereinstimmung. Die philosophische Hermeneutik partizipiert,

7 H.-G. Gadamer, W.M., 251 f.

genauer betrachtet, an der Nichtexplizierbarkeit des traditionellen realistischen Wahrheitsbegriffs, und sie muß darüber hinaus noch weitere Explikationsleistungen bezüglich der Abweichung erbringen. Eine solche doppelte Auflage ist unerfüllbar.

Wenn wir jedoch den hermeneutischen Antirealismus nicht streng beweisen können, bleibt er eine Annahme unter anderen und ist nicht verbindlich zu machen. Es ist dann richtiger, sich des Urteils grundsätzlich zu enthalten und, statt in einen negativen Dogmatismus zu verfallen, sich mit einem skeptischen ‹Magsein› zu bescheiden. Als dogmatische These ist der Antirealismus hingegen nicht haltbar. Man kann dann nur von Fall zu Fall nach Wahrscheinlichkeiten entscheiden oder aber man muß den Interpretationsbegriff ganz aufgeben, um sich jenseits der hermeneutischen Tradition in einem unklar gelassenen Quasi-Idealismus anzusiedeln.

Die Parallelen *bewußter* Applikation, die Gadamer aufbietet – etwa im Recht, in der Praxis, Kunst oder Allegorie –, beweisen natürlich nichts für die gesuchte *un*bewußte «Applikation», weil hier das auszulegende Substrat – in Gesetzen, Handlungsregeln oder Grundtexten – zweifelsfrei bekannt ist und nur komplementär ergänzt wird. Demgegenüber tritt das skizzierte Dilemma erst beim hermeneutischen Metatheoretiker auf, der aus gegebenen Interpretationen auf ein an sich ungreifbares Substrat zurückschließt. Auf diese Weise zeichnet sich ein System von Reflexionsstufen ab, von der Lebenswelt bis zur Metatheorie, bei dem der Metatheoretiker am meisten zu wissen meint, aber dann entweder im Realismus oder in skeptischen Vermutungen endet.

Hier kann jedoch noch genauer differenziert werden: Interpretativität kann nicht vom Standpunkt der ersten Person – der Ich- oder Wir-Perspektive – in Anspruch genommen werden, weil wir die zugehörigen Zusammenhänge zwischen Interpretandum und Interpretament nicht überblicken. In der Perspektive der ersten Person ist daher über skeptische Urteile nicht hinauszukommen. Dagegen kann in der Perspektive der zweiten und dritten Person durchaus affirmativ von Interpretativität die Rede sein. Das ist darin begründet, daß ich/wir die Interpretation Anderer und Dritter sehr wohl überblicken und durchschauen kann/können, und zwar gerade in der ihnen selbst unbewußten Zuordnung von Interpretandum und Interpretament. Dies bedeutet aber: Die Relation von Interpretandum und Interpretament wird in diesem Fall von «außen» gesehen und dadurch objektiv und realistisch betrachtet. Eine solche Interpretativität ist also systematisch nicht etwa antirealistisch einzuordnen, sondern gerade als ins Bewußtsein gehobene dem Realismus zuzuschlagen. Sie wird vom externen Betrachter nicht nur diagnostiziert, sondern gegebenenfalls auch argumentativ abgesichert. Der involvierte Interpret hingegen wird des Verhältnisses entweder gar nicht gewahr, oder er bleibt in unbeweisbaren Vermutungen befangen, die die Grenze des Skeptischen nirgends übersteigen. Nur dadurch, daß er an externen Reflexionen Anteil erhält, kann er über seine «Interpretativität» aufgeklärt werden, verliert aber eben dadurch deren antirealistischen Charakter, weil ihm der Realismus des Interpretandums jetzt offensteht.[8]

Der Einwand, die erste Person könne aus den Interpretationsverhältnissen der zweiten oder dritten Person Analogieschlüsse für sich selbst ziehen, trifft nicht zu. Zunächst wird die skeptische Situation der ersten Person bei der zweiten oder dritten dadurch durchbrochen, daß wir bei anderen Personen besser als bei uns selbst Interpretandum und Interpretament unterscheiden können. (Damit erledigt sich auch die umgekehrte Konstellation: daß die dritte – oder zweite – Person uns sagt, welche Schlüsse wir aus ihrem Verhalten zu ziehen hätten.) Aber auch die Rückschlüsse indirekter Art, die wir selbst von anderen Personen auf unsere undurchsichtige Situation ziehen mögen, sind wiederum ohne Entscheidungskraft. Sie zeigen nur, daß es keine Analogieschlüsse gibt, die über die Alternative von Skepsis oder Realismus hinaus auf einen Antirealismus hinführen. Der Antirealismus bedarf nämlich der Absetzung vom Realen, um als solcher kenntlich zu werden, hebt sich also selbst auf.[9]

Hinzu kommt, daß solche Rückschlüsse überhaupt nur dann beweiskräftig sind, wenn sie vom Vergleichenden her realistisch aufgefaßt werden, da sie andernfalls interpretativ verfremdet werden. Der hermeneutische Wahrheits- und Erkenntnisbegriff, den sie belegen sollen, wird also dadurch gerade ad absurdum geführt.

8 Das Beweisdilemma trifft auch die zwar nicht bei Gadamer, aber in der (analytischen) Interpretationsphilosophie und bei Abel auftretende Annahme, Grundbegriffe wie Einheit/Vielheit, Identität/Differenz, Teil/Ganzes u. dgl. seien Interpretamente und demgemäß je nach Umständen veränderlich (z. B. H. Putnam, 1987, 18ff., 32ff.; ders., 1990, 96ff.). Solange nicht aufgewiesen wird, worauf sich solche «Setzungen» beziehen, ist ihre Interpretativität als solche fraglich und kann erkenntnistheoretisch über einen hypothetischen Status nicht hinausgelangen.

9 Vgl. unten S. 199, 202f.

Im übrigen kann jede einzelne Abweichung immer auch fallibilistisch als Irrtum interpretiert werden (prinzipielle Erreichbarkeit vorausgesetzt). Der Gesamtbefund ist also bei solchen Erprobungen mindestens zweideutig. *Kurz*: Die Undurchsichtigkeit der ersten Person kann nur in verschiedener Weise skeptisch betrachtet werden, oder sie führt zur Realität und damit zur Selbstaufhebung der Interpretativität. Interpretativität kann also nie sicher festgestellt werden. Neben der vielfach indizierten Skepsis (Ob, was, induktive Verallgemeinerung, Ambivalenz der Bewertung) unterläuft geradezu ein vitiöser Zirkel: Der möglicherweise antirealistisch Verfaßte soll Anderes realistisch erkennen und daraus Analogieschlüsse für sich selber ziehen; oder er soll von vornherein antirealistisch erkennen, kann dann aber über Anderes so wenig etwas Sicheres aussagen wie über sich selbst.

Ein weiterer Einwand stützt sich auf die abweichende Weltsicht anderer Arten von Lebewesen; sie sollen beweisen, daß auch wir in einer besonderen Weltsicht befangen sind, die wir nicht übersteigen können. Tatsächlich sind wir jedoch in der Lage, die in der *scala naturae unterhalb* von uns angesiedelten Lebewesen in unsere Sicht der Welt einzubeziehen, gegebenenfalls dadurch, daß wir sie aus ihren Verhaltensmustern wissenschaftlich rekonstruieren (Uexküll und andere Umweltforscher sind so verfahren). Darin liegen Probleme der Approximation, aber nicht des Antirealismus. *Oberhalb* von uns stehende Arten von Lebewesen, die unseren Welthorizont wirklich relativieren könnten, sind hingegen nicht bekannt. Darum rekurriert die moderne Diskussion auf einen fiktiven *intellectus divinus* (*god's eye-view*), der, wenn er existierte, eine solche Relativierungsleistung erbringen könnte. So aber bleibt der erstrebte Analogieschluß zirkulär und hat keinerlei Beweiskraft.[10] Auch hier gilt im übrigen, daß

10 Die philosophischen Theorien des 20. Jahrhunderts stehen dem Fremdpsychischen nicht weniger vielfältig gegenüber als dem Selbstverhältnis. Einfühlung (Romantik), Analogieschlüsse (Husserl) und unmittelbares Gegebensein (Scheler, Levinas) sind ebenso vertreten wie das kontextuelle Verfahren des Behaviorismus. Das Eigenpsychische hat dabei keinen Vorrang vor dem Fremdpsychischen (später Wittgenstein) oder besitzt einen (antirealistischen) Primat, entsprechend dem hermeneutischen Nachsichtigkeitsprinzip (Simon, Abel), oder beide sind überhaupt unerreichbar (Derrida). Die zeitgenössische analytische Perspektive der ‹other minds› erkennt zwischen erster und dritter Person ein Verhältnis wechselseitiger Asymmetrie, das an die Grenze zum Skeptizismus gerät (Evans, Wright, McDowell, Bilgrami).

Rückschlüsse nur dann unverzerrt verwendbar wären, wenn sie realistisch gezogen werden könnten. Der Antirealismus erweist sich dadurch als von einer *petitio principii* belastet.

3. Der dilemmatische Status des Pluralismus-Arguments

Ein indirektes Argument für den Antirealismus scheint ferner ein nichtaspekthaft aufgefaßter *Pluralismus von Hinsichten* zu liefern. Sie suggerieren eine Vielzahl von selbständigen Deutungen, seien sie nun epistemologisch oder sogar ontologisch (idealistisch) verstanden. Gadamer macht in der Abfolge seiner Wirkungsgeschichte und auch bei gleichzeitigen Pluralitäten – etwa verschiedenen Interpretationen einer zeitgenössischen Kultur oder eines Kunstwerks – von dieser Vorstellung Gebrauch. Doch ist auch dieses für den Interpretationismus zentrale Argument vom Pluralismus möglicher Auffassungen unzulänglich, weil es Alternativen überspringt und vorschnell auf einen Antirealismus paritätischer Deutungen hinausgelangt. Tatsächlich wären, um die Interpretationsthese zu sichern, die folgenden Fälle auszuschließen: a) Die Vereinbarkeit der Deutungen im Sinne einer Aspektmannigfaltigkeit (so auch etwa beim Sprachenpluralismus samt den supponierten Folgen für die Perspektivität von Wissenschaft), b) Die Irrtümlichkeit einiger bis aller Deutungen samt einer möglichen Rangierung. Ein solcher Ausschluß ist strenggenommen beidemale nur durch den Regreß zu und den Vergleich mit dem Interpretandum selbst möglich, führt also in ein Beweisdilemma. Hinzu kommt, daß der phänomenale Befund: die Differenz der Deutungen untereinander, bereits ein realistisches Verfahren der Vergleichung voraussetzt.

Dies gilt weiterhin auch für alle Analogieschlüsse auf noch unbekannte Fälle in Gegenwart oder Zukunft, die realistisch abgesichert sein müssen. Andernfalls durchkreuzt ein Antirealismus zweiter Ordnung den der ersten Ordnung und nimmt ihm die Aussagekraft.

Im übrigen haben auch die Vorläufer Gadamers (Historisten, Nietzsche, Dilthey u.a.) das Pluralismus-Argument nicht zu Ende gedacht. Sie wären sonst nicht auf halbem Weg stehengeblieben, ohne sich die darin implizierten Schwierigkeiten bewußtzumachen. Die Intuition des Relativismus voreilig in eine Theorie zu überführen legt sich dann nahe, wenn man die interne Abstufung der Pluralität entweder nicht wahrnimmt oder nicht einmal für möglich hält. Daraus folgt dann auch die scheinbare Umkehrung der Beweislast.[11]

In der Tat ist die zweite Variante des Pluralismus-Arguments (b) geeignet, das Problem noch fundamentaler anzugehen. Diltheys Satz, das Leben sei unergründlich, führte scheinbar zur Antinomie zwischen einem zugehörigen Relativismus und dem Anspruch der Wissenschaft auf absolut gültige Resultate, den Dilthey nicht aufgeben mochte. Gadamer hat diese «Aporie des Historismus» in der Nachfolge Heideggers entschlossen zugunsten des Relativismus aufgelöst. Dagegen hat Th. Seebohm zu Recht moniert, daß die Gegenwart (und die gegenwärtige Wissenschaft) sich ambivalent verhalte: Sie verstehe sich zwar in der Retrospektive als relativ, in ihrem Selbstverständnis aber als wahrheitsbestimmt oder zumindest progressiv als auf Wahrheit hin angelegt.[12] Sie schließt also sich selbst einerseits in den Historismus ein, andererseits nimmt sie sich – unter anderem Aspekt – davon aus.

Dies kann jetzt mit Hilfe unserer Argumente präzisiert werden: Die Relativierung der jeweiligen Gegenwart hat einige intuitive Plausibilität für sich, ist aber strenggenommen unbeweisbar, d.h. dieser Lösung ist jedenfalls mit Skepsis zu begegnen. Der historistischen Relativität steht entgegen die mögliche Rangierung der Positionen, wie sie dem Pluralismus-Argument (b) entspricht. Ein solcher Falltyp kann nicht ausgeschlossen werden. Wollte man dies als gesichert annehmen, dann müßte man die Unergründlichkeit des Lebens vergleichend *ad infinitum* dartun – ein unlösbares Unterfangen. Die Möglichkeit, doch irgendwo auf «Grund» zu stoßen, ist – mit der Erwartung künftiger Bewährung – nie ganz von der Hand zu weisen. Daß die Gegenwart solcher Bewährung offensteht, kann durch keine Analogieschlüsse ausgeräumt werden. Die «Aporie des Historismus», die Dilthey scheinbar unrevidiert hat stehenlassen, ist also möglicherweise keine strenge Antinomie, sondern eine ‹offene Frage›. Sie kann daher auch nicht dezisionistisch nach Art des Gordischen Knotens gelöst werden.

Gadamers eigene Formel für dieses Verhältnis lautet bekanntlich: «Mehr Sein als Bewußtsein» (womit auf ein Vor- und Unbewußtes angespielt wird). Doch trifft derselbe Einwand auch hier zu: Wo-

11 Die Rangierung ist im übrigen nicht an wahrheitsfähige Aussagen gebunden. Sie kann auch – wie in Kultur und Kunst – abgestufte Werturteile betreffen.

12 Th. S. Seebohm, 1972, 88 ff., 147 ff.

her wissen wir von jenem Un-bewußten, das unserem anderweitigen Wissen verfremdend zuvorkommt? Offensichtlich nur durch Analogieschlüsse aus der Vergangenheit oder nach Dritten, deren antirealistische Tragweite wir aber durchschaut haben müßten, um über eine unsichere Skepsis hinauszukommen.[13]

4. *Zum erkenntnistheoretischen Status von Individualität und Perspektivität*

Im einzelnen läßt sich das gewonnene Resultat am Begriff der Individualität erhärten, die gemeinhin als Garant des Interpretationismus ins Feld geführt wird. Nicht gemeint ist damit selbstredend die Individualität als *Gegenstand* des Verstehens, die bereits zur älteren, realistischen Hermeneutik gehört, wohl aber als «individuierendes» *Subjekt* des Verstehens. Indes stellt sich dabei nicht nur die Frage der Beweislast für die Relevanz – und zwar für die spezifische Relevanz – der individuellen Perspektive, sondern grundsätzlicher für die Diskriminierbarkeit von Individualität überhaupt gegenüber anderen erkennenden Subjekten und für ihre erkenntnistheoretische Leistungsfähigkeit. Daß die Individualitäten gleichwertig sind und in ihrer Erkenntnisleistung das gleiche erreichen, ist ja keineswegs vorauszusetzen. Die Frage nach dem Mehr oder Weniger und zuletzt nach der Erkenntnis oder Nichterkenntnis wird hier gravierend. Sie führt zu dem gleichen Beweisdilemma zurück, von dem bereits die Rede war. Der Theoretiker der Individualität – in diesem Fall identisch mit dem hermeneutischen Metatheoretiker – ist gehalten anzugeben, inwieweit das individuelle Bewußtsein an einem Interpretandum Interpretamente erzeugt, und eben damit auf ein realistisch faßbares Interpretandum zurückzugreifen. Andernfalls bleibt die These von der individuellen Interpretativität hypothetisch.

Ähnliches trifft für den Begriff der Perspektive zu, soweit Perspektive nicht von vornherein auf objektive Aspekte bezogen und damit realistisch einzuordnen ist. Hier sind wir nun keineswegs in der Lage,

13 Der zulässige Grad von Skepsis wird überschritten, wenn behauptet wird, alle Resultate vergangener Wissenschaft seien falsch gewesen und daher sei auch die gegenwärtige Theorie falsch. Es wird damit der partielle Sachgehalt vergangener Lösungen verkannt und die darauf aufbauende Annäherung ignoriert. Die Skepsis muß allerdings auch die negative Bilanz der Geschichte einbeziehen. Sie führt im übrigen, auch wo sie zutrifft, nicht zur Interpretativität, sondern zum Agnostizismus.

in Perspektiven zu denken, ohne sie – wie Hegel und F. Schlegel sahen – im Ansatz bereits überschritten zu haben (mit einer Tendenz zur Totalisierung hin). Ferner können wir Perspektiven auch ohne das Ganze wahrscheinlich realistisch erkennen. Wollte man die Partikularität einseitig auf Interpretativität hin auslegen, so würde man in ein Beweisdilemma geraten, das den Vergleich zwischen Ganzem und Einzelperspektive und damit die Kenntnis des Ganzen voraussetzt. Generell führt die Endlichkeit der Perspektive primär von der Totalität zur Partikularität, aber nicht schon zur Interpretativität der Hinsichten.

Generell kann man drei verschiedene Stufen des Relativismus unterscheiden: die (gegebenenfalls kollektive) Perspektivität, die Individualität und die Okkasionalität. Sie werden einzeln oder in verschiedenen Kombinationen namhaft gemacht, wenn es darum geht, den Antirealismus oder eine antirealistische Metahermeneutik zu begründen. Exemplarisch dafür steht die ‹Metaphysik der Erkenntnis› (1965⁴) von N. Hartmann, die den im Durchgang durch die Phänomenologie Husserls zurückgewonnenen Realismus mit interpretativen Leistungen zu verbinden sucht. Hartmann liefert jedoch keine Kriterien für die Unterscheidung der realistischen und der interpretativen Elemente und bleibt daher den Nachweis für seine mehrstufige Erkenntnistheorie schuldig. Trotzdem sind solche Annahmen bis in die jüngste Gegenwart herein immer wieder vertreten worden.[14]

Ein komplexeres Beispiel bietet der Heidegger von ‹Sein und Zeit›: Die Existenz soll unvertretbar jemeinig sein; sie entspricht damit der traditionellen Individualität. Doch rechnet Heidegger mit einer Mehrheit von Existenzen, die durch das Existential des ‹Mitseins› gleichursprünglich gegeben sind. Trotzdem bleibt es auch in der Fundamentalontologie von ‹Sein und Zeit› offen, welchen Status die anderen (individuellen) Existenzen neben mir einnehmen: wie sie innerhalb des Eidos ‹Existenz› individuiert und individualisiert werden und wie sie durcheinander ‹verstanden› und perzipiert werden können. Insbesondere ist ihr individuelles Anderssein weder hergeleitet noch gar bewiesen. Man könnte daher bezweifeln, ob sie ‹anders› sind als ich, und fragen, inwiefern und inwieweit sie sich diskriminierend voneinander unterscheiden. Die Art ihrer Zuordnung zueinander wird jedenfalls nicht näher erläutert, etwa darin, warum sie durchweg antirealistisch sein soll.

14 Z.B. bei V. Gerhardt, 2000, 66–95.

Ähnliches trifft für die bei Heidegger und Gadamer hereinspielende Okkasionalität zu: Es wird nicht deutlich, welche erkenntnistheoretischen Probleme die Okkasionalität aufwirft oder welche sie verstellt.

Tritt man für die antirealistische Sichtweise ein, so ist dem Beweisdilemma beidemale nicht Rechnung getragen: Es wird nicht durchsichtig, wie wir etwas als ‹anders›[15] verstehen können, als es selbst ist, ohne dadurch auf der metatheoretischen Ebene in einen dann angemesseneren Realismus zu geraten.

Bei Gadamer kehren die Probleme Heideggers um eine Stufe verschoben wieder. Gadamer interessiert weniger die Individualität oder die Okkasionalität als vielmehr die kollektive Perspektivität im geschichtlichen Ablauf. Dies schließt die anderen Gesichtspunkte nicht aus. Erschwerend tritt aber hinzu, daß die existentialphilosophischen Prämissen Heideggers bei Gadamer in den Hintergrund getreten sind. Die methodische Exponiertheit der Philosophischen Hermeneutik wird dadurch angehoben, denn sie muß sich vor den traditionellen Standards der Erkenntnistheorie in höherem Grade rechtfertigen als die Existentialphilosophie. Auf der anderen Seite vermag auch sie die infinitesimalen Konsequenzen des hermeneutischen Individualismus und Okkasionalismus nicht zu umgehen, die zu so minimalen Differenzen der Standpunkte führen, daß sie jedes Erkennen und Mitteilen ausschließen.

5. Zurücknahme von Dialektik in Hermeneutik?

Gadamer hat wiederholt gefordert, «Dialektik müsse sich in Hermeneutik zurücknehmen.»[16] Er meint damit, daß die im absoluten Wissen gipfelnde Dialektik Hegels in die Endlichkeit geschichtlicher Zusammenhänge herabzuholen und insofern, mit deutlich gemindertem Anspruch, nur noch «hermeneutisch» zu behandeln sei. Damit verbinden sich eine Umgewichtung auf das Nicht- und Vorbewußte hin und insbesondere der Gedanke, daß sich die hermeneutischen Prozesse ateleologisch und ohne Abschluß vollziehen.

15 Heidegger antizipiert Gadamers Alterität in 1950, 197 («Eine rechte Erläuterung versteht jedoch den Text nie besser als dessen Verfasser ihn verstand, wohl aber anders»).

16 Z.B. in H.-G. Gadamer, Das Erbe Hegels, 1979, 77, vgl. 90 Anm. 9 (mit einer zustimmenden Äußerung von Heidegger).

Die Wendung zur Endlichkeit und zum Antirealismus war jedoch in Heideggers ‹Sein und Zeit› (§ 32, vgl. § 63) antizipiert. Heidegger knüpft damit ausdrücklich an den hermeneutischen Zirkel der technischen Hermeneutik an und ergänzt und vertieft den Zirkel zwischen Objekt und Objekt (Teilen und Ganzem) in der Tradition durch einen vorrangigen Subjekt-Objekt-Zirkel (er wird lediglich durch einen untergeordneten Objekt-Objekt-Zirkel der Wissenschaften qualifiziert; Heidegger nennt dies «nach der rechten Weise in den Zirkel hineinkommen»).[17] Dieser existentiale, in der Vor-Struktur alles Auslegens wurzelnde Subjekt-Objekt-Zirkel ist – dies macht Gadamer explizit – eine Umbildung der (freilich dem Vorhandenen zugehörigen) Subjekt-Objekt-Dialektik Hegels. Hegel hatte sie in der ‹Phänomenologie des Geistes› grundgelegt[18] und für alle philosophischen Disziplinen als gültig genommen. Heidegger hat sie in der Nachfolge Kierkegaards auf die Existenz bezogen und zugleich in die Terminologie der Hermeneutik gekleidet. Gadamer hat den geschichtlichen Zusammenhang namhaft gemacht und von daher seine Forderung abgeleitet, die (Hegelsche) Dialektik müsse in die Kompetenz der endlichen Hermeneutik (Heideggers und Gadamers) übergehen.

Was sich jedoch in der Sache als Fortschritt darstellt, ist dem methodischen Anspruch nach eher fragwürdig. Hegels im absoluten Wissen kulminierende Argumentation entgeht nämlich dem Beweisdilemma, in das Heidegger und Gadamer verfallen: Hegel vermag das Ganze der Bewußtseinsgehalte «absolut» zu überschauen und dadurch zu objektivieren, was sich «hinter dem Rücken» des Bewußtseins jeweils vollzieht. Bei Heidegger und Gadamer wird der Zirkel jedoch nirgends festgemacht und bleibt dadurch auch in seinen antirealistischen Voraussetzungen undurchschaubar – eine Konstellation, die im Unterschied zu Hegel nur zu skeptischen Einschätzungen hinführt.

17 Heidegger, 1957^{8}, 153, vgl. 314–316. Gadamer hat die vor- und untergeordnete Funktion der Wissenschaften und ihrer (technischen) Hermeneutik von Heidegger übernommen (1957^{8}, 251 f., 254).

18 Hegel, Phänomenologie des Geistes, 1952^{6}, Einleitung, 72–75 (Die dialektische Bewegung, die zur Erfahrung führt, bringt eine Veränderung des Wissens und infolgedessen auch des Gegenstandes selbst mit sich. Dadurch ist die ganze Abfolge der Gestalten des Bewußtseins in ihrer Notwendigkeit geleitet.)

6. *Rechtfertigung der Philosophischen Hermeneutik durch Kant?*

Gadamer hat den Ansatz einer Philosophischen Hermeneutik durch die Berufung auf Kant zu rechtfertigen versucht. Im Unterschied zur einzelwissenschaftlichen, technischen Hermeneutik gehe es einer solchen Hermeneutik nicht um einen Regelkanon, sondern um die Beschreibung der Bedingungen der Möglichkeit von Interpretieren überhaupt. Der historische und kulturelle Gegenstand gewinnt in dieser Hinsicht den Charakter eines Dinges an sich zweiter Ordnung, das sich über den von Kant analysierten Gegenständen der Naturwissenschaften erhebt. Doch auch wenn man von der im modernen Antirealismus andersartigen Pluralisierung des Gegenstandsbereichs absieht, reproduziert Gadamer doch insgesamt den Grundgedanken Kants auf einer viel stärker empirisch orientierten Ebene. Sie widersetzt sich dem Bestreben, die Gradunterschiede nach der Art Kants von vornherein zu nivellieren. So gilt für eine Kultur als Ganzes das gleiche wie für ihre durch informierende (und nicht nur fiktionale) Zeichensysteme erschlossenen einzelnen Teilmomente: daß sie nämlich selber *einmal komplette Gegenwart* gewesen ist (und in Parallelkulturen: noch ist), und daß es darum eine legitime Aufgabe sein kann, sie in Annäherung zu rekonstruieren. Gadamers Schritt vom Allgemeinen zum Besonderen der Textauslegung oder gar der von der Besonderheit einer bestimmten Auslegung zur nächsten ist jedenfalls nicht die Regel.[19] Die Strukturanalogie des Interpretandums zur Gegenwart sollte vielmehr – im Unterschied zu den Naturwissenschaften – regulativ leitend sein. Eben darin liegt auch die Grenze einer Analogie zum Ding an sich Kants. Auch eine ferne Kultur ist immer noch unvergleichlich konkreter als die Abstraktion des kantischen Dinges an sich. Umgekehrt zeigt sich in diesem Lichte eine uneingestandene[20] Nähe der Hermeneutik zum Satz G. Vicos ‹Verum et factum convertuntur›: Die kulturellen und historischen Gegenstände sind uns offenbar deshalb vorzugsweise zugänglich, weil sie von uns ähnlichen Menschen hervorgebracht worden sind und unseren eigenen Werken und Taten gleichen. Der Abstand zum kritischen

19 Gadamer, W. M., 307, 323 leugnet das Allgemeine jenseits der einzelnen Anwendungsfälle. Es ist jedoch in seiner Metatheorie an das Unbewußte der Wirkungsgeschichte übergegangen (und dadurch jeder Kontrolle entzogen).

20 Gadamer weist den an der Autorenintention orientierten Satz zurück, W. M., 260, 355.

Unternehmen Kants ist jedenfalls so groß, daß er einen bruchlosen Anschluß an dessen Konzeption und eine damit verbundene rechtfertigungslogische Aufwertung unplausibel macht.

II. Der Begriff der Applikation bei Gadamer

1. Gadamers Konzept der Applikation – eine Äquivokation

Gadamers Metatheorie gibt sich unter anderem als *Anwendungs*philosophie näher zu erkennen. Das antirealistisch Andere entsteht durch Applikation. Es fällt nun auf, daß der Begriff der Anwendung bei Gadamer Verschiedenstes abdeckt und dadurch eine Homogenität und Univozität suggeriert, die es der Sache nach gar nicht gibt. Es ist schon bemerkenswert, daß Gadamer das neuartige Moment des Gegenwartsbezuges, das er dem Verstehen selbst zuschreibt und das sich dadurch von der praktischen Applikation der theologischen und juristischen Tradition deutlich unterscheidet, dennoch mit eben demselben Namen – Applikation – belegt, obgleich sich dafür andere und spezifischere Bezeichnungen angeboten hätten (Appropriation u.a.). Hinzu tritt der in sich mehrdeutige Begriff der künstlerischen Anwendung, der vom Akt des Lesens bis zur Darstellung und Inszenierung reicht. Gadamer möchte solche weiterreichenden – praktischen oder exekutiven – Begriffsgehalte auf die verstehende Rezeption von historischen oder fremdkulturellen Texten (und Denkmälern) übertragen, wobei zuletzt auch rein informierende, instrumentelle Texte – des Historikers, Philosophen, Mathematikers u. dgl. – mit hineingezogen werden. Darin zeigt sich jedoch eine doppelte Verengung. Daß bei der theologischen und juristischen Applikation ein zu verstehendes Allgemeines der praktischen Applikation vorausliegt, war schon zu zeigen. Doch auch bei referierenden und informierenden Texten fällt es schwer, das in und mit ihnen Gemeinte in die Textanwendung hineinzunehmen. Gadamer sucht das historische und interkulturelle Verstehen aber so zu situieren, daß es das ‹Phantom› (mit Husserl) eines Ansichseienden antirealistisch hinter sich läßt. Mit Ausnahme allenfalls der Verhältnisse in der Kunst trifft dies jedoch auf keinen der aufgezählten Bereiche genau zu. Gadamer gelingt es also nicht, die generelle Vorurteilshaftigkeit Heideggers mit den speziellen Anwendungsverhältnissen in bestimmten Einzeldisziplinen zu vermitteln.

Den verschiedenen Anwendungsformen sind auch verschiedene Verstehensbegriffe zuzuordnen. Nach allem Bisherigen ist hier mit einer Äquivokation zu rechnen. Wenn nämlich das Anwendungsmoment in so heterogenen Weisen mit dem Verstehen verbunden wird, wird man nur recht generell und undifferenziert von *einem* (antirealistischen?) Verstehen sprechen können.

2. *Wie sich Gadamer innerhalb der überkommenen Dreiteilung der Hermeneutik situiert*

Gadamer hat sinnvollerweise die pietistische Dreiteilung der Hermeneutik in Verstehen, Explizieren und Applizieren übernommen, aber dabei sehr eigenwillige Akzente gesetzt. Zunächst hat er, Schleiermacher folgend, die Unterscheidung zwischen Verstehen und Explizieren zugunsten des Verstehens eingezogen oder doch so weit abgeschwächt, daß das Verstehen die Interpretation voll vertritt (nur dann scheint die Interpretation selbständig zu sein, wenn Verstehen noch nicht erreicht ist). Sodann hat er die Applikation nicht erst, wie die pietistischen Autoren, auf der dritten Stufe des hermeneutischen Verfahrens gelten lassen, sondern hat sie – nach der Analogie des Explizierens – als ein Moment dem Verstehen selber zugesprochen. Verstehen heißt bei Gadamer Applizieren, wobei zunächst die verschiedenen Typen von ‹Anwendung› außer acht gelassen werden können. Verstehen ist notwendig mit Anwendung verbunden, insofern als Verstehen immer perspektivisch oder wirkungsgeschichtlich bedingt ist. Das Allgemeine, das der Interpret zu verstehen sucht, ist nach Gadamer jeweils von einer bestimmten Anwendung geprägt und als solches nicht rein zu fassen. Applikation steigt damit bei Gadamer zum zentralen Konzept der Hermeneutik auf, weil es das Verstehen so maßgebend bestimmt, daß es davon nicht mehr abgetrennt werden kann. In diesem Sinne ist bei Gadamer von einer integrierenden, einheitlichen Hermeneutik die Rede.

Eine solche Konzeption ist jedoch dem doppelten Vorwurf ausgesetzt, daß sie einerseits zu viel, andererseits zu wenig in Anschlag bringt. Zu weitgehend ist bereits die aus der Tradition übernommene Verstehenslehre, die außer acht läßt, daß es für das Verstehen selber zwar eine Metatheorie, aber keine praktischen Anweisungen geben kann. Auch die Philosophische Hermeneutik muß darum umgekehrt akzentuieren, indem sie just die von Gadamer zurückgedrängte ‹Interpretation› – das Explizieren – in den Mittelpunkt stellt.

Auf der anderen Seite gehen mit der Subsumption des Applizierens unter das Verstehen gerade diejenigen Momente der traditionellen Applikation verloren, die über die Verstehensprozesse hinaus den Bezug zur Wirklichkeit und zur Praxis herstellen. Sie werden jedenfalls bei Gadamer nicht mehr thematisiert. Die Anwendung etwa eines Bibeltextes auf den besonderen Fall oder eines Rechtsurteils oder einer Rechtsberatung oder gar die Befolgung ethischer Sätze in der realen Praxis bringen ein materiales Plus zum Verstandenen und Interpretierten hinzu, das auch ohne solche Anwendungen bestehen könnte. Hier kommen die Typunterschiede der ‹Anwendung› zur Geltung, von denen im vorigen (Abschnitt 1) schon die Rede war und die auch Niveauunterschiede sind. Liegt die ‹Anwendung› von Sätzen der Historie schon im ‹Verstehen› oder erst in der systematischen Integration oder in der praktischen Nachfolge? Und ist die ‹Anwendung› mathematischer Sätze schon im Verstehen gegeben oder erst in der technischen Ingebrauchnahme? Dabei sind Unterscheidungen zu statuieren, die auf konzeptuelle Defizite der Gadamerschen Theoriebildung hinweisen. Es handelt sich um Vereinfachungen, die aber gerade vor dem Hintergrund der Tradition voll ins Gewicht fallen. Hier zeigt sich, daß der Aufwertung von Applikation überhaupt, dem damit verbundenen Aufladen des Verstehensbegriffs und der entsprechenden Abwertung der Auslegung mit Vorbehalten zu begegnen ist.

Der Aufwertung der Applikation zur *conditio sine qua non* jedweden Verstehens wird man skeptisch gegenübertreten, solange nicht dargetan ist, daß kein mentaler Akt, der nicht Applikation einschließt, rechtmäßig auf den Titel des Verstehens Anspruch machen darf. Tatsächlich handelt es sich hier zunächst weitgehend um Ermessensfragen, bei denen zusätzlich abzuklären ist, welche von mehreren Stufen und Typen der Applikation man im Auge hat.[21]

21 Generell ist jede Beweisführung zugunsten des Antirealismus auf den Realismus angewiesen, und sie hat ein realistisches Ergebnis. Auch die *vorläufige* Interpretativität anderer muß mit realistischen Mitteln von einem realistischen Interpretandum her aufgewiesen werden. So ist der Nachweis, daß Andere interpretiert haben, nur um den Preis eines Hysteron-Proteron möglich, nämlich durch die Annahme, daß wir zur fremden Interpretation in einem realistischen Verhältnis stehen.

3. *Antirealistische Sprachphilosophie?*

Freilich hat Gadamer mit seinem Sprachkapitel (das unter dem Motto steht: «Sein, das verstanden werden kann, ist Sprache») scheinbar alle Unterscheidungen und Einwände niedergeschlagen – vorausgesetzt, daß man gleichfalls einer antirealistischen Sprachauffassung anhängt.[22] Indessen läßt sich von der Sprache das gleiche sagen wie oben von der Perspektivität: Es ist eine offene Frage, ob und inwieweit die Sprachen reale *Aspekte* der Welt repräsentieren oder *Interpretationen* der Welt sind. Dies bedeutet, daß Sprache prinzipiell gegenüber Realismus und Antirealismus neutral ist. Mit anderen Worten: Die Grenze zwischen Sprache und Welt ist grundsätzlich nicht angebbar. Eine dogmatische antirealistische Theorie der Sprache würde in die schon behandelten Dilemmata des Beweises und der Selbstanwendung geraten (Selbstanwendung insofern, als die Ebene der Einzelsprachen durch intendierte *über*einzelsprachliche Aussagen paralysiert wird).

Ein Spezifikum Gadamers gegenüber Heidegger ist die Dialogizität der Sprache, die damit das Überraschungsmoment des ‹Anderen› einzufangen versucht und so dem Antirealismus in die Hände zu arbeiten scheint. Von Heidegger angeregt ist dagegen die Abhebung von nicht direkt Gesagtem, sondern nur – etwa in Ober- und Zwischentönen – Angedeutetem, das mehr impliziert, als wir explizieren können.[23] Beide Innovationen Gadamers können, auf den Prüfstand gestellt, einen (gegebenen) Antirealismus zwar verdeutlichen, aber nicht begründen: Das (direkt) Ungesagte, aber Angedeutete akzentuiert das Problem des Intersubjektiven, aber gerade nicht die Subjektivität; und der kommunikative Charakter der Sprache zeigt das mitunter sprunghafte Fortschreiten des Verstehens an, reicht aber für eine grundsätzliche Problematisierung der Erkenntnistheorie nicht zu.[24]

22 Das Sprachkapitel macht eigentlich die bis dahin angeführten Einzelargumente für den Antirealismus überflüssig. Sollte sich Gadamer einer gestaffelten Strategie bedient haben?

23 Vgl. M. Wischke, 2001, 268 ff.

24 Die sprachphilosophische Diskussion hat zur Frage, ob die Sprache Aspekte der Wirklichkeit wiedergebe, wiederholt Stellung genommen: vgl. z. B. die Zusammenfassung bei A. Burkhardt, 1985, 151 f.

Auch die Alterität der fremden Sprachform, die man in die eigene Form übersetzt, unterliegt den Axiomen der Philosophischen Hermeneutik und bedarf einer argumentativen Überprüfung, wie sie hier vorgelegt wird.[25]

III. Die Hypothese der Wirkungsgeschichte

1. *Nicht-lineare Geschichtsbilder*

Gadamer betrachtet die *Wirkungsgeschichte* als das Zentrum seiner Metatheorie, weil sie den Antirealismus und zugleich das schöpferische Moment des geschichtlichen Fortgangs potenziert. Ihre Struktur steht und fällt mit der *Linearität* der Abfolge, die in der Rezeption nicht hintergangen werden könne und an die wir, entsprechend dem faktischen Geschichtsverlauf, gebunden seien. Indessen ist die Vorstellung von einem linearen Geschichtsverlauf wieder zu abstrakt, gemessen an nicht-linearen, nach Richtung, Kombination und Tempo *un*bestimmten Geschichtsprozessen. Wir haben zu unterscheiden zwischen linearen, zyklischen, helikoiden, retrograden und noch komplexeren Verlaufsformen, eingeschlossen teleologische Approximations- oder gar Emergenzprozesse. Tatsächlich überwiegen in den geschichtlichen Abläufen die aus Linearität und Zyklizität zusammengesetzten spiralförmigen (helikoiden) Geschehensformen bei weitem. Es gibt neben den Innovationen immer einige Elemente, die erhalten bleiben oder auf die – mit Modifikationen – zurückgegriffen wird. Reine Linearität ist also, ebenso wie reine Zyklizität, ein Grenzfall, der nicht als Normalfall ausgegeben werden darf. Er ist deshalb am ehesten als idealtypische Abstraktion zu qualifizieren. Dies bedeutet aber, daß an die Stelle der vereinfachenden Vorstellung von einer klaren und eindeutigen Abfolge der Geschichtsphasen ein Wechsel von Näherem und Fernerem, oder, anders betrachtet, eine Gleichzeitigkeit des Ungleichzeitigen eintritt, insofern Älteres und Neueres sich stets in eigentümlicher Weise mischen, und zwar in verschiedenen Bereichen verschieden und mit ständigen Veränderungen des Verhältnisses. Die Trennung zwischen Älterem und Neuerem wird dadurch immer wieder so durchkreuzt, daß eine strikt lineare Schrittfolge keinen Anhalt findet. Dies trifft faktisch bereits für die

25 Zur Sache J. Grondin, 2002, 42–46.

Lebenswelt zu, deren supponierte Angleichung im spiralenhaften Austausch von älteren und neueren Elementen auf ein Gegengewicht trifft, das ihr entgegenwirkt.[26]

Das ‹Andere›, das in der ‹Horizontverschmelzung› mit dem Eigenen der Gegenwart verbunden werden soll, ist also zum wenigsten unterbestimmt, wenn es ohne weitere Unterschiede als Vergangenes dem Gegenwärtigen gegenübergestellt wird. Erst recht schlägt dies dann auf die insinuierte Linearität der Angleichungsprozesse im ganzen durch. Das Axiom von der Unvertauschbarkeit der einzelnen Positionen, die angeblich bei der Einholung des Vergangenen der Reihe

26 Die *Konstanzer Rezeptionsästhetik* geht erklärtermaßen von Gadamer aus, folgt ihm aber nur mehr oder weniger modifiziert. W. *Isers* phänomenologische Analysen knüpfen primär an R. Ingarden an (1970, 1972⁴, 1976; vgl. R. Warning, 1994⁴, 228 ff., 435 ff.). Die Unbestimmtheitsstellen Ingardens werden als Leerstellen beschrieben und mit Ingarden als Konkretisationen des nicht expliziten Textes verstanden. Sie sind jedoch einem bestimmten Ganzen untergeordnet und vom Autor teilweise geplant. Auch wenn Iser mit Gadamers Auflösung des objektiven Textes durch eine kritische Theorie des Lesens konvergiert und die Zeugnisse «immer ein wenig anders verstanden» (1970, 8) sein läßt, ist doch die Resubjektivierung (gegenüber Gadamers Wahrheitsgeschehen) und die Partialität der These ebenso unverkennbar wie die Abwesenheit des Vorverständnisses und die Bevorzugung gegenwärtiger Polysemie vor historischer Wirkungsgeschichte.

Vor der Radikalität Gadamers schreckt auch die für H. R. *Jauss* zentrale Theorie der Erwartungshorizonte zurück. Solche Erwartungshorizonte lassen sich objektiv rekonstruieren und stellen ein wichtiges Erklärungspotential eines – daraufhin konzipierten – Werkes dar (mit einer Umkehrung des wirkungsgeschichtlichen Zusammenhangs). Man kann Jauss im Unterschied zu Iser als Hermeneutiker sehen, zumal er sich der bei Collingwood und Gadamer formulierten Frage-und-Antwort-Kategorik bedient. Doch fehlt seiner Konzeption die lineare Kontinuität Gadamers: Jede Epoche ist für sich rekonstruierbar. Jauss versucht zwar gelegentlich (z. B. 1970, 185), die Rekonstruktionen wie Gadamer auf die Gegenwart zu beziehen, doch bleibt der Zusammenhang der Positionen offen und die Folgen für die einzelwissenschaftliche Tragweite der Rekonstruktion sind verhängnisvoll. Hinzu kommt das von Jauss nicht gesehene Beweisdilemma. Man tut gut daran, das Paradigma der Erwartungshorizonte, dessen weltweiter Erfolg fraglos ist, von den antirealistischen Belastungen der Philosophischen Hermeneutik freizuhalten. Vgl. H. R. Jauss, 1982, bes. 657 ff., ferner die Ersetzung des Begriffs der (spontanen) Horizontverschmelzung durch den der (reflektierten) Horizont*abhebung* und -vermittlung in H. R. Jauss, 1994, 100, 401; ders., Hist. Wörterb. d. Philos., s. v. ‹Rezeption, Rezeptionsästhetik›, Bd. 8, 1992, Sp. 999.

nach zu durchlaufen sind, erscheint im Lichte der Komplexheit der Überlieferung, die Altes und Neues in unüberschaubarem Nebeneinander enthält, als irreal. Tatsächlich ist eine Variabilität der Standpunkte unvermeidlich, und die in sich geschlossene Perspektive der Wirkungsgeschichte ist durch eine prinzipiell offene Perspektive zu ersetzen. Wir haben als Historiker und oft schon als Glieder der Lebenswelt die Möglichkeit, zwischen verschiedenen Betrachtungsweisen der Vergangenheit zu wählen, die nicht als bloß vordergründig mediatisiert werden können. Eine solche Alternativität drängt sich vielmehr durch die Komplexität der Tradition selber auf, ohne daß sich der rote Faden einer seriellen Ordnung künstlich durchziehen ließe.

Die Nichtlinearität des Geschichtsverhältnisses ist jedoch nicht nur durch die Dazwischenkunft von zyklischen und helikoiden Elementen gewährleistet. Die Wirkungsgeschichte, die Gadamer stilisierend konstruiert, ist auch durch schieres Abbrechen: durch Intermissionen, Gegenrenaissancen und das Vergessen bedroht, die Gadamer nicht erklären kann (sein Konzept des Klassischen ist demgegenüber linearer Art). Die Kontinuität der Wirkungsgeschichte wird dadurch noch einmal geschwächt. Dazu gehört auch der von Gadamer bekämpfte Historismus, der sich einer Subsumption nach der einen oder anderen Seite hin entzieht: Soll sich Wirkungsgeschichte mit Gadamer zum Historismus exklusiv und kritisch verhalten, dann kann sie ihm nur paritätisch, aber prinzipiell ohnmächtig als ein partikuläres Gegenmodell gegenübertreten. Oder aber: Wirkungsgeschichte wird so weit formalisiert, daß der Historismus selbst als ein Teil der Wirkungsgeschichte erscheint und daher auch nicht durch eine Reflexion auf jene überwunden werden kann.[27]

27 Man hat gegen Gadamer schon früh eingewandt, daß der Traditionsbruch durch Aufklärung und moderne Industriegesellschaft um 1800, dem die Historischen Wissenschaften erst ihre heutige Gestalt verdanken, nicht rückgängig gemacht werden könne (z.B. Apel, Faber, Habermas). Gadamer hat in der Replik den Einschnitt in seiner Tragweite zu verkleinern und zu relativieren gesucht und im übrigen das damit verbundene, verbreitete Kompensations- oder Entlastungsmodell für die Erklärung der Historischen oder Geisteswissenschaften (Scheler, Gehlen, Schelsky, Ritter, Lübbe, Marquard, Schulz u.a.) folgerichtig zurückgewiesen. Doch gerade in dem Maße, in dem Wirkungsgeschichte transzendental verstanden wird, muß sie so formalisiert werden, daß sie auch den Historismus und die Überwindungsversuche des Historismus noch bedingt und ermöglichend begründet, kann also nicht aus-

Wenn die geradlinige Filiation nicht plausibel zu machen ist, müssen auch teleologische Approximations- oder gar Emergenzprozesse im Geschichtsverlauf als möglich anerkannt werden. Solchen Emergenzen entspricht spiegelbildlich, daß es auch *direkte Rückgänge* zur Vergangenheit gibt, etwa unter bestimmten Bedingungen oder ‹Konstellationen› (mit W. Benjamin).[28] Darin bewährt sich die Erfahrung, daß bestimmte geschichtliche Bedingungen historisches Wissen fördern, während andere es hemmen. Doch nicht einmal als ein bestimmter *Typus* kann die wirkungsgeschichtliche Kontinuität, wie sie Gadamer postuliert, in der Wirklichkeit vorkommen. Selbst bei Verhältnissen der Lebenswelt, wo gewisse Überzeugungen und Inhalte unbefragt überliefert und unter der Hand uminterpretiert werden, steht dem die komplexe Struktur der Geschichte entgegen. Um so weniger ist es angezeigt, die Relation umgekehrt zu bewerten und die vermeintlich ungebrochene Lebenswelt als Korrektiv des objektivierenden Historismus auszugeben, denn dies hieße die Genesis des

schließlich gegen ihn gekehrt werden. Soll sich Wirkungsgeschichte hingegen zum Historismus wirklich exklusiv und kritisch verhalten, dann verliert sie die transzendentale Notwendigkeit und Allgemeingültigkeit und kann nur noch als partikuläres Gegenmodell auftreten, das ihm paritätisch, aber prinzipiell ohnmächtig gegenübertritt. Anders gewendet: Sucht man im wirkungsgeschichtlichen Bewußtsein die Kontinuität *vor* aller Diskontinuität, dann erscheint der Historismus selbst als ein Stück Wirkungsgeschichte, dem durch die Reflexion auf die unhintergehbaren und gemeinsamen Bedingungen von Geschichte nicht beizukommen ist. – Hinzu tritt, daß eine derart formale Transzendentalität nur garantieren kann, daß wir generell immer schon in der Geschichte stehen und an ihr teilhaben, daß sie jedoch auf der materialen Ebene keine bestimmten einzelnen Inhalte zu präjudizieren und nicht zu verhindern vermag, daß bestimmte und die meisten Traditionen abreißen, die Traditionen fremder Kulturen nur sekundär einbezogen und prinzipiell alle im Sinne des Historismus objektiviert und distanziert werden können. Die Transzendentalität von (wirkungs)geschichtlichem Bewußtsein ist mit anderen Worten nur auf ein Minimum materialer Erfüllung angewiesen, das im übrigen beliebig variabel ist. Der Konfusion von transzendentaler und materialer Ebene ist demnach aus mehreren Gründen zu widerstehen. Die in der Tat indispensable Kontinuität des Geschichtsbewußtseins ist faktisch in weitesten Grenzen variabel und darum gegebenenfalls durch einen Mindestgehalt abgedeckt; sie trägt ferner fundierend alle möglichen Diskontinuitäten und Brüche übergreifend mit, weil Diskontinuität nur in Abgrenzung und vor dem Hintergrund von Kontinuität erfahren werden kann (Husserl, H. M. Baumgartner).

28 W. Benjamin, Über den Begriff der Geschichte, 1977, 260.

Historismus verkennen und von der komplexen Struktur historischer Inhalte absehen.[29]

Freilich kann, wo im geschichtlichen Ablauf Linearitäten zu überwiegen scheinen, der Eindruck wirkungsgeschichtlicher Kontinuität entstehen. Dennoch wird man auch in solchen Sektoren lieber von Präferenzen als von einer strikt determinierten Wirkungsgeschichte sprechen wollen. Solche Abläufe sollen dadurch als kontingent und nicht als unabwendbar gekennzeichnet werden, anstatt der Vorstellung einer zwangsläufig Schritt für Schritt sich vollziehenden Wirkungsgeschichte Raum zu geben.

2. *Das Sachinteresse der Gegenwart durchbricht die wirkungsgeschichtliche Kontinuität*

Linearität und die dadurch suggerierte Vermittlungsleistung ist also mehrfach kontraindiziert. Es gibt aber auch noch andere Vorzugsordnungen im Verhältnis zur Geschichte, die die lineare Stilisierung endgültig durchbrechen. Die Wissenschaften, aber auch vorwissenschaftliche Rezipienten, folgen nicht dem Diktat der Wirkungsgeschichte, sondern dem weitgehend quer zur Geschichte stehenden Sachinteresse, etwa der Autonomie von Bereichen, die in der näheren Vergangenheit gar nicht vertreten sind. Die Verwandtschaftsverhältnisse innerhalb der Geschichte werden sozusagen «systemisch» gesehen und rezipiert, analog zu den intersystemischen Relationen in der Gegenwart. Man spricht dann zutreffender von Wirkungs*zusammenhängen* als von Wirkungs*geschichte*. Es gibt auch statarische Zustandsformen, die sich zur geschichtlichen Entwicklung indifferent verhalten, weil Typaffinität in der Sache bei der Rezeption überwiegt. Die Konstellationen verweisen auf solche Relationssysteme, die die Geschichte maßgeblich durchziehen. Gadamers Verabsolutierung der Geschichte hingegen übersieht deren innere Systemizität und den Umstand, daß Geschichte nur *eine* Ordnungsform unter anderen ist. (Gadamer folgt hier noch zu sehr dem dialektischen Gang Hegels durch die Geschichte, den er andererseits nicht mehr teleologisch le-

29 Gadamers kritischer Begriff des Objektivismus ist ganz anders gewichtet als der kritische Objektivismus von Husserl: Husserl geht es um die Konstitution der Gegenstandswelt als Leistung des Ich, und demgemäß um die «Einklammerung» der Welt, Gadamer dagegen um ein sukzessives Hinausschieben eines historischen Ansich durch die Wirkungsgeschichte, die durch Hegelsche Vermittlungen getragen ist.

sen möchte.) Insofern gibt es in der Geschichte zu einer jeweils gegebenen Gegenwart eine Zone produktiver Affinität, ein produktives Affinitätsfeld, das kraft Typenverwandtschaft in einer besonderen Beziehung zur Gegenwart steht, und zwar ohne Ansehen seiner Stellung im geschichtlichen Verlauf. In besonderem Maße und *a fortiori* gilt dies natürlich für Parallelsysteme zeitgenössischer Kulturen.

Wenn also das Konzept der Linearität relativiert wird, erscheint auch die Annahme eines undurchlässigen Raums der Interpretativität fraglich. Wir plädieren daher im Blick auf die historischen und kulturologischen Wissenschaften für die tentative Wiederaufnahme des älteren Begriffs der *Approximativität* an den historischen und kulturellen Gegenstand. Er ist operabler als der dogmatische Antirealismus und wird mit der Differenzierung nach dem Mehr und Weniger auch systematisch relevant.[30] Im übrigen ist Gadamers Anspruch, den Standort des Betrachters erstmals in Bewegung gebracht zu haben, von daher gesehen unberechtigt.

Andererseits empfiehlt sich für die *systematische* Rezeption der Geschichte der Begriff der *Analogie* und *Isomorphie*. Auch Gadamers Applikation ist, logisch betrachtet, eine Art von unbewußtem Analogisieren. Aber Analogie kann sogar weitgehend Gadamers Wirkungsgeschichte ersetzen, weil sie die Distanz zwischen Gegenwart und Vergangenheit beziehungsweise fremden Kulturen überbrückt, und dies in einer rationalen und oft kalkulablen Weise. *Um das Bisherige zusammenzufassen: Kulturwissenschaftliche Erfahrung kann nicht auf einen hermeneutischen Antirealismus fixiert werden.* Ein Antirealismus der Hermeneutik ist nicht nur unbeweisbar, sondern auch *nicht notwendig*, um der hermeneutischen Erfahrung in der Gegenwart Geltung zu verschaffen.[31] Er wäre dafür im übrigen auch *nicht zureichend*: Nach Gadamer selbst gibt es immer nur *einige* Beziehungen zwischen unserer Situation und unserem Verstehen. Dies

30 Gadamers quasi-transzendentale Grundposition kann die Gradunterschiede der Erkenntnis nicht mehr thematisieren, die bei ihm in den toten Winkel geraten. Sie bleibt bei einer wissenschaftsneutralen Gleichheit und Nichtgraduierbarkeit der Resultate stehen. Der Hinweis auf Kant ist nicht berechtigt. Er zeigt im Gegenteil, daß Gadamer den Grundgedanken Kants auf einer viel stärker empirisch orientierten Ebene zu reproduzieren sucht, die die Unterschiede nicht ohne weiteres zu nivellieren gestattet.

31 Zu beachten ist, daß die philosophische Hermeneutik ursprünglich auf die *eigene* Tradition beschränkt war – im Unterschied etwa zum Historismus – und daß nachträgliche Integrationsversuche nicht ganz überzeugen.

ist jedoch zu wenig sowohl für ein volles Verständnis der Vergangenheit und fremder Kultur wie auch für ihre volle Ausschöpfung in der Gegenwart.[32]

3. Folgt aus dem Selbsteinschluß der Gegenwart in die Geschichte der hermeneutische Antirealimus?

Gadamer hat die Grundaporie des Historismus darin gesehen, daß die Gegenwart des Historikers vom Ganzen der objektivierten Geschichte ausgenommen sei. Diese Heterogenität des Betrachters sei jedoch ungerechtfertigt. Der von Gadamer vorgeschlagene Selbsteinschluß der Gegenwart führt aber zwangsläufig zu einer Unübersichtlichkeit, die eine objektive Totalität und Universalität mit Husserl und Heidegger ausschließt. Gadamer leitet daraus die Endlichkeit, Perspektivität und Interpretativität der Geschichte ab.

Seebohm[33] hat sich dieser Argumentation dadurch zu entziehen versucht, daß er die Totalität der Geschichte nicht als objektiv und konstitutiv, sondern nur als regulative Idee ansetzte. Dadurch sei der Projektion des aktuellen Jetzt auf eine reale Weltzeit vorgebeugt. Ob dieser an Kant angelehnte Schritt weit genug reicht, bleibt jedoch fraglich.

Vor allem muß schon bei Gadamers eigener Metatheorie angesetzt werden, über deren prätendierte Selbstausnahme noch zu handeln sein wird.[34] Dabei zeigt sich, daß der eigene Anspruch Gadamers wesentlich weiter reicht als seine nichtapodiktischen Prämissen zulassen, daß aber eine probabilistische Zwischenposition nicht in Erwägung gezogen ist. Tatsächlich läßt sich wie in der Metatheorie, so auch in der Frage der Totalisierung von Geschichte, über Wahrscheinlichkeiten nicht hinauskommen. Generell ist es ein skeptizistischer Rahmen, in den solche Grundsatzdebatten ein für allemal eingebettet sind. Er wirkt indessen nach beiden Seiten hin: sowohl gegenüber einem affirmativen wie gegenüber einem negativen Dogmatismus, also auch gegenüber einem – negativ zu qualifizierenden – Antirealismus. Die These von der Interpretativität der Geschichte, die scheinbar aus ihrer Unüberschaubarkeit, Partikularität und End-

32 Nach allem kann auch bei der Horizontverschmelzung ein realistisches Verhältnis nicht ausgeschlossen werden.

33 Seebohm, a.a.O., 147 ff.

34 Vgl. unten S. 118.

lichkeit abgeleitet werden kann, ist nicht schlüssig. Interpretativität als Generalthese ist *per definitionem* dilemmatisch angelegt: Sie hebt sich entweder selbst auf oder sie bleibt notwendig im ungewissen. Wie sehr wir auch immer die Gegenwart als endlich erfahren – für die prätendierte Interpretativität folgen daraus nur Möglichkeitserwägungen, aber keine gesicherten Einsichten.

Dies gilt auch für eine von der historischen Wissenschaft in der Regel angenommene Approximativität: Sie kann objektiv richtig sein, ohne deshalb der Widerrufbarkeit und Korrigierbarkeit zu entbehren. Im strengen Sinn widerlegbar ist das Prinzip der Approximativität nicht, und deswegen wird es auch in einem grundsätzlich unüberschaubaren Geschichtsprozeß seine Geltung behaupten, einerlei, ob man sie mehr objektiv oder mehr heuristisch gewichtet.[35]

Im übrigen ist der Historismus von dem Vorwurf freizusprechen, die Gegenwart des Historikers von der Geschichte ausgenommen zu haben. Die in verschiedenen Arten und Graden erfüllbare Approximation schließt auch die Gegenwart ein. Dies bedeutet: Auch sie ist geschichtlich gesehen, wenngleich, gemessen an der ateleologischen Wirkungsgeschichte Gadamers, in einem teleologisch gerichteten Zusammenhang, dessen Ziele immerhin extrapolierbar sind.

Die im Zeichen der Ungewißheit stehende Universalität und Totalität der Geschichte kann unter praktischen Gesichtspunkten auch vergleichgültigt werden. Ihre gnoseologische Indifferenz geht unter bestimmten Bedingungen in eine wissenschaftstheoretische und lebensweltliche Indifferenz über, die nur in akuten Situationen zu hypothetischen oder auch programmatischen Positivierungen gelangt.

4. *«Den Weg der ‹Phänomenologie des Geistes› zurückgehen» – ein Apriori in der Geschichte?*

Gadamers Grundbegriff der Wirkungsgeschichte knüpft, äußerlich betrachtet, an die Seinsgeschichte Heideggers, der Sache nach aber sehr viel mehr an die geschichtlich strukturierte Dialektik Hegels an. Während der Zusammenhang des Geschichtsverlaufs bei Heidegger unbestimmt und vage bleibt, ist er bei Hegel detailliert und auf verschiedenen Ebenen der Betrachtung vorgezeichnet. In der Tat charakterisiert Gadamer die Aufgabe der Philosophischen Hermeneutik so: Sie habe den Weg der Hegelschen Phänomenologie des Geistes

35 Näheres zur Approximation Kap. B 7.

insoweit zurückzugehen, als man in aller Subjektivität die sie bestimmende Substantialität aufweist.[36]

Im Unterschied zu anderen philosophischen Disziplinen Hegels bietet die ‹Phänomenologie› das beste Modell für Gadamers Konzeption der Wirkungsgeschichte an, freilich mit Durchstreichung des absoluten Wissens, dem daraus folgenden Antirealismus und einer gewissen Umkehrung der Fragerichtung. Dennoch hat Gadamer das formale Vorbild ziemlich getreu bewahrt: in der Kohärenz der einzelnen Glieder und in der unvertauschbaren Irreversibilität ihres Zusammenhangs, der konsequenterweise keine Sprünge und keinen beliebigen Rekurs duldet.

Trotzdem liegt gegenüber der ‹Phänomenologie› eine kategoriale Verschiebung vor, die Gadamers Analogiebildung für den Bereich der planen Geschichte zweifelhaft erscheinen läßt. Die Hegelsche ‹Phänomenologie› bewegt sich im Bereich des zeitlos Apriorischen. Sie knüpft damit an metaphysische oder ontologische Abfolgen (Serien) in der Tradition an[37] und dehnt sie auf die Philosophie des (objektiven) Geistes und Bewußtseins aus. Es handelt sich auch bei Hegel um Bedingungsfolgen mit einem unersetzlichen und auch nicht verschiebbaren Stellenwert jedes einzelnen Gliedes, der alle Arten der Kontingenz oder Umordnung ausschließt.[38] Gewiß finden sich auch bei Hegel Ansätze dafür, ähnliche Abfolgen in der Realphilosophie bis hin zur Philosophie der Geschichte aufzuspüren, doch bleiben sie auf grobe Konturen beschränkt und werden im einzelnen nicht ausgeführt. Demgemäß gibt es für Hegel beispielsweise in der Philosophie der Geschichte Freiräume der «faulen Existenz» oder «leere Blätter» der Geschichte, die sich dem Fortschritt seiner teleologischen Betrachtungsweise nicht fügen.[39] Die reale Geschichte läßt sich also bei Hegel nicht streng durchorganisieren.

Gadamer hingegen sucht die strikte Konsequenz der ‹Phänomenologie› auf die Realgeschichte zu übertragen und dadurch in einem andersartigen Medium zu reproduzieren. Darin liegt die Tendenz,

36 Gadamer, W. M., 286.

37 Platon, Politeia VIII/IX; Arist., De an. 404b 20ff., Metaph. 1026a 30ff., 1064b 13f., 1069a 30ff.

38 Die gelegentlich erwogene Auffassung (Kojève u. a.), Hegel habe in der ‹Phänomenologie› auch geschichtsphilosophische Interessen verfolgt, mag zwar (wie schon bei Platon) partiell zutreffen, ist aber gewiß nicht für das Ganze des Werkes maßgebend.

39 Hegel, Vorlesungen über die Philosophie der Geschichte, 1970, 42, 53.

die Geschichte quasi-apriorisch zu stilisieren und sie dadurch für den Zugriff der Linearität und Irreversibilität zu sichern. Die Abhebung von Hegel zeigt jedoch, daß dieser Anspruch zu hoch angesiedelt ist und daß das Niveau der schieren Geschichte niedriger ist als das des Vergleichstextes der ‹Phänomenologie›. Insbesondere lassen sich in der Zeitdimension die Mehrgleisigkeit der Entwicklungsstränge, die Zerdehnbarkeit oder Komprimierbarkeit und die Lückenhaftigkeit der Retrospektive nicht wegabstrahieren. Die Kontingenz behält also gerade in einem endlichen Geschichtsbild ihren Ort und kann nicht an traditionell rationalistische Strukturen der metaphysischen Tradition angenähert werden.

IV. Der hermeneutische Erfahrungsbegriff – eine Verkürzung

1. Erfahrung*machen* und Erfahrung*haben*

Gadamer reserviert für die hermeneutische Erfahrung den Typus des Erfahrung*machens*, nicht den des Erfahrung*habens*. Dadurch ist ausgeschlossen, daß, wie in den Naturwissenschaften, generelle Begriffe gebildet werden, etwa durch Induktion, Vergleich oder Analogie. Hermeneutische Erfahrung wird statt dessen an Einzelfälle gebunden; sie bleibt «offen für neue Erfahrung, ohne sich je zum Wissen zu schließen».[40] Darin liegt eine Radikalisierung dessen, was Windelband und Rickert idiographische Betrachtungsweise genannt hatten, weitergetrieben bis zur Reflexionserfahrung menschlicher Endlichkeit angesichts der Geschichte. Doch werden dadurch die *wiederholenden*, *bestätigenden* und *erhaltenden* Aspekte der Erfahrung zugunsten der transitorischen eliminiert – eine Halbierung der Erfahrung, die auch den idiographischen Anteil zuletzt funktions- und wertlos macht. Übrigens würde es leichtfallen, auch in anderen Lebensbereichen Erfahrung ebenso einseitig reduziert darzustellen. (An die Debatte über revolutionäre und normale Wissenschaft sei erinnert.) Gadamers Akzentuierung ist also gar kein Spezifikum *hermeneutischer* Erfahrung!

Tatsächlich hat Gadamer neuere Entwicklungen der Geschichtswis-

40 Gadamer, W.M., 334, 338; ders., 1971, 311 (in freiem Anschluß an Husserl).

senschaft und der Geschichtstheorie (‹Philosophie der Geschichte›) noch nicht rezipiert, die von der idiographischen Betrachtungsweise Windelbands und Rickerts – und der historischen Schule des 19. Jahrhunderts insgesamt – wegführen und neben dem Einmalig-Individuellen auch induktive Verallgemeinerungen oder Quasi-Theorien, ja Quasi-Gesetze einbeziehen (‹Die griechische Polis›, ‹Die römische Religion› u. dgl.). Die qualitative Einzigartigkeit hat infolgedessen auch im deutschen Sprachraum an Ausschließlichkeit verloren. Schon seit dem späteren Rickert[41] hatte sich zunehmend durchgesetzt, daß das Einzelne nur als Schnittpunkt verschiedener Ebenen des Generellen überhaupt erfaßbar ist. Neuere Historiker sind dann seit den fünfziger Jahren zunehmend geneigt anzuerkennen, daß ihre Wissenschaft das Allgemeine nicht nur als Mittel zur Beschreibung des Einzelnen benutzt, sondern daß sie Gleichförmigkeiten und Verwandtschaften auch um ihrer selbst willen verfolgen kann.[42] Man unterscheidet Analogie, Vergleich und Typus und bemüht sich, bisher unbewußt gebrauchte «Kryptotypen» zu reflektieren und zu differenzieren.[43] Vor allem der Typusbegriff, wie ihn Max Weber[44] und andere logisch präzise entwickelt haben, hat sich als eine flexible Form des Allgemeinen, die der abstrakten Subsumption von *genus proximum* und *differentia specifica* ausweicht, an der Mannigfaltigkeit historischer Phänomene bestens bewährt.

Es handelt sich hierbei meist um Generalisationen von beschränkter Geltung, die auf bestimmte Epochen, Kulturen oder gesellschaftliche Gruppen zugeschnitten sind. Dennoch liegt es in der Konsequenz der systematischen Weiterverarbeitung von historischen oder kulturologischen Forschungsergebnissen, daß der Vertreter der Gegenwartsforschung in der Lage ist, die Linien der Geschichte oder fremder Kulturen teilweise in die eigene Systematik hinein auszuziehen. Dies wird in der Regel auf einer angehobenen Ebene des Generellen, oft aber auch nur auf dem Wege der Analogisierung oder des Vergleichs geschehen.

41 H. Rickert, 1929[5], Anhang 737ff.: Die vier Arten des Allgemeinen in der Geschichte.

42 Wichtige Stimmen dazu in dem von L. Gottschalk herausgegebenen Sammelband 1963. Vgl. ferner etwa Th. Schieder, 1952, 228ff.; F. Wagner, 1955, 703ff.; K. G. Faber, 1978[4], 45ff.; K. Acham, 1974, 53f., 57f., 66, 153ff.; Verf., 1974, 85ff.

43 Th. Schieder, a.a.O., 232; vgl. J. Engel, 1956, 101.

44 M. Weber, 1968, bes. 39ff., 157ff.

Sowohl im Falle des Historikers wie auch im Falle des (systematischen) Gegenwartsforschers gibt es also Erfahrungen, die die Erfahrung des Einmaligen und Okkasionellen in verschiedenem Grade übersteigen. Diese wiederholenden und erhaltenden Aspekte der Erfahrung sind auf lange Sicht betrachtet relevanter und folgenreicher als die okkasionellen Primärerfahrungen. Deshalb können solche Erfahrungstypen auch von der Philosophischen Hermeneutik nicht vernachlässigt oder auf Okkasionelles zurückgeführt werden. Der Notauskunft, die Wiederholungen oder Analogien seien selber nur einmalige hermeneutische Abwandlungen, steht entgegen, daß der analogische Vergleich auf einem *Wissen* um Identität *und* Differenz beruht, und daß ähnliche Relationen auch in anderen Wissenschaftsgruppen vorkommen.

2. *Rezeption und Angleichung – notwendige Differenzierungen*

Verstehen ist bei Gadamer streng auf einen Eigenstandort fixiert. Man soll zwar nach Möglichkeit Vorurteile aufdecken, aber die Metatheorie schärft ein, daß dies immer nur im Ansatz und partiell gelingt, und daß wir auch aus den durchschauten Vorurteilen praktisch nicht herauskommen. Tatsächlich schließt jedoch die Eigenposition die Möglichkeit, sich in andere Standorte und Perspektiven zu versetzen, keineswegs aus. Ein solches Vermögen ist sogar sehr breit gefächert, und es kann auch ganz verschiedene Höhenlagen und Tiefendimensionen erreichen. Hier erweist sich zunächst der Versuch, die Kultur- und Geisteswissenschaften an die Lebenswelt anzunähern, als verhängnisvoll. Die Wissenschaft ist prinzipiell in der Lage, Vorurteile und Bedingtheiten der Lebenswelt zu durchschauen, zu modifizieren und zu berichtigen; insbesondere stellt sie fest, daß in der Lebenswelt antirealistische Interpretationen vorliegen, und gibt dadurch der Metatheorie entsprechende Vorgaben an die Hand. Diese Differenz sogleich durch die generelle Hypothese zuzudecken – wie Gadamer dies tut –, die Wissenschaft sei ihrerseits undurchschaubar mit Vorurteilen behaftet, ist wenig sinnvoll. Sie steht auch in einem gewissen Widerspruch zu der zuversichtlich vorgetragenen Selbsteinschätzung der Metatheorie, sie selbst nehme in ihrer Theoriebildung einen übergeschichtlichen Status ein. Entscheidend ist aber das folgende: Es gibt offensichtlich verschiedene Höhenlagen und Niveaus des Fremderkennens, die verschieden weit ausgreifen, bei denen aber eine Tieferlegung der erkenntnistheoretischen Fundamente zum wenigsten für den Augenblick nicht vorstellbar ist. Sie fordern daher zum präsumptiv zuverlässigen Vergleichen heraus. Inwieweit dies darüber hinaus zu einer Einholung in den Eigenstandort führen mag, ist eine offene und jedenfalls nur empirisch zu beantwortende Frage.

Daß die Metatheorie den Gesamtrahmen dafür zusätzlich skeptisch in Frage stellt, ist ihr gutes Recht; es reicht aber nicht hin, um von einer durchaus offenen und unentscheidbaren Position aus den stabileren und überschaubaren Verhältnissen in Kultur und Geschichte zu widersprechen und einer tentativ realistischen Kultur- und Geschichtsforschung im Wege zu stehen. Insbesondere empfiehlt es sich nicht, die greifbaren Unterschiede zwischen den Ebenen und Standorten von einer notgedrungen hypothetisch bleibenden Metatheorie her zu nivellieren.[45]

Die Fixierung des Blickes auf die Lebenswelt und die dort vielfach vorzufindende Angleichung des Fremden an die Eigenposition ist jedenfalls zu wenig differenziert. Es gibt Verstehens- und auch Rezeptionsprozesse, die noch keine Angleichung sind – etwa kritische oder innovatorische –, und was als Angleichung sich darstellt, geht meist als Spezialfall in eine allgemeinere Typologie ein. Für die Metatheorie kann es ferner nicht genügen, darauf hinzuweisen, daß wir in der Lebenswelt oder auch Wissenschaft bedingt sind. Es gibt immer eine übergeordnete dritte Position, die die Bedingtheit durchschaut oder in einen nicht weiter auflösbaren Skeptizismus überführt.[46] Sie kann aber bei den erkenntniskritischen Fragen, um die es hier geht, nicht ausgeklammert oder beiseite gesetzt werden.

Insbesondere setzt Angleichung die Prozesse der Rezeption (mit Selektion) und der Integration (mit der Anwendung in den eigenen Rahmen) voraus. Sie kann dann aber nicht mit der originären *Erfahrung* des Anderen identifiziert werden. Erfahrung ist genauer besehen

45 Gadamer erkennt den Ausnahmefall des hermeneutischen Verhaltens im Verstehen von ironischem, «verstelltem oder verschlüsseltem» Schreiben prinzipiell an (W. M., 278 f. Anm. 2). Tatsächlich bestätigt dieser Fall aber nicht nur, daß auch diese «scheinbare Ausnahme» «Verstehen als sachliches Einverständnis» impliziert, sondern auch, daß die Sinnsetzung hier an objektive – psychologische oder thematische – Grenzen stößt, die *nicht* im ersten Anlauf antirealistisch überwunden werden können. Vgl. zum tendenziellen Realismus des Reflexionsaktes unten S. 198 f., 204 und S. 229.

46 Es handelt sich hier um einen partiellen (nicht universalen) hermeneutischen Skeptizismus, der nicht im Sinne der Agnosie, sondern der Unentscheidbarkeit zu verstehen ist.

mehrdeutig: Sie zerfällt, wie bereits bemerkt, in die transitorische Erfahrung des Anderen und Abweichenden einer- und die konfirmierende Erfahrung des Gleichen andererseits. Hermeneutische Erfahrung ist außerdem sowohl bei den fremdkulturellen und historischen Wissenschaften wie bei den sie verarbeitenden systematischen (dogmatischen) Disziplinen zu Hause; ferner spielt Erfahrung in der Lebenswelt eine Rolle. Dennoch muß sie von der einholenden Rezeption und weiterhin von der definitiven Allokation und Integration abgehoben werden. Vor allem ist sie von der (unbewußten) *Angleichung* zu unterscheiden. Die Angleichung ist, theoretisch betrachtet, erst ein letzter (möglicher) Schritt in der Aneignung des Anderen. Erfahrung dagegen liegt ihr zugrunde und ist daher ihr gegenüber neutral zu halten. Erfahrung und Angleichung sind die beiden konträren Pole des Verarbeitungsprozesses, aber sie kongruieren nicht miteinander. Auch in der Lebenswelt ist ihre Identifikation nur eine scheinbare. Begrifflich sind Erfahrung und Angleichung auch in der Lebenswelt wohl unterscheidbar, wenn man auch hier Rezeption und Integration mitsetzt und überdies längerfristige und kritisch-innovatorische Erfahrungstypen einbezieht.

Der Begriff *hermeneutischer Erfahrung* ist also gegenüber Gadamer nicht nur zu komplettieren (Abschnitt 1), sondern auch in seiner Tragweite einzuschränken (Abschnitt 2). Auch ist die Rückwirkung jeder Erfahrung auf die Selbsterfahrung (Hegel, Heidegger) nicht notwendig gegeben.[47]

3. Autonomie der historischen und kulturologischen Forschung

Gegenläufig zum Pluralismus der Standpunkte und zur Perspektivendifferenz, aber damit nicht unvereinbar, steht in der Philosophischen Hermeneutik der unifizierende und identifizierende Monismus des je einzelnen Standpunkts, dem eine Attraktion und Adaption aller denkbaren Interpretanda zugeschrieben wird. Da der eigene Standort prinzipiell nicht verlassen werden kann, vermag sich der Interpret immer nur selber wiederzuerkennen und stellt so unbewußt eine Art von konzentrischer Mehreindeutigkeit der Welt her. Solche Konsequenzen waren in der Metapher von der immer schon abgeschlossenen Verschmelzung der Horizonte zu einem einzigen Gegenwartshorizont von jeher angelegt. Die zum einseitigen Mono-

47 Vgl. unten S. 45 Anm. 49.

log, ja zur zirkulären Selbsttautologisierung hintendierende Struktur des hermeneutischen Bewußtseins, die das Andere und Fremde in eigentümlichen Spiegelungseffekten aufzehrt und zum Verschwinden bringt, ist weitgehend auf ein Legitimations- und Affirmationsmodell eingeschworen. Die heuristisch-innovatorischen Funktionen der Geschichte oder Fremdkultur treten dagegen in den Hintergrund – ein Gegenextrem zum distanzierenden Historismus, mit dem das Modell in seiner Folgenlosigkeit eigentümlich konvergiert. Die Affirmation des eigenen Standorts hat freilich ihren Preis, denn sie bringt ihn durch permanente Projektionen um seine innovatorische geschichtliche Originalität, so wenn beispielsweise dargetan wird, daß den repräsentativen Autoritäten der Gegenwart, von denen man ausgeht, die Klassiker der Vergangenheit bereits zuvorgekommen sind.

Zugespitzt formuliert lassen sich die Postulate der Philosophischen Hermeneutik dahingehend zusammenfassen, daß jedes Interpretandum von einem gegebenen Standort aus im Prinzip jede Interpretation zuläßt, daß alle Interpretanda die jeweils eigene Position nur konfirmieren können und daß es daher auch keine Irrtümer und Falsifikationen gibt. Daraus folgt jedoch unmittelbar das weitere Postulat, daß alle Interpretationen gleichwertig sind, lassen sich doch keine überstandpunktlichen Kriterien – etwa in einem widerständigen Interpretandum – ausmachen, die die eine Interpretation vor der anderen auszeichnen könnten. Begründet wird dies in der Regel von der Grundannahme der Philosophischen Hermeneutik her, daß die verschiedenen Perspektiven in unauslotbarem Maße geschichtlich bedingt seien und daß daher diese Bedingtheiten grundsätzlich nicht rational eingeholt und vergleichbar gemacht werden könnten.

Es ist nur folgerichtig, daß unter diesen Voraussetzungen die eigentliche Forschungsarbeit von Historie und Kulturwissenschaft nur in perspektivischer Verkürzung erscheint. Die Verschränkung zwischen Vergangenheit oder einer fremden Kultur und einer dominierenden Gegenwartsperspektive lassen von der vielfältigen Verfahrensweise der Einzelwissenschaft nur solche Aspekte ins Gesichtsfeld treten, die sich der herrschenden hermeneutischen Perspektive unterordnen.[48] Dies zeigt sich zunächst darin, daß – entgegen der erklärten methodologischen Neutralität der Philosophischen Hermeneutik – zuneh-

48 Dem entspricht es, daß man Historikern oder Kulturwissenschaftlern oft naiverweise unterstellt, sie müßten die von ihnen eruierten Positionen selbst vertreten und auch gegenwärtig für richtig halten.

mend die Gepflogenheit um sich greift, Texte «hermeneutisch» zu lesen, d.h. unter Mißachtung ihres historischen Kontextes unvermittelt zu aktualisieren und so mit der technischen Hermeneutik direkt zu konkurrieren.

Darüber hinaus ist die Querlage einzelwissenschaftlicher Fragestellungen zu den metahermeneutischen Vorverständnissen in Rechnung zu stellen. So gibt es auch eine sich selbst berichtigende Historizität, die von den Fernwirkungen der ‹Wirkungsgeschichte› unabhängig ist und einfach den Verschiebungs- und Ausgleichsprozessen folgt, die sich aus der Aufarbeitung bestimmter Materialien gleichsam automatisch ergeben. Solche Faktoren sind neben den erkenntnisleitenden Interessen der Gegenwart nicht zu unterschätzen. Im einzelnen müßten etwa kontextuelle Kohärenzgesichtspunkte, die die Omnipotenz der metahermeneutischen Interpretation einschränken oder gar die Eliminierung bestimmter Perspektiven erzwingen, oder die Verflochtenheit von Substraten und Deutungen, die sich nicht abstrakt und mechanisch voneinander trennen lassen, auch in der Metatheorie einen indirekten Platz beanspruchen. Schließlich mag sich die Philosophische Hermeneutik, entgegen einer ursprünglichen Tendenz zu problemlos geglückten Projektionen und humanistischer Euphorie, auch die Erfahrungen des Kritischen und Pejorativen zu eigen gemacht haben.[49] Doch stellt sich damit sofort die Frage nach der Relevanz des weniger Erheblichen oder gar «Gleichgültigen» im Sinne des Historismus, die – gemessen an der originären Frontstellung der Philosophischen Hermeneutik – nicht ohne weiteres positiv beschieden werden kann.

Um zusammenzufassen: Die Autonomie einzelwissenschaftlicher Forschung läßt sich nicht, wie die Philosophische Hermeneutik Gadamers glauben machen will, bruchlos mit deren Postulat von der prinzipiellen Gleichwertigkeit aller Perspektiven vermitteln. Es verbleiben Überschüsse, die jedenfalls vorläufig nicht zuzuordnen sind und die zum wenigsten eine Neuformulierung des Verhältnisses beider Instanzen immer wieder erzwingen. Dabei ist entgegen der Gewichtung Gadamers davon auszugehen, daß der Anteil der Einzelforschung am Erfahrungsvolumen größer und bedeutsamer ist, als es in Gadamers Theorie der Horizontverschmelzung den Anschein hat. Dies gilt auch für die Erforschung der Begriffsgeschichte, die nicht nur, dem Programm Gadamers gemäß, in der Wirkungsgeschichte

49 Vgl. z.B. A. Przylebski, 2002, 222–228.

rückwärtsschreitet, sondern die auch von den Einzelwissenschaften her konstitutiv und produktiv die Begriffsbildung der Gegenwart mitgestaltet.[50]

4. *Von der Existenz des Daseins zur Eminenz von Texten?*

Heideggers Forderung nach einer Existenzialisierung der Historie[51] hat auch in Gadamers Hermeneutik Spuren hinterlassen. Die existenzielle Note, mit der Gadamer den humanistischen Grundansatz imprägniert («sich selbst ins Spiel bringen»), hat zweifellos eine heuristische Valenz und eine Funktion für die Evidenz und die praktische Umsetzung von Erkenntnissen. Man wird daher zwar einer so zugespitzten Rezeptionsform als Grenzfall im Spektrum des Verstehens und Handelns einen Platz einräumen, sie aber trotzdem nicht zur notwendigen Bedingung jedweder wissenschaftlichen oder alltäglichen Verständnisbemühung erheben. Von den eher selbstverständlichen bis trivialen Haltungen der Aufgeschlossenheit und Aufmerksamkeit abgesehen – selbst sie können bei akzidentiellen Interpretationsakten fehlen – gibt es viele effiziente und dennoch weniger dramatische Weisen regressiven oder progressiven Verstehens.[52]

Das führt auf einen noch ausgedehnteren Begriff des Geschichtsverhältnisses, der über das Pragmatische hinaus auch jede Art *indirekter Vermitteltheit* einschließt. Mit der Ablösung vom Existentiellen wird auch die Direktheit des Bezuges und der Wirkung aufgehoben. Es kann daher kein ernstzunehmender Einwand gegen eine mediatisierte, gebrochene Rezeption sein, sie sei nicht innerlich angeeignet

50 Vgl. Verf., 1974, 85.

51 Heidegger, 1957[8], § 76, 392–397.

52 F. Fellmann hat bereits die Konsequenzen gezogen und sich von den Engführungen bestimmter normativer Aneignungsweisen, aber auch von den qualitativen Limits «klassischer» Texte und Denkmäler freigemacht. Die Folge ist die Preisgabe einer Orientierung an ‹eminenten› Texten und Kunstwerken und die Ausdehnung des ‹Verstehens› und einer pragmatischen Einholung von Geschichte und Fremdkultur auf alle möglichen Ebenen. Man kann hier mit Fellmann von einer Pragmatisierung der Hermeneutik sprechen, deren Anwendungsbereich nach «unten» keine Grenzen mehr gesetzt sind. Damit ist ferner die Brücke zur modernen Medien- und Computerwelt geschlagen. Vgl. Kap. D S. 149f. – Demgemäß sind auch die gegebenenfalls durch die Hermeneutik initiierte Lebensgestaltung, das Lebenkönnen (die «Lebenskunst») oder die durchschnittliche moralische Haltung und Handlung, wesentlich irenischer beschaffen, als Gadamers humanistischer Ansatz unterstellt.

oder «unexistentiell». Die meisten der Beziehungen, die wir heute auf den verschiedensten Ebenen herstellen oder konstatieren können, sind gar nicht mehr direkt vermittelbar, sondern auf Zwischenglieder des Transfers angewiesen. Sie sind über mannigfaltige Instanzen hinweg miteinander verflochten oder stehen gar in Wechselwirkung. Der Umkreis des Erfahrbaren wird dadurch ungeheuer erweitert, ohne daß deswegen die Relevanz konzentrisch abnehmen müßte.

Man wird daher nicht nur zwischen verschiedenen Ebenen, sondern auch zwischen verschiedenen Graden der Vermitteltheit hermeneutischer Erfahrungen zu differenzieren haben und dann zu einem vielfältig bereicherten Gesamtbild hermeneutischer Rezeption, Einholung und Aufarbeitung gelangen.

Dazu gehört unter anderem auch die Unterscheidung verschiedener Typen interpretierender und rezipierender Adressaten. Entgegen der von der Gadamerschen Hermeneutik favorisierten Annahme eines Idealtyps (nämlich des humanistischen Philologen und Geisteswissenschaftlers) sind mindestens voneinander abzuheben der Durchschnittsrezipient und der Experte qua Historiker oder Systematiker, die ganz verschiedene Erkenntnisziele und Methodenansprüche und damit auch abgestufte Erfahrungstypen vertreten. Dabei müssen im ersten Fall noch der kontingente Alltagsrezipient und der gebildete Laie, im zweiten der Fachmann und der Vertreter von Nachbardisziplinen auseinandergehalten werden.

V. Zum theoretischen Status der Philosophischen Hermeneutik

1. Selbstausnahme oder Selbsteinschluß?

Bisher war die Theorieform der Philosophischen Hermeneutik zweier Dilemmata zu überführen: des Beweisdilemmas, das den Antirealismus in der Schwebe läßt, und des Pluralismus-Dilemmas, das die Mehrdeutigkeit von Pluralitäten ausformuliert. Es gibt aber noch weitere Limitierungen, denen die antirealistische Betrachtungsweise ausgesetzt ist. Sie stellen sie zwar nicht schon in Frage, verweisen aber auf Grenzen, die zu Alternativen hinüberleiten könnten. So wird in der Argumentationspraxis des Metahermeneutikers in einer durchweg als eindeutig intendierten Beweisführung dargetan, *daß* Interpretationen vorliegen, nach der Analogie überall vorliegen *müssen* und daß und wie Interpretationen sich voneinander unterscheiden. Man identifiziert hermeneutische Differenzen als solche und macht von den Begriffen der Einheit und Identität konstitutiven Gebrauch, was ohne weitergehende Reflexion einem performativen Selbstdementi bedenklich nahekommt. Der Metatheoretiker ist nämlich in anderer Weise selbst auf solche Gemeinsamkeiten angewiesen, um nicht den radikalen Konsequenzen des Solipsismus oder gar des Okkasionalismus bis hin zu jenen infinitesimalen Differenzialen zu verfallen, die jedes Erkennen und Mitteilen ausschließen. Der Metatheoretiker kann diesen radikalen Tendenzen nur dadurch entrinnen, daß er die Differenzen überschaubar hält und dafür verbindenden Substraten und den Gegenbegriffen der Identität und Adäquatheit eine gewisse Anerkennung gewährt.[53] Darin liegt für die Metatheorie selbst zumindest ein Mangel an Konsequenz. Er äußert sich bei Gadamer in der Zurückweisung des *Dilemmas der Selbstanwendung*. Dieses Dilemma stellt sich folgendermaßen dar: Zunächst ist der Generalsatz ‹Erkennen ist antirealistisch› antinomisch, insofern er sich selbst entweder aus- oder einschließt. Nimmt man ihn selbst typentheoretisch aus, fällt man auf der Ebene der Metatheorie in den traditionellen Realismus zurück und sprengt damit das interpretative Universum. Löst man hingegen das Dilemma nach der Seite des Selbsteinschlusses auf, dann drückt der Generalsatz vom Antirealismus nur eine Perspektive unter anderen aus und marginalisiert sich so selber, und noch mehr: Er sollte in einem weiteren Metasatz selbst noch einmal als mehrdeutig dargetan werden, was in den Regreß führt.

Gadamer hat zu diesem Komplex mehrfach Stellung genommen. Er lehnt zunächst – in der Nachfolge von Husserl und Heidegger – die Legitimität solcher Reflexionsargumente ab[54] und nimmt seine eigene Metatheorie von der Relativierung aus,[55] präzisiert aber dann doch in einem Nachtrag zum Hauptwerk[56] dahingehend, daß man die Alternative historisch unterlaufen müsse, insofern das, was man heute für wahr halte, in der Zukunft auch als unrichtig betrachtet werden könne. Dies ist zweifellos zutreffend, doch wird die sachliche – und gegenwärtige – Alternative davon nicht berührt. Gadamer

53 Zur Kritik an der mereologischen Relativierung unten S. 64, 149, 174.

54 W. M., 327 («In Wahrheit wird in ihnen nichts erkannt»). Gadamer sucht damit die formale Argumentation H. Rickerts zu unterlaufen.

55 W. M., Vorwort zur 2. Auflage, S. XIX.

56 Gadamer, 1965, in: W. M., 477–512, bes. 504–506 (in der Auseinandersetzung mit L. Strauss).

möchte sich ihr in der Konsequenz seines Ansatzes nicht stellen, doch fällt dabei auf, daß er im Unterschied zu anderen Interpretationsphilosophen (z.B. Nietzsche, Abel, Simon, Rorty) eher der Selbstrelativierung ausweicht. Mag darin indirekt die über Husserl und Heidegger vermittelte transzendentale Fragestellung nachwirken, so hat doch Gadamer gewisse Zwischenlösungen nicht erwogen, die den dogmatischen Selbst-ein- oder -ausschluß hätten unterlaufen können. So hätte man die starke These in die abgeschwächte des Probabilismus umformulieren können: «Es ist (nur) wahrscheinlich, daß hermeneutisches Erkennen antirealistisch ist, einschließlich dieser These selbst.» Freilich hätte auch dann die größere Wahrscheinlichkeit dieser These argumentativ dargetan und damit ein partieller realistischer Anspruch erhoben werden müssen. Die Modalisierung des Urteils hätte zugleich eine Minderung ihres Geltungsgrades bewirkt und – dann nicht mehr kategorisch zu exkludierende – Alternativen auf den Plan gerufen.

2. *Unterscheidung von historischer und systematischer Perspektive*

Vertreter der philosophischen Hermeneutik halten sich – wie manche Anhänger des *linguistic turn* – viel darauf zugute, zu «Vereinfachungen» gegenüber der komplexeren Tradition gelangt zu sein. Der theoretische Kritiker und der empirische Feldarbeiter werden eher geneigt sein, darin Paradoxien zu sehen, die die Beweislast für die neue Betrachtungsweise erhöhen. So kommt Gadamers Reserviertheit[57] gegenüber der Unterscheidung von *historischen* und *systematischen* Methoden und Disziplinen nicht von ungefähr. Nach Gadamer «kommen wir gleichsam zu spät, wenn wir wissen wollen, was wir glauben sollen».[58] Das heißt: Das aus der Geschichte herreichende Wahrheitsgeschehen erreicht etwaige systematische Wissenschaften ganz ebenso wie historische. Hier wird jedoch im Zeichen der Geschichtlichkeit perspektivisch verkürzt, daß die Systematiken eine andere Blickrichtung auch auf die Gegenwart und Zukunft haben und daß sie von daher auch Wahrheits- und Geltungsfragen anders stellen. Gewiß gibt es Sachbereiche, in denen systematische Disziplinen noch kaum eine Rolle spielen – Gadamer scheint hier wieder vom

57 Gadamer, W.M., Vorwort zur 2. Auflage, S. XIX.
58 Gadamer, W.M., 465.

Modellbereich des Ästhetischen auszugehen –, aber die Entfaltung des Wissenschaftssystems zeigt zunehmend ein Fortschreiten hin zum Aufbau solcher Disziplinen. Doch auch in einem relativ konservativem Fach wie der Theologie stellt die Dogmatik oder Systematische Theologie die aktuellen Sachfragen und fällt kritische Urteile über die Geltung – im Unterschied zu allen Formen der historischen Theologie. Beide interpretieren die Geschichte, aber in ganz verschiedener Kompetenz. Wer dies übersieht, überbürdet die Historie mit vielfach unlösbaren Aufgaben, während die Entflechtung beider Instanzen die Historie *entlastet*. Gadamer läßt jedenfalls durchweg die interdisziplinäre Arbeitsteilung und das Zusammenwirken unanalysiert.

Dies führt zu Konfusionen im Verhältnis von Verstehen, Bewerten und Anwenden und zu unklaren Implikationen, bei denen die Abstandnahme zwischen theoretischer Bedeutung und praktischer Bedeutsamkeit verlorengeht. Dies trifft primär für den Bereich der historischen Fächer zu, die nach dem Modell der Lebenswelt aufgemacht werden, läßt sich aber auch in zeitgenössisch orientierten Kulturwissenschaften wiederfinden. Es kommt zu einer Verstärkung der Position des Interpreten und damit umgekehrt zur Schwächung der kritischen und innovativen Funktion hermeneutischer Erfahrung. Andererseits zeichnet sich ein Originalitätsverlust des Interpreten und seiner zeitgleichen Autoritäten insofern ab, als ihre Position durch «hermeneutisch», d.h. angleichend gelesene klassische Texte antizipiert zu sein scheint. Da ferner wissenschaftliche Arbeit mit der Interpretation der Tradition gleichgesetzt wird, fühlt sich der Historiker zum systematischen Forscher aufgewertet: Indem er fremde Meinungen erforscht, eruiert er auch zureichend die einschlägigen Sachen. Zugleich soll er mit den interpretierten Texten in der Sache übereinstimmen. Die durchgängige Verabschiedung der Autorenintention und die Isolierung der Texte vom jeweiligen Kontext machen dies möglich. Eine quer zur Geschichte stehende, bewußt vertretene Eigenposition ist nicht vorgesehen.

Die Folgen etwa für die Philosophiehistorie liegen auf der Hand. Sie ist weder taxierbar noch auswertbar, sondern repräsentiert alternativenlos den aktuellen Stand philosophiegeschichtlichen Geschehens.

Demgegenüber – und das machen wir im Gegenzug geltend – ist die Unterscheidung zwischen historischen und systematischen Modellen und Disziplinen festzuhalten. Soweit es systematische Disziplinen gibt, sind *sie* die primären Adressaten hermeneutischer Erfahrung.

Insbesondere applizieren die systematischen Wissenschaften in der Regel bewußt, verantwortungsvoll und kontrolliert, im Unterschied zu solchen Aneignungsprozessen, die erst nachträglich als solche aufgedeckt und realistisch korrigiert werden oder aber in einem unkontrollierbaren skeptischen Zwielicht bleiben. Die systematischen Wissenschaften hingegen weichen vorsätzlich von der hermeneutischen Erfahrung ab, besitzen aber gerade deshalb noch einen Begriff von der Andersartigkeit der originären Materie. Es treten also zwei Arten des Verstehens auseinander, von denen die systematische gezielt progressiv und einholend appliziert, indem sie hermeneutisch Verstandenes unter Sachgesichtspunkten weiterinterpretiert – ein Verhältnis, das intersystemisch mehrfach wiederholt werden kann. Hier werden auch alle diejenigen Erfahrungsformen explizit greifbar, die die Wissenschaftstheorie auch sonst beschreibt: Falsifikation, Konfirmation, Korroboration, heuristische Überwindung theoretischer Engpässe, Entlastung, Erweiterung, Aufzeigen von Trends, Prognosen sowie die Totalisierung aller bisherigen Lösungsversuche; insbesondere aber Formen der Induktion, des Mehrwissens in veränderten Kontexten oder das Ausziehen von Analogien.

3. Sinnverhältnisse

Im Lichte der Unterscheidung und Zuordnung von Historie und Systematik (Dogmatik) lassen sich auch die verschiedenen Sinn- und Bedeutungsebenen[59] innerhalb der Kulturwissenschaft besser voneinander abgrenzen. Wie erläutert, wird Sinn nicht primär in erkenntnistheoretischen zweideutigen Prozessen *a tergo* erzeugt, sondern im Zusammenspiel zwischen verschiedenen Instanzen und analogisch auch in Verhältnissen vorwissenschaftlicher Art.

Gadamer möchte gegenüber dem historisch isolierten Sinn auf einen Einheitssinn hinaus, der die Gegenwartsperspektive und dazu das werthafte humanistische Element von vornherein einschließt. Anstatt des (verworfenen) Autorensinns soll ein «wirklicher», vom historischen Produzenten unabhängiger Sinn gelten, der aber dann in den «wahren», unbegrenzt modifizierbaren Sinn übergeht.[60] Die bisher getroffene Differenzierung von historischer und systematischer Per-

59 Gadamer folgt dem Sinnbegriff bei Husserl und Heidegger, ohne ihn vom Bedeutungsbegriff zu unterscheiden.

60 Vgl. A. Graeser, 1984, 436–445.

spektive vereitelt diese Ineinssetzung von historischem und dogmatischem Sinn und nötigt dazu, mindestens zwei Sinntypen anzunehmen (nach Gadamer würden beide Perspektiven der Historie zufallen).

Ferner ist bereits der historische Sinn ein Sammelbegriff, der mehrere Subtypen umfaßt: neben dem Literalsinn den Werksinn, den kontextuellen Sinn (zu dem auch der Rezipientensinn des jeweiligen Publikums gehört), und schließlich auch den nicht völlig ersetzbaren[61] Autorensinn. Die gleichen Unterscheidungen treffen für die Aufarbeitung fremder Kulturen zu. Aber auch der gegenwärtige Sinn ist mehrdeutig: Er kann sich in je verschiedener Weise auf den eigentlich systematischen, die ihm vorgelagerte Lebenswelt und auf einen hinzutretenden humanistischen Sinn beziehen (den Gadamer mit dem generellen Wertsinn zusammensieht; jedenfalls werden beide nicht unterschieden).

Dabei ist bereits der systematische Sinn nicht einfach aus dem historischen abzuleiten, sondern steht dazu mindestens teilweise quer – auf Grund von gegenwartsbestimmten, nicht eigentlich historischen Einzugsgebieten.[62] Die humanistische Perspektive ist im Blick auf Außereuropäisches dem generellen Wertsinn unterzuordnen. Der Wertsinn ist nicht einfach dem ontischen Sinn zu parallelisieren, sondern steht zu ihm oft in einem gegenläufigen Verhältnis.[63]

Das Prinzip der Nichtunterscheidung, das Gadamer in der Kunst, aber auch in der Horizontverschmelzung geltend macht, erweist sich auch in bezug auf den Sinnbegriff als verdunkelnd und erkenntnisblockierend. Die hermeneutische Metatheorie kann nicht einfach an der Wissenschaft vorbei zur Lebenswelt (?) zurückkehren, sondern muß die Unterscheidungen der Wissenschaft aufnehmen oder mindestens erklären. Der Einheitssinn ist demgegenüber eine normative Option, die eine Beschreibung der Lebenswelt nur vorgibt und die komplexen Bezugssysteme der Moderne nicht reflektiert.

Aus der Trennung von Historie (und Kulturwissenschaft) und ge-

61 Vgl. unten S. 55f. E. D. Hirsch, 1972, 301ff. sieht richtig, daß historischer (kultureller) Bezug (Bedeutung) und Gegenwartsbezug (Bedeutsamkeit) zu unterscheiden sind, bleibt aber noch in der intentionalistischen Sicht Boeckhs befangen, wonach nur die Autorenintention Gegenstand der historischen Interpretation sein könne.

62 Schon deshalb ist der Sinn der Historie nicht mit dem der Systematik zu konfundieren. – Man könnte den systematischen Sinn vom historischen (und fremdkulturellen) als Über-Sinn oder Sinn des Sinnes schärfer abgrenzen.

63 Vgl. unten S. 230 Anm. 63.

genwärtiger Verarbeitung folgt nicht nur die Autonomie des historischen Bewußtseins gegenüber zeitgenössischen Optionen, sondern auch die Variabilität des historischen Zugriffs auf verschiedenste Zwischenpositionen, die nicht nur als Glieder einer Wirkungsgeschichte zu verstehen sind. Es gibt mehrere bis viele Welten und Geschichtsperioden, die objektiv in Annäherung rekonstruierbar sind. Man wende nicht ein, die Historie sei zuletzt in der Gegenwart verwurzelt. Sie ist dies allerdings auf Grund eines spezifischen, streng definierten Mehrwissens,[64] das aber die Rückblicke nicht direkt tangiert – beides kann sehr wohl unterschieden werden –, und das vor allem von dem weiter gefaßten Mehrwissen[65] der Systematik zu sondern ist. Wer wie Gadamer die zukunftsbestimmte Systematik mit der geschichtsorientierten Forschung zusammenwirft, hat bereits die historische Perspektive verlassen.[66]

4. *Die Philosophie wird zur Historie*

Die Nichtunterscheidung zwischen historischen und systematischen Wissenschaften und die Nichtthematisierung einer systematischen Instanz überhaupt weist auf eine Eigentümlichkeit von Gadamers Theorienbildung hin, die noch näher zu betrachten bleibt. Bei Gadamer liegt eine Verschiebung zugunsten der Historie vor, als deren Appendix die Gegenwart erscheint. Es wird also nicht unterschieden zwischen dem Sach- und dem Geschichtsbezug der Gegenwart, sondern die Gegenwart wird abstrahierend allein aus der Geschichte hergeleitet. Darin zeigt sich ein forcierter Traditionalismus, der aus einer Schwäche, ja einem Mangel der systematischen Instanz zu erklären ist. Die systematische Instanz sitzt der Historie, die sie lediglich modifiziert, gleichsam parasitär auf.

Man könnte darin Bultmanns Verleugnung der Systematischen Theologie wirksam sehen, wenn die christliche Offenbarungsreligion nicht ohnehin einen Primat der Geschichte erzwänge, der mit den

64 Vgl. unten S. 53, 74, 139–144.
65 Vgl. unten S. 143 f.
66 Innerhalb der Metatheorie Gadamers verbleibt die zögernde Unterscheidung von A. Wellmer, 1995, 123–156 zwischen «immanenter» und «externer» Interpretation. Sie ist im übrigen durch die explizite Trennung zwischen historischer und systematischer Perspektive spätestens seit 1974 überholt; vgl. dazu H. Seiffert im Handlexikon zur Wissenschaftstheorie, hggn. von H. Seiffert und G. Radnitzky, 1992[2], 139–144.

undogmatischen Voraussetzungen der Philosophie nicht verwechselt werden darf. Dagegen ist offensichtlich das Modell von Natorps Buch ‹Platos Ideenlehre› (erste Auflage 1903) für Gadamer bedeutsam gewesen, einem Werk, das die Gesetzeswissenschaft des Neukantianismus unkritisch in die Texte Platons hineinprojiziert. Gadamer hat diesen Projektionismus generalisiert, ohne der darin erkennbaren Schwäche der systematischen Position als solcher Rechnung zu tragen. Natorp wollte sich offenkundig zu einer systematischen Kritik an der historischen Ideenlehre Platons nicht bekennen und gelangte so zu einer im Zeitalter des Historismus befremdlichen Amalgamierung von historischer Analyse und systematisierender Darstellung. Die Historie wird bei Natorp so stark belastet, um seinen eigenen, nicht zu letzter Selbständigkeit gereiften Überzeugungen ein historisches Alibi zu gewähren. Diese Unterordnung des Systematischen unter das Historische ist für den ursprünglichen Natorp-Schüler Gadamer explizit und verbindlich geworden. Darin spricht sich jedoch nur eine unangemessene Zurückhaltung des systematischen Philosophen aus, die bei Gadamer insgesamt zu einer Abwertung des Systematischen gegenüber dem Historischen führt. Die systematische Instanz scheint jedenfalls bei Gadamer insofern fast in der historischen Instanz aufzugehen, als ihre *zeitgenössischen* «Quellen» nicht eigens thematisiert und dazu ins Verhältnis gesetzt werden.

Gleichwohl hat Gadamer das Ungleichgewicht zwischen beiden Instanzen wenigstens dadurch korrigiert, daß er – auch darin Natorp folgend – die Historie nur antirealistisch, d.h. durch die Gegenwart gebrochen zur Geltung bringt. Wie Platons Ideenlehre bei Natorp zur neukantianischen Gesetzeswissenschaft wird, so Gadamers humanistisch gesehene Geschichte zur antirealistisch und wirkungsgeschichtlich hervorgebrachten Gegenwart. Dieses Ineinanderarbeiten zweier gegenläufiger Motive – der wechselseitigen Bestimmtheit von Vergangenheit und Gegenwart – ist für Gadamers Philosophische Hermeneutik charakteristisch. Es ist ein Signum der «Vereinfachungen» seiner Sehweise, die die Seinsart beider – der Historie und der Gegenwart – auf ihre gegenseitigen Beziehungen reduziert, während andere Bezüge – der Sachbezug der Gegenwart und die Eigenart des Historischen – unterbelichtet bleiben oder ganz verschwinden.

Der projektive Interpretationismus einer nicht näher aufgeklärten Gegenwart ist im Sprachkapitel Gadamers (Teil III) auf einen ubiquitären Antirealismus hin überschritten. Er läßt auch die wechselseitige Substitution von Historie und systematischer Instanz hinter sich.

Gleichwohl ist das Schwergewicht der Philosophischen Hermeneutik im eigentümlichen Miteinander einer geschwächten oder reduzierten Gegenwart und einer gebrochenen Historie zu sehen. Wenn auch der Antirealismus das Erscheinungsbild der Philosophischen Hermeneutik überwiegend beherrscht, ist doch der andere Vorwurf, nämlich der einer nicht näher ausgeführten und unbestimmten, der Historie nachgeordneten systematischen Instanz, nicht geringer einzuschätzen. Sinngemäß wäre der auch von Nietzsche kritisch referierte Satz nicht übel angewendet: *Philosophia philologia sive historia facta est.* Er ist in der Tat jedem Traditionalismus entgegenzuhalten, wie er auch bei Gadamer primär vorliegt. Die Nichtanerkennung einer übergeschichtlichen Systematik geht hier Hand in Hand mit einer wesentlich philologisch gesehenen, aber noch einmal historisch relativierten und verfremdeten Geschichte.

5. *Ansprüche und Grenzen der Philosophischen Hermeneutik*

Man kann den Einwand erheben, die Fundierungsverhältnisse seien aber umgekehrt. Die Paradoxienvermeidung zeigt jedoch das Gegenteil an. Die Überlegenheit der neuen, Subjekt und Objekt uncartesisch oder sprachlich miteinander vermittelnden Betrachtungsweise gegenüber der traditionellen[67] könnte nur dann phänomenologisch evident gemacht werden, wenn mögliche Beziehungen ausgeleuchtet und zu einer detaillierten Einsicht gebracht würden. Die Paradoxien verlangen demgegenüber ein *sacrificium intellectus.* Anstatt zu erklären, eliminieren und verkürzen sie, oder sie setzen ein Unbekanntes als Erklärungsgrund ein, von dem wir *per definitionem* nichts wissen.

Gadamer hat den drohenden Geschichtsverlust seiner Zeit durch eine Art von Umkehrung aufzufangen gesucht: Geschichte und Tradition sind (fast) alles, systematische Gegeninstanzen gibt es nicht, wir sind der Übermacht der Geschichte alternativenlos ausgeliefert.

Die Wahrheit liegt wohl irgendwo in der Mitte. Was man der Philosophischen Hermeneutik als bleibendes Verdienst zuschreiben kann, ist hingegen vermutlich dies: 1) der Hinweis auf eine letzte Undurchsichtigkeit an den Rändern, 2) die Integration eines vorläufigen (nicht etwa peremptorischen) Antirealismus in die hermeneutische Betrachtungsweise und 3) die intendierte – und oft berechtigte – Ersetzung der Autorenintention durch einen autonomen Textsinn. So

67 Vgl. dazu R. Rorty, 2001, 30–49.

geht ein literarischer oder juridischer Text nicht in der Absicht des Autors auf, und die Absicht ist auch kein Kriterium der Richtigkeit der Interpretation. Dennoch gilt: Bei allen *instrumentellen*, *informierenden* Zeichensystemen ist die Absicht des Autors belangvoll, ja sogar unentbehrlich, weil sie Einblick in Argumente und in Zusammenhänge zwischen Text und Kontext bietet. Es bleibt also fallweise zu entscheiden, ob und in welchem Umfang die Autorenintention berücksichtigt werden muß.

Aus diesen drei Gründen erwächst den Kulturwissenschaften gewiß eine Veränderung ihres Reflexionshorizonts, aber beileibe keine so große, wie Gadamer und seine Anhänger und Nachfolger dies annehmen.

Die Philosophische Hermeneutik Gadamers nimmt keinen problematischen, sondern durchweg einen assertorischen, ja apodiktischen Status ein. Ein solcher Anspruch ist jedoch nicht einlösbar. Die beweisdilemmatische Struktur ihrer Argumentation betrifft das ‹Andere›, das wir als solches gerade nicht erkennen, und ebenso das Unbewußte der Wirkungsgeschichte, das sich dem kontrollierenden Wissen *per definitionem* entzieht, und schließlich generell das Sein, das das Bewußtsein übersteigt, in Geschichte, Kultur und Sprache. Ob und in welchem Ausmaß solche Dimensionen der Realität vorliegen, ist indessen unklar und kann auch nicht nach der Analogie erschlossen werden.

Die Philosophische Hermeneutik teilt darin den Geltungsgrad des philosophischen Antirealismus, der dadurch definiert ist, daß wir die Welt «*anders* erkennen», als sie tatsächlich ist. (Die Differenz zum Idealismus liegt in der Akzentuierung *oder* Vernachlässigung des Ansichseins der Welt.) Die argumentative Basis dafür ist jedoch generell so schwach, daß über einen problematischen Status der These nicht hinauszugelangen ist. Wo dies doch der Fall zu sein scheint, liegt eine *petitio principii* vor, die unbeweisbare Prämissen mit sich führt.

Die Philosophische Hermeneutik gerät damit in die Position einer Theorie des Nur-Möglichen. Sie wird zu einer Hilfs- und Zusatztheorie, die die Ansprüche, die man mit einer Grundtheorie verbindet, nicht erfüllen kann. Die Randstellung, die ihr dadurch im Aufbau der Theoriebildung zufällt, kann auch nicht durch eine Parallelisierung mit Philosophien des Idealismus – etwa dem Kritizismus I. Kants – wettgemacht werden: Wie im vorigen zu zeigen war,[68] bewegt sich

68 Vgl. oben S. 25 f.

die Philosophische Hermeneutik auf einer so grundsätzlich empirischen Ebene, daß die Chancen des Antirealismus von vornherein beschränkt sind, und zweitens: sie nimmt mit der Annahme einer Linearität geschichtlicher Prozesse wiederum eine Hypothek auf sich, indem sie ein anderes Modell, das Hegelsche, gleichfalls in einem heterogenen Medium zu reproduzieren sucht.[69]

Als Theorie von Möglichkeitserwägungen, die sich zum Gesamtbestand der Erkenntnistheorie wie eine Appendix verhält, gerät die Philosophische Hermeneutik in ein konstitutionelles Ungleichgewicht zum Realismus, der sich einer solchen beweisdilemmatischen Struktur von vornherein entzieht: In Umkehrung der Verhältnisse im Antirealismus bedarf der Realismus keiner antirealistischen Vorannahmen, und das Dilemma des Antirealismus mag nach dem einen Horn der Alternative hin realistisch entschieden werden. Über einen problematischen, skeptisch einzuschätzenden Status kommt der Antirealismus dagegen nirgends hinaus.

Die Philosophische Hermeneutik erscheint, genauer betrachtet, insofern an die Peripherie gedrängt, als ihre relativierenden Vorbehalte gegenüber dem Realismus nicht zwingend, sondern nur erwägenswert sind. Sie übt damit gewiß eine auflockernde und zum Nachdenken einladende Funktion aus, die zwar atmosphärisch, aber nicht in der Stringenz der Argumentation bedeutungsvoll ist.

Die Möglichkeitsreflexion erschließt Alternativen zum geradehin angenommenen Realismus, und sie regt so zu Hypothesen über Interpretationsverhältnisse an, die (noch) nicht realistisch entschieden werden können.[70] Das Mögliche, das die Philosophische Hermeneutik zum Thema macht, ist daher kein Realmögliches, sondern ein Denkmögliches, das in Erwägung zu ziehen ist und im Auge behalten werden muß. Beweisbar ist dieses Mögliche von vornherein nicht, wohl aber auch (noch) nicht widerlegbar. Es sollte daher auf längere Sicht im Spiel gehalten werden. Paradoxerweise erledigt es sich dadurch von selbst, daß es «bewiesen» wird, denn dadurch wird es als Anderes zu einem jetzt bekannt gewordenen Anderen identifiziert. Einerlei, ob wir den Akzent unseres Interesses auf das Interpretament oder das Interpretandum legen – die Differenz und die Identität bei-

69 Vgl. oben S. 23 f.

70 Die größere Wahrscheinlichkeit des Realismus ergibt sich im übrigen nicht aus der Abwägung des Gewißheitsgrades, sondern durch die Mannigfaltigkeit und Konkretheit der Alternativen zum Antirealismus, vgl. unten Kap. G S. 223.

der ist uns geläufig und bietet kein eigentliches erkenntnistheoretisches Problem mehr.

Der Status der Philosophischen Hermeneutik als einer Supplementärtheorie von Möglichkeitserwägungen führt zu einer Umgewichtung im Verhältnis zwischen Allgemeiner und Philosophischer Hermeneutik. Die Philosophische Hermeneutik vermag kein Pendant zu liefern für die kritische Philosophie des Kantianismus, wenngleich auch sie kritische Ansprüche erhebt. Darin, daß eine solche kritische Vertiefung nur möglich bleibt, ohne methodisch ein apodiktisches Niveau zu erreichen, liegt der Grund für eine Wiederaufwertung der Allgemeinen Hermeneutik, deren universelle Geltungsansprüche auch bei Heidegger und Gadamer unbestritten sind. Ihre Hinterfragung durch eine Philosophische Hermeneutik verliert in demselben Maße an Durchschlagskraft, wie sich die kontinuierliche Zuordnung beider als undurchführbar erweist. Da die Philosophische Hermeneutik sich selbst als kritisch reflektierende versteht, ist kritisches Weiterreflektieren, wie es hier geschieht, nicht nur konsequent, sondern auch geboten.[71]

71 M. Hofer hat die Reflexionstypen bei Gadamer gründlich untersucht (Hermeneutische Reflexion?, in: M. Wischke/M. Hofer, Hrsg., Gadamer verstehen. Understanding Gadamer, Darmstadt 2003, 57–83). Er kommt zu dem Schluß, daß sich Gadamer eng an die aristotelisch-brentanosche psychologische Begleitwahrnehmung halten möchte, aber bei der (simultanen) Beziehung zwischen Personen doch in die Nähe der transzendentalen Geltungsreflexion gerät.
Andererseits führt Gadamers Denkweg – von Verwechslungen und Widersprüchen abgesehen – von einer Berufung auf Kant (in W. M.) immer weiter weg in die Richtung eines nicht-transzendentalen Okkasionalismus. Die Begründung der *Meta*hermeneutik, die sich beispielsweise in dem reflexiven Satz äußert, daß Verstehen immer Andersverstehen sei, wird aber dadurch hintertrieben. Aus dem Vollzugssinn läßt sich die antirealistische Hermeneutik gerade nicht herleiten. Die offengelassene Rolle der Geltungsreflexion im Gespräch ist dafür kennzeichnend. Vgl. oben S. 47–49 und unten S. 95–102.

B. Kritik der Interpretationsphilosophie (G. Abel, H. Lenk, J. Simon)

1. Grundsätzliche Schwierigkeiten mit der Interpretationsphilosophie

Die Interpretationsphilosophie beherrscht seit einigen Jahren den deutschen Sprachraum. Gadamers Position wird dadurch aufgewertet und gestützt. Gewiß fußt die Interpretationsphilosophie auch auf F. Nietzsche, E. Cassirer, N. Goodman, H. Putnam u. a. und greift überdies direkt auf Kant zurück. Trotz der Tendenz, die Philosophische Hermeneutik als Spezialfall[1] einzuordnen, schließen sich die Interpretationsphilosophen in der Grundkonzeption doch eng an Gadamer an: Das Modell Kants wird geschichtlich vervielfältigt gedacht und so die Figur von Gadamers Pluralismus und Relativismus wiederholt.

Die Interpretationsphilosophie fügt sich insofern recht gut in den Gesamtrahmen der deutschen Philosophiegeschichte ein. Auch deshalb ist es schwierig, ihr zu widersprechen. Im folgenden Überblick soll darum kein regelrechter Versuch einer «Widerlegung» unternommen werden. Was hingegen stärker als bisher ins Blickfeld gerückt werden soll, ist der erkenntnistheoretische Status der Interpretationsphilosophie, der keineswegs der oft dogmatischen Aufmachung entspricht, die ihre Autoren mit ihr verbinden. Zwar haben die Interpretationsphilosophen selbst mit taktischem Geschick, wenn auch nicht ohne Inkonzinnität, in gewissen Passagen eine Selbstrelativierung offengelassen.[2] Doch überwiegen in ihrem Werk bei weitem peremptorische dogmatische Aussagen, die jeden Zweifel an der eigenen Perspektive niederhalten sollen.

Im übrigen stellt die Auseinandersetzung mit der Interpretationsphilosophie dadurch vor größere Probleme als die Hermeneutik Gadamers, weil sie die letzten realistischen Bastionen Gadamers ge-

1 Z. B. H. Lenk, 1993, 607, ders., 1995, 34; G. Abel, 1993, 425.

2 Z. B. J. Simon, 1989, 158, 314; H. Lenk, 1993, 243 ff., 620; ders., 1995, 260; G. Abel, 1993, 506, 523 f.; ders., 1999, 61, 352 ff.; ders. 1996a, 279.

räumt und in Interpretamente umgewandelt hat. Offene Widersprüche sind darum hier weniger zu erwarten; sie müssen eher intern aufgespürt werden.[3]

W. Alston hat in seinem zum Realismus zurückführenden Buch ‹A realistic conception of truth› (1996) einen Wahrheitsbegriff entwickelt, der im Unterschied zu allen Wahrheitskriterien – pragmatischer oder kohärenter Art – den direkten Kontakt mit der Wirklichkeit ins Zentrum stellt. Dieser schwache, minimalistische Wahrheitsbegriff bleibt wie bei Aristoteles ohne explizite Definition. Er bezieht sich auf die (generische) Identität zwischen Urteilen und in der Wahrnehmung gegebenen Fakten.[4]

Er unterscheidet sich damit vom vieldiskutierten metaphysischen Realismus, dessen transzendente Erfahrung er durch strenge Imma-

3 Bei der nachstehenden Darstellung sind die folgenden Argumentationsfiguren durchweg zu unterscheiden: a) Das *Beweis-* oder *Erfüllungsdilemma*, das sich auf die Inkongruenz von Interpretament und Interpretandum im Antirealismus bezieht. Es führt überwiegend zu skeptischen Resultaten; zuweilen aber auch zur Auflösung in einen Realismus, nämlich dann, wenn das Interpretandum erfahrbar und dadurch das Dilemma entschärft wird. Ein Spezialfall des Dilemmas ist die Unterscheidbarkeit zwischen Aspekten und Interpretamenten. Das Dilemma kann im übrigen auf alle Einteilungen angewendet werden, bei denen es unsicher bleibt, ob sie nicht realistisch fundiert sind. – b) Das *Graduierungsargument* (Argument nach dem Mehr und Weniger), das gegenüber einer pauschalen Gleichbehandlung der Interpretamente zunächst auf der Nichtgleichheit der Fälle insistiert. Es kann zu einer Rangierung der Beispiele und schließlich zur Vorstellung einer fortschreitenden Approximation an ein Letztziel führen (das im Grenzfall auch erreicht wird). – c) Das *Selbstanwendungsargument:* Es verfolgt den Fall des Selbsteinschlusses, der in der Interpretationsphilosophie – im Unterschied zu Gadamer – meist vertreten wird, auf seine verschiedenen Falltypen hin weiter und zieht daraus unterschiedliche Konsequenzen. Dabei ist die (infinite) Reflexion der Theorie von einer bloßen Differenzierung der Theorie, von einer Alternative zu ihr und ferner von den verschiedenen Auswirkungen auf den Status der Theorie selber abzugrenzen. Wieweit reicht vor allem die Selbstrelativierung der Theorie und ihres (dadurch eingeschränkten) Geltungsanspruchs? Ein Selbstanwendungsdilemma tritt im Interpretationismus auch dann auf, wenn einzelsprachliche und übereinzelsprachliche Aussagen kombiniert werden sollen. – d) Das *Argumentations-* oder *Darstellungsdilemma*: Es formuliert den performativen Widerspruch zwischen der antirealistischen, auf eine Pluralität von Deutungen abhebenden Theorie des Interpretationismus und ihrer der traditionellen Logik (Bivalenzprinzip von Wahr und Falsch) verpflichteten Aufmachung und Beweismethode.

4 Näheres unten S. 226.

nenz ersetzt. Rückschlüsse nach Art der traditionellen Korrespondenztheorie entfallen daher. Gleichwohl rechnet auch Alston mit einer vorgeschalteten Zeichenwelt, die aber in den Direktkontakt miteinbezogen wird.[5] Alston widerlegt ausführlich die Modelltheorie Putnams, die mit infiniten, gleich leistungsfähigen Modellen rechnet,[6] und moniert bei ihm die Verwechslung von Referenz und Reflexion auf die Referenz sowie von Intensionen und Extensionen. Im Unterschied zu Putnam und anderen Vertretern eines epistemischen Wahrheitsbegriffs (Dummett u.a.) insistiert Alston auf der durchgängigen Bestimmtheit der Welt und auf der unverkürzten Unterscheidung von Wahr und Falsch. Fallibilität und Approximation schließen sich sinngemäß an.

Alston zieht erklärtermaßen nur eine Zwischenbilanz und läßt verschiedene Fragen offen. Wenn man aber die Immanenzthese Alstons gutheißt, dann zeichnet sich eine Umkehrung der Beweislast zwischen Realisten und Antirealisten ab: Nicht der Interpretationismus ist ursprünglich gegeben und der Realismus aus ihm abzuleiten, sondern umgekehrt: Der Antirealismus als das Komplexere ist aus dem einfacheren Realismus zu entwickeln. Die Definition von ‹Interpretation›, wie sie der Antirealismus und die Interpretationsphilosophie zugrundelegt, ist ja nicht die regressive, decodierende der traditionellen Hermeneutik, sondern ihre Erweiterung, ja Entgegensetzung in Gestalt einer progressiven und produktiven Auslegung, die in der Regel vielfältig auftritt und die zu wählen erlaubt. Insbesondere kommt beim Interpretationismus etwas Neues hinzu oder, genereller formuliert, es wird etwas verändert. Das kann unbewußt geschehen, doch dann ist das Verhältnis vom Interpretierenden her gesehen realistisch aufgefaßt. Erst die Reflexion des Metatheoretikers macht deutlich, daß hier tatsächlich etwas *als* etwas anderes interpretiert, d.h. umgedeutet wird.

5 Zur Ambivalenz der Medien vgl. unten S. 147f.

6 H. Putnam, 1982, 69ff., 286; ders., 1991, 88ff., 149ff. Dagegen W. Alston, 1996, 132–161 (‹Putnams Model-Theoretic Argument›). In der Hauptsache legt Alston dar (132–142), daß die Modelltheorie nur die Möglichkeit von Wahr *oder Falsch* ausweise, und daß sein eigener minimalistischer Wahrheitsbegriff alle Bedeutungen bestimmt aufzufassen erlaube (im Unterschied zu den von Putnam nur zugelassenen allgemeinen Bedeutungen). Die Grundunterscheidung von ‹wahr› und ‹falsch› kann leicht zu weiteren Differenzen zwischen verschiedenen Theorien hinführen. (Das in Anm. 3 entwickelte Graduierungsargument trägt dann zu einer zunehmenden Eliminierung konkurrierender Theorien bei.) Vgl. ferner R. Fumerton, 2002, Zusammenfassung 129ff. Eine kritische Übersicht über die Entwicklungen im 20. Jahrhundert bietet R. Schantz, 1996, sowie ders., 2002.

Der Metatheoretiker, zumal der Interpretationsphilosoph, wird dies aber nicht ohne eine allgemeine Theorie und nicht ohne bestimmte Beweismittel zuwege bringen. Er muß dabei das Interpretament *vergleichen*, um der Definition von ‹Interpretation› gerecht zu werden. Das Verhältnis des Andersseins stellt sich nicht von selbst ein, denn die Alternative dazu lautet stets: die Gleichheit und Identität des Verhältnisses, wie sie von Alston und den Verteidigern des traditionellen Realismus, in untergeordneter Funktion aber auch von den Interpretationsphilosophen angenommen wird. Identisch bedeutet hier zugleich die Einzigkeit der richtigen Interpretation, die aber indirekt auch in konvergierenden Annäherungen erfaßbar ist. Gemeint ist das, was in der älteren Adäquations- oder Korrespondenztheorie der Wahrheit zum Thema wurde, was aber Alston neuerdings undefiniert und entmetaphysiziert dargestellt hat.

Im übrigen ist das Andersinterpretieren nicht schon analytisch im Interpretationsbegriff enthalten. Die Interpretationsphilosophen führen, wie gesagt, Kontrastbegriffe immer mit sich. Genauer betrachtet verhalten sich die beiden Teilbegriffe gegenläufig zueinander: Das einzigartige Interpretieren ist normativ gerichtet, und dem entsprechen auch alle Näherungsformen. Das Andersinterpretieren löst diesen normativen Zusammenhang auf und ersetzt ihn durch einen irreduziblen Pluralismus prinzipiell gleichwertiger Interpretationen.

Fallibilität, Graduierung und Approximation entfallen, soweit sie nicht abgeleitet auftreten. Umgekehrt kommt erst hier das im folgenden entwickelte Beweisdilemma zur Geltung.

Für beide Verhältnisse gilt, vereinfachend formuliert: Das Interpretandum ist bekannt – und damit vergleichbar – oder es ist unbekannt. Der zweite Fall könnte wohl zutreffender mit dem Skeptizismus in Verbindung gebracht werden: Es ist unentscheidbar, ob das – unbekannte – Interpretandum gegenüber dem Interpretament identisch oder ‹anders› ist. Es ist dies das uns schon geläufige Dilemma des Beweises, das im vorhergegangenen Kapitel eingeführt worden ist und das sich in einer Disjunktion zwischen Realismus und Skeptizismus darstellt.[7]

7 Vgl. oben S. 15 f. Auch die Partialisierung des Verhältnisses führt nicht weiter: Wenn das Interpretandum «teils» bekannt, «teils» unbekannt ist, dann ist Skepsis genau in dem Maße angezeigt, wie das fragliche Interpretandum unbekannt ist. – Auch die Wahrnehmung unterliegt dieser Regel: Beiherlaufende Wahrnehmungen sind teilweise unerkennbar, können aber vermutlich aufgeklärt werden, oder sie sind teilweise erkennbar (und damit vergleichbar).

Das Dilemma ist auch nicht dadurch auszuräumen, daß man dem Subjekt des Interpretierenden einen Primat vor dem Objekt zuschreibt und das Objekt durch das Subjekt bestimmt sein läßt. Der Subjektpol ist nämlich seinerseits ohne den Objektpol nicht bestimmbar und kann daher das Objekt nicht einseitig präjudizieren. Auch wäre damit die Definition des «Interpretierens» idealistisch umgangen und verkürzt.

Vom internalistischen Antirealismus kann strenggenommen nur unter bestimmten Voraussetzungen und bedingungsweise die Rede sein: Bei unbewußten Akten fällt er in die Zuständigkeit der Reflexionsstufe, die auf den Primärakt zurückblickt; man müßte denn unbewußte Akte so behandeln, als ob sie reflektiert wären. Beide Male handelt es sich aber, wohlgemerkt, um realistische Verhältnisse, die nur durch Skepsis verdeckt werden können.

Unter diesen Umständen erscheinen die Vorwürfe gegenüber dem metaphysischen Realismus umkehrbar. Die Beweislast für das Andersinterpretieren ist offenbar größer als für die direkte Referenz.[8] Zum mindesten liegt der Titel des Metaphysischen beim dogmatischen Antirealismus näher als beim Realismus. Die «Nichtexplizierbarkeit» trifft für die Abweichung des Andersinterpretierens doppelt zu, denn die Explikation erfordert auch den Vergleich zwischen Interpretament und Interpretandum, setzt also Bekanntschaft mit dem Interpretandum selbst voraus (wie sie der traditionelle Realismus annimmt). Die herkömmliche Kritik am Korrespondenzbegriff der Wahrheit, er führe zu einem infiniten Regreß, wird überboten durch die Auflage, die *Abweichung* von einem gegebenen Interpretandum nachzuweisen, wobei zusätzlich ein ähnlicher Regreß unterläuft. Die Beweislast ist also ungleichgewichtig verteilt. Der Einwand, Hypothesen über das Interpretandum seien aber möglich und gegen das Dilemma gefeit, läßt außer acht, daß der Begriff der Hypothese mit dem der progressiven Interpretation nicht koextensiv ist. Hypothesen gibt es auch für regressive Interpretationsverhältnisse. Ob ein solches Verhältnis identisch oder «anders» geartet ist, läßt sich also vom Begriffsgehalt der «Hypothese» her nicht entscheiden. In diesem genau bestimmten Sinn fällt die Hypothese unter den Skeptizismus.

Zeichnen sich auf diese Weise die Konturen einer Gegenposition

8 Zur gegenwärtigen Diskussion in den Einzelwissenschaften vgl. den von P. Koslowski und R. Schenk herausgegebenen Band 2004 (mit nicht eindeutigen Konsequenzen für die Philosophie).

zum Interpretationismus ab, so führt der Gesichtspunkt der Graduierung und Differenzierung noch weiter. Die Interpretanda (entweder relational oder stigmatisch verstanden) können sich hierarchisch – geordnet nach dem Prinzip des Mehr oder Weniger – oder aber – nach dem Prinzip der Gleichordnung – aspekthaft darstellen. Beide Unterscheidungen erscheinen zunächst problemlos. Lediglich Widersprüche entziehen sich der Einordnung und fordern zu einer interpretativen Deutung heraus. Der Interpretationsphilosoph wird freilich diesen Fall als exemplarisch herausheben und die übrigen Fälle darauf zu beziehen suchen. Die Konsequenz ist ein Pluralismus beliebig vieler Deutungen, der zu einer relativistischen Theorie einlädt. Demgegenüber ist am phänomenalen Befund der Differenzierung und Rangierung festzuhalten. Wer ihn interpretativ ausdeutet und dadurch relativiert, sieht sich mit dem im vorigen diskutierten Beweisdilemma konfrontiert: Er muß aufzeigen, daß die Verhältnisse in Wirklichkeit ‹andere› sind und daß sie durch Umdeutung eine Modifikation erfahren haben. Andererseits: Auch wo sich ein Pluralismus von Aspekten aufzudrängen scheint, bleibt zu erwägen, ob sie sich nicht bei genauerer Betrachtung zu einer Rangordnung zusammenfügen, die den Pluralismus als vordergründig erscheinen läßt. (Natürlich gilt auch umgekehrt, daß Einheiten sich in Vielheiten auflösen können.) So mögen Kulturen, die im Laufe der Geschichte aufgetreten sind, gleichwohl eine vom Mehr oder Weniger bestimmte Rangordnung bilden. Sie ist vorläufig, unterliegt also der Fallibilität und Revidierbarkeit, doch ist es unabsehbar, ob sie nicht doch (überwiegend) Bestand haben wird. Das gleiche trifft für alle kategorialen Systeme, Vergleichsgrößen, Relevanzgrade, Teilungsschritte (Mereologien) oder Stile des Vernunftgebrauchs (J. Hacking) zu: Es bleibt grundsätzlich offen, ob nicht eine unter ihnen die richtige – oder doch die haltbarste – ist. Eine stringente Beweisführung nach der einen oder anderen Seite hin ist nicht möglich. Doch gerade das macht die heute wie selbstverständlich in Anspruch genommene Prätention eines dogmatischen Interpretationismus unannehmbar.[9]

Die Interpretationsphilosophen sind sich darin einig, daß auch die *Wahrnehmung* – die Hauptquelle der Erkenntnis – interpreta-

9 Das Zusatzargument der Philosophischen Hermeneutik (Gadamer, W. M., 327f., 424), wir könnten uns auch bei einer gegebenen theoretischen Reflexion von unseren gegenwärtigen Interpretamenten praktisch nicht lösen und gleichsam aus ihnen heraustreten, ist wiederum nur empirisch kontrollierbar und daher für eine generelle Betrachtung unverbindlich.

tiv sei («Interpretation ohne Wahl», «objektive Interpretation»). In der Konsequenz zeigt sich darin die Tendenz zu einem Solipsismus, der theoretisch nicht mehr verbindlich eingeholt werden kann. Eine andere Schwierigkeit tut sich in dem Grenzfall auf, daß die Wahrnehmung von Zeichen nicht mehr zeichengeleitet sein kann (was zu einem Regreß *ad infinitum* führen würde). Es müßte zum wenigsten innerhalb des Wahrnehmungsbegriffs – oder des Zeichenbegriffs – differenziert werden. Den gewichtigsten Einwand liefert aber wiederum das Beweisdilemma: Die Wahrnehmung mag im Einzelfall interpretativ sein; dies aber im einzelnen und generell nachzuweisen, setzt einen Rückgang zum Interpretandum der Wahrnehmung voraus, der entweder zur Realität oder zur Skepsis führt (nämlich dann, wenn der Rückgang mißlingt). Die Interpretation in der Wahrnehmung kann demnach aufgedeckt und dadurch neutralisiert werden, oder die Behauptung der Interpretativität bleibt unverbindlich.[10]

Daß das Graduierungsprinzip (Mehr-Weniger) nicht interpretationsimmanent bleibt (so G. Abel), sondern auf Realität verweisen kann, ergibt sich aus dem Beweisdilemma: Die Auffassung Abels, daß alles nur interpretiert sei, läßt eigentlich nur eine skeptische Version zu, die das Beweisdilemma vorschreibt. Einer solchen Skepsis unterliegt aber auch das Graduierungsprinzip: Es kann interpretativ, aber auch richtig sein, ohne daß eine begründete Entscheidung möglich wäre.

Das gleiche gilt zuletzt auch für die Voraussetzung, Interpretation sei geradezu als Andersinterpretieren definierbar. Da es dazu Alternativen gibt – etwa die nichtverändernde, regressive Art des Interpretierens –, unterliegt auch diese Auffassung jedenfalls der Skepsis, kann also nicht als verbindlich angenommen werden.

Die These von der Nichtexplizierbarkeit eines ‹Gegenstandes an sich› beruht auf der Voraussetzung medialer Vermittlung. Doch auch diese Zuordnung ist mehrdeutig. Sie wird nämlich trivial, wenn der Interpret das Interpretandum trifft oder annähernd trifft. Nur wenn vorausgesetzt wird, daß das Medium eine *Veränderung* der Sache selbst hervorruft, erscheint die Bestimmung eines ‹Gegenstandes an sich› problematisch (weil sie die mediale Vermittlung hintergehen müßte). Gerade dies steht aber zur Diskussion. ‹Abweichung› im

10 L. Wiesing sieht in der interpretativen Auffassung der Wahrnehmung die Konsequenz einer unerlaubten Verallgemeinerung der Texthermeneutik zu einer Welthermeneutik überhaupt, in die dann auch die Wahrnehmung einbezogen wird. (2004, 137–151.)

Unterschied zur ‹Übereinstimmung› ist keineswegs selbstverständlich, sondern bedürfte in der Metatheorie eines spezifischen Nachweises.

Die Argumentation Abels wirkt in diesem Punkt merkwürdig verkürzt. Die Unterstellung, daß dort, wo kein Ganzes oder Absolutes greifbar sei, notwendig interpretiert werden müsse, überspringt die näherliegende Alternative, daß *Partikularität* an die Stelle des Holismus tritt. Nach dem Beweisdilemma kann dies zwar zweifelhaft sein, doch läßt sich aus der Sachlage auch nicht mehr herausholen. Auch hier bleibt für den Interpretationismus nur die Rolle einer Möglichkeitserwägung übrig, die modal nicht weiter aufgewertet werden sollte.

Generell fällt dabei eine Überbürdung sowohl des Interpreten (des ‹Subjektes› der Interpretationen) wie auch des Interpretandums (der Welt) ins Auge, die als apodiktisch ausgegeben wird. Zunächst ist die ‹Subjektbedingtheit› des Weltverhältnisses ein Erbteil der kantischen Tradition, an die sich der Interpretationismus anlehnt. Doch ist diese Tradition selbst nicht alternativenlos,[11] und ihre Pluralisierung in der Moderne ist zwar empirisch (Primär- und Sekundärqualitäten) beglaubigt, aber nur durch (unzulässige) Verallgemeinerung ins Grundsätzliche zu kehren. Eine Bedingtheit durch das (kreative) Subjekt ist also nicht ohne weiteres vorauszusetzen, ohne in ein Beweisdilemma zu geraten. Umgekehrt ist zwar die Abhebung eines Transobjektiven und eines Transintelligiblen in verschiedenen Graden indiziert, doch ist vor allem das zweite als Extrapolation qualifizierbar, die gemessen an der aktuellen Welterfahrung und der Möglichkeit ihrer Erweiterung («noch nicht») einen recht hypothetischen Status einnimmt. Sowohl die erkenntnistheoretische Beschränkung des Menschen wie auch die Segmentierung und Filterung der Realität sind daher strenggenommen unbeweisbar. Dies bedeutet nicht, daß sie nicht erwogen und in die Fragestellung der Erkenntnistheorie einbezogen werden sollten. Doch bieten sich jeweils so viele Alternativen an, daß eine endgültige Entscheidung unratsam erscheint. Auch hier behält also der Skeptizismus (im Sinne der Unentscheidbarkeit) das letzte Wort.[12] Selbst die Unterscheidung zwischen Interpret (Subjekt) und Interpretandum (Objekt) ist von H. Lenk interpretativ aufgefaßt

11 Vgl. S. 177–179, 216–218.

12 Auch gegenüber M. Seel, 2002, der mit seiner Formel vom Bestimmen (durch den Interpreten) und Bestimmenlassen (durch die Welt) beweisdilemmatisch belastete Konzepte in seine Theorie aufnimmt. Zu Seel unten S. 149 Anm. 7.

worden.[13] Doch auch hier ist die einschlägige Skepsis angezeigt, die dem Interpretationscharakter kritisch gegenübertritt und verhindert, daß die Welt idealistisch dem Subjekt und umgekehrt das Subjekt als Interpret der Welt aufgeopfert wird. Wer sollte im übrigen als Über-Subjekt einer solchen Interpretation – mit der Unterscheidung zwischen *Subjekt* und Objekt – in Frage kommen?

Eine Sonderstellung innerhalb der Interpretationsphilosophie nimmt J. Simon (1989) ein. Im Unterschied zu Putnam, Lenk oder Abel vollzieht er eine radikale Subjektivierung und Individualisierung des Erkennens und läßt daher auch nur subjektive Kriterien zu; ferner rückt er wie schon Gadamer die pragmatische Seite des Verständigungsprozesses ins Zentrum. Wenn er die Verstehensleistung minimalistisch auf plausible und befriedigende Sätze reduziert, steht er damit in der Nachfolge des (antiken) Skeptizismus (Probabilismus) und der von Gadamer aufgegriffenen Rhetoriktheorie. Die metaphysische Tradition sucht Simon durch konsequente Immanentisierung der Grundbegriffe zu vermeiden (Zeichenbegriff ohne Rückschlüsse auf Bezeichnetes; Kohärenzbegriff der Wahrheit anstelle des «transzendenten» Korrespondenzbegriffs[14] u.a.). Freilich bleiben tragende Grundbegriffe unanalysiert (Differenz, Individualität, Jetzt, Kontinuität, Approximation u. dgl.), während andere widersprüchlich wirken. (So wird die Teleologie der Geschichte negiert, doch folgt Simon faktisch dem traditionellen linearen Sukzessionsschema, wenn er die jüngste Gegenwart durchweg – trotz erheblicher Divergenzen – als «wahr» deklariert.) Entscheidend ist jedoch, daß auch Simons minimalistische Position dem Beweisdilemma erliegt: Verstehen ist auch für Simon ein Andersverstehen, und das heißt: ein Andersinter-

13 H. Lenk, 1993, 75, 310ff., 349, 448, 453f.; ders., 1995b, 251, 255, 256f., 258. In einem Spezialaufsatz zum Thema (1992, 49–54) gibt Lenk zu erkennen, daß er zu diesem Resultat nicht durch phänomenologische Analysen, sondern gleichsam deduktiv von der Unvermeidlichkeit der Interpretation her kommt (ebenso für das – gleichfalls nur interpretierte – ‹Substrat›). Auch wenn man einmal von der beweisdilemmatischen Struktur der Interpretation absieht, läßt sich doch die Existenz eines Urhebers der Interpretation nicht wegdenken.

14 Simon übersieht, daß die Einzelglieder eines kohärentiellen Zusammenhangs in ihrem Verhältnis zueinander realistisch erkannt werden, sofern keine anderen Bestimmungen festgesetzt sind. Im übrigen ist die heute vorherrschende «antimetaphysische» Tendenz verfehlt, Wahrheitskriterien (zumal Konsens und Effizienz) an die Stelle von Wahrheits*begriffen* zu setzen (Korrespondenz, Interpretation), auf die sie implizit bezogen bleiben.

pretieren. Der Beweislast für diese Behauptung ist Simon nicht nachgegangen. Sie führt nach seinem eigenen Ansatz in die Skepsis, d.h. zu einer Unentscheidbarkeit zwischen «identischen» und «andersartigen» Interpretationen. Simon versucht so, dem Abbildgedanken der Tradition zu entrinnen, doch wird diese Option nirgends beweis- oder auch nur argumentationsfähig gemacht. Simons Skeptizismus müßte noch einige Schritte weiter getrieben werden, um der Ambivalenz zwischen progressiver und regressiver Interpretation zu entsprechen und um seine Bevorzugung der Differenz und Andersheit vor Identität und Einheit in Grenzen zu halten.[15] Die regressive Betrachtungsweise ist jedenfalls ohne Argumente nicht auszuschließen, und die progressive Sicht nicht wie selbstverständlich als alleingeltend darzustellen, mit einer Unterdrückung der größeren Beweislast.

Der traditionskritischen Hypothese vom Andersinterpretieren tritt bei Simon die Reduktion des Gewißheitsgehaltes auf Plausibilität oder allenfalls Wahrscheinlichkeit zur Seite. Es läßt sich gewiß vertreten, daß mehr als solche Akzeptanz im Alltag in der Regel nicht erreicht wird und zuweilen auch nicht beabsichtigt ist. Die minimalistische Grundentscheidung verdient aber doch wenigstens eine Hinterfragung daraufhin, ob und unter welchen Bedingungen – etwa szientifischer Art – ein ‹Plus› an Gewißheit zu erwarten steht und wieweit es gegebenenfalls trägt, oder anders gewendet: welchen Kredit man entsprechenden Urteilen in der Regel zuschreibt. Der Fall einer certistischen Version und die damit verbundene Abstufung von Gewißheit ist jedenfalls nicht auszuschließen. Daß die Arithmetik als exzeptionell nur abgewehrt und nicht analysiert wird, weist auf ein argumentatives Defizit des gesamten Simonschen Ansatzes hin.

Die zuversichtlich vorgetragene These, daß «nichts uninterpretiert» sei, läßt immerhin die Differenzierung nach dem Mehr oder Weniger von Grad- und Rangfolgen vermissen. Diese selbst als Interpretamente aufzufassen führt wiederum auf das Beweisdilemma, denn über den (möglichen) Grad der Richtigkeit kann man keine definitiven Aussagen machen. Viele Abweichungen sind möglicherweise nur Näherungen, und es gilt, solche Fälle stets mitzubedenken. Figürlich gesprochen, mag es sich dabei um graduelle oder konzentrische Ap-

15 Auf die Bindung an Wittgensteins Kontextualismus, die Simon mit anderen Interpretationsphilosophen teilt und die eine transkontextuelle Betrachtungsweise verhindert, wird im Folgenden eingegangen (unten S. 86f.). Auch das Unverständlichwerden von Zeichen oder die Möglichkeit langfristiger Verbesserungen in der Zukunft sind nicht hinreichend bedacht.

proximationen handeln, von denen die zweite Klasse auch aspekthaft zu sehen wäre. Es gibt kein zwingendes Argument dafür, solche Differenzierungen und Gradunterscheidungen der Interpretativität unter- und einzuordnen und nicht auf die Interpretativität selber zu beziehen. (Ähnliches gilt für den Satz, daß «nichts unvermittelt» sei: Er ist selbst eine Abstraktion aus einzelnen Vermittlungsvorgängen, die als solche realistisch erfaßbar sind oder dem skeptischen Horn des Beweisdilemmas unterliegen.)

Weitere Probleme ergeben sich durch die subjektive Rollenverteilung beim Konsens oder Dissens. Ein Interpretationsphilosoph wie Simon wird beide Standorte – den des Sprechers (Autors) und den des Verstehenden – als interpretativ und nur plausibel verbuchen. Wer die realistische Sicht mit im Auge hat, muß auch das Gegenteil (beide objektiv richtig) und insbesondere asymmetrische Verhältnisse bedenken, bei denen einer oder mehrere Kommunikationspartner sich zwar objektiv richtig äußern, aber doch interpretativ aufgefaßt werden. Skepsis ist nach beiden Seiten angezeigt, denn Kriterien sind nach keiner Richtung hin zu haben.

Eines der wenigen Phänomene, die Simon anerkennt, ist das Besser-Verstehen. Die Kriterien dafür sind wohl im jeweiligen Kontext zu suchen. Man vermißt aber die Gewohnheitsregel, solche Vergleiche extrapolierend weiter in die Zukunft hinein auszuziehen. Auch wenn sie häufig korrigiert werden müssen, besteht kein Anlaß, einschneidende Korrekturen im vorhinein als unvermeidlich anzusehen.[16]

16 J. Derrida unterscheidet sich von Gadamer nur graduell, ist aber theoretisch differenzierter. Derridas Zentralbegriff ‹differance› verbindet die Aspekte der Andersheit (der Zeichen untereinander) und des Aufschubs (der Bedeutungserfüllung) und bricht so die statischen Zeichensysteme des Strukturalismus in dynamische, infinit offene Strukturen auf. Da Derrida andererseits an der holistischen Zeichendefinition de Saussures festhält, ein Zeichen sei nur durch die Kenntnis aller Unterschiede zu anderen Zeichen bestimmbar, ist eine solche Bestimmtheit von vornherein nicht zu sichern. Es bleibt bei einer Unentscheidbarkeit zwischen unendlich vielen Bedeutungen, und da eine Identifizierung nicht möglich ist, kann nicht einmal Wiederholung gewährleistet werden. Strenggenommen gibt es daher nur Nicht- bzw. Mißverstehen, oder affirmativ gewendet: ein antirealistisches Umdeuten im Sinn einer progressiven Interpretation. Identitäten und Kontinuitäten können auch nicht an einem transzendentalen Subjekt festgemacht werden, weil dieses – analog zum Zeichensystem – sich selbst nicht identifizierend einholen kann und daher niemals in voller Selbstgewißheit sich selber hat. Im übrigen eliminiert auch

2. *Der modale Status der Interpretation*

Wenn man Interpretieren als Andersinterpretieren auffaßt, dann ist der modale Status von Interpretation nur ein *möglicher*. Es ist widerspruchsfrei möglich, daß ein bestimmter Sachverhalt *anders* interpretiert wird, als er sich ursprünglich darstellte; und es ist ferner möglich, daß im weiteren Zusammenhang noch andere Entitäten, Sachverhalte oder Bedingungen umgedeutet werden. Der Antirealismus kann – im Unterschied zum Realismus – grundsätzlich auf keinen höheren Modalstatus Anspruch machen. Das entspricht dem skeptischen Horn des Beweisdilemmas, das für den Interpretationismus zuletzt übrigbleibt. Da die Interpretationsphilosophen den Boden transzendentaler Subjekttheorie faktisch verlassen haben, ist eine apriorische, streng transzendentale Deduktion in der Tat nicht

Derrida wie nach ihm Simon die Referenz von Zeichensystemen und vertritt einen nicht bloß epistemologischen (wie Gadamer oder Lenk), sondern einen semantischen (ontologischen) Antirealismus. Der traditionelle Sinn- und Wahrheitsbegriff ist damit aufgegeben und auch der Begriff des Zeichens nur mehr in katachrestischer Bedeutung verwandt. Doch sind Derridas Grundannahmen von Metaphysik diskutabel und werfen die Frage auf, ob seine Philosophie der «Differenz» nicht zur Einheits- und Identitätsmetaphysik der Tradition eine Umkehr- und Gegenmetaphysik vorschlägt, die – differenziertere Zwischenlösungen und Alternativen überspringend – nicht weniger selektiv und dogmatisch stilisiert als jene. Allerdings konzediert Derrida eine minimale Beständigkeit (restance) und dementiert damit – in Übereinstimmung mit Warnungen der Philosophiegeschichte – das Monopol der Differenz (M. Frank). Ferner wäre die Alleingeltung des Mißverstehens selbstdestruktiv und würde in der Selbstanwendung dazu führen, daß der Dekonstruktivismus sich selbst nicht mitteilen kann. Tatsächlich hat Derrida zur Frage der Selbstanwendung keinerlei Stellung genommen. Doch sowohl die Selbstausnahme wie der Selbsteinschluß wäre für die Konsistenz seiner Theorienbildung fatal. Im ersten Fall droht die Sprengung, im zweiten die Relativierung des Ansatzes. Ähnlich steht es mit dem Beweisdilemma, das überdies durch Unwahrscheinlichkeiten belastet ist: Daß es den Fall des Nichtverstehens oder der Unentscheidbarkeit gibt, ist nur sinnvoll vor dem Kontrastfall des Verstehens, und mit kontinuierlichen Übergängen. Der Holismus und seine agnostische Auswertung sind selber fraglich, denn Partikularität bedeutet nicht ohne weiteres Interpretativität. Im übrigen ist es auffallend, daß Derridas eigene Interpretationspraxis hinter den theoretischen Standards seines Agnostizismus zurückbleibt (H. Kimmerle). Mag sich Derrida vor derlei Inkonsistenzen ins Literarisch-Ästhetische zurückziehen (J. Habermas), so wird doch sein theoretischer Anspruch dadurch empfindlich gemindert.

möglich. Eine Aufdeckung von Interpretationsverhältnissen ist nur noch empirisch in der Retrospektive angezeigt. Im Rückblick wird erkennbar, daß und wie interpretiert worden ist. Zugleich ist damit der grundsätzliche Realismus der Betrachtungsweise festgelegt, denn der aufgedeckte Sachverhalt – das vormalige Interpretandum – wird damit ja direkt erfaßt und verglichen.[17] Hier zeichnet sich das affirmative Horn des Beweisdilemmas ab, das den Interpretationismus in Realismus überführt. Der Status der Interpretationsphilosophie ist weniger gesichert als der einer Erkenntnistheorie der Adäquatheit und Approximation. Wenn die Interpretationsphilosophie demgegenüber annimmt, daß die aufgedeckten Verhältnisse selber noch einmal interpretiert werden, überzieht sich das Problemfeld vollends mit Undurchsichtigkeit.[18] Auch mit dieser weiterreichenden Voraussetzung bleibt der modale Status der progressiven Interpretation auf eine Möglichkeit im momentan gegebenen Bestand an Phänomenen eingeschränkt.[19]

Andere Indizien für den Interpretationismus ergeben sich nur scheinbar, wenn sie nämlich nicht mit ihren Konsequenzen durchdacht werden. Das gilt zunächst für das spätestens seit Dummett und Putnam wiederholte, gegen Einheit und Identität gerichtete Argument von der Nicht-Bivalenz mancher Probleme, die vermeintlich weder affirmativ noch negativ entschieden werden können.[20] Tatsächlich sind solche Aussagen entweder noch nicht überschau-

17 Zu weiteren Komplikationen (Interpretationen des schon Interpretierten) das Folgende.

18 Vgl. unten S. 84, 175 f., 194.

19 Neuere Kant-Kritiker (O. Külpe, H. Albert, M. Hossenfelder u. a.) haben plausibel gemacht, daß auch die theoretische Philosophie Kants von einer solchen modalen Einschränkung betroffen ist. Kant vermag nicht sicher zu zeigen, daß die Anschauungsformen (Raum, Zeit) und die Kategorien in der Dimension des Dinges an sich nicht vorkommen (d. h., daß es beispielsweise nicht auch physikalische Räume und Zeiten gibt, die mit den Anschauungsformen in einer näher zu bestimmenden Weise kooperieren). – Schwieriger ist der interpretative Charakter der Hegelschen Subjekt-Objekt-Dialektik zu bewerten. Woher wissen wir aber, daß sich Subjekt und Objekt jeweils aneinander angeglichen haben? Das beweisdilemmatische Defizit wird jedoch bei Hegel durch den absoluten Standort weitgehend behoben, von dem aus die Differenzen «realistisch» überblickbar sind. (Er kann allerdings heute nicht mehr wiederholt werden.)

20 H. Putnam, 1991, 188, 194; N. Goodman, 1990, 34, 146 ff.; Th. S. Kuhn, 1967, 223 ff.

bar oder sie lösen sich in teils-teils-Sätze auf, deren Glieder widerspruchslos miteinander vereinbar sind. Es kommt nur darauf an, sie nicht dahingestellt sein zu lassen, sondern bis ins Detail zu verfolgen und entsprechende Unterscheidungen zu treffen. Eine andere Differenzierung, die von Kuhn und Goodman über Putnam zu van Fraassen reicht,[21] ist zwar richtig, aber anders erklärbar: van Fraassen möchte das Standardargument der Realisten, daß prognostische Erwartungen bestimmter wissenschaftlicher Theorien oft zutreffen, nicht als Indiz ihres Wahrheitsgehaltes anerkennen, sondern zieht für solche Fälle den weniger weitreichenden Terminus der Adäquatheit vor. Er soll genauer für solche Falltypen reserviert sein, bei denen mehrere gleichwertige Theorien ein und dasselbe Problem lösen (Gegenstück: Ein und dieselbe Theorie löst mehrere verschiedenartige Probleme). Gewiß besteht in solchen Grenzfällen keine Eins-zu-Eins-Entsprechung, aber dennoch ist ein Kontakt zur Sache anzunehmen. Insbesondere ist davon auszugehen, daß die Lösungen *nicht* völlig gleichwertig sind, sondern bei genauerer Betrachtung ein graduelles Gefälle zu erkennen geben. Jedenfalls überzeugt der Versuch einer Abkoppelung vom Wahrheitsgehalt und die Verknüpfung mit der Interpretativität nicht hinreichend, weil sich mehrere Alternativerklärungen anbieten. So dürfte sich beispielsweise die Annahme empfehlen, daß jeweils gewisse Aspekte des Wahrseins zutreffen[22] und daß zusätzlich verschiedene Näherungsgrade der in Frage kommenden Lösungen vorliegen. Dies gilt sogar für – konzentrisch ansetzende – gegensätzliche Lösungen. Jede einzelne dieser Erklärungen reicht für eine befriedigende Abklärung des Sachverhaltes zu. Wir kennen zwar in solchen Fällen das Interpretandum, können es aber in verschiedener Weise explizieren. Während uns die Details des Interpretations*modus* undurchsichtig sind, bleibt immerhin seine Rekonstruktion auf den eben ausgeführten Wegen möglich. Umgekehrt erweist sich

21 B. C. v. Fraassen, 1980, 38f., 68f., 153ff.; vgl. H. Putnam, 1982, 62.

22 Den Begriff der Teilwahrheit (und Teilfalschheit) hat Hartry Field (1973) in die Diskussion eingeführt. Er wird aufgegriffen von M. Devitt, 1997[3], 165ff., 173 u.ö. und von J. Leplin, 1997, 103, 127ff., 131ff. Leplin zeigt im übrigen auf, daß die instrumentalistische Lösung defizitär ist, weil sie die Warumfrage suspendiert, und daß auch die Erklärung nicht ohne Abduktionen (Hypothesen) auskommt. Scheinbare Äquivalenzen können empirisch außer Kraft gesetzt werden, und der Kontext relativiert die Rolle der Unbestimmtheiten. – Zum gegenwärtigen Stand der Wahrheitsdebatte vgl. den von R. Schantz herausgegebenen Sammelband 2002 (mit einer trefflichen Introduction 1–8).

die Unterstellung der Interpretationstheoretiker, die Pluralität von Deutungen sei jedenfalls gleichwertig, als Fiktion. Differenzierungen und (quantitative) Graduierungen sind allemal möglich. Nur in solchen Fällen, in denen verschiedene Gesichtspunkte zunächst nicht auszugleichen sind und nicht zur Mannigfaltigkeit von Aspekten und/oder zu Hierarchien, sondern zur – stets nur vorläufigen – Unentscheidbarkeit oder zu Widersprüchen führen, ist eine interpretationsphilosophische Hypothese erwägenswert. Die empirische Basis für den Interpretationismus ist aber damit viel zu dürftig und zu schmal, um darauf eine umfassende erkenntnistheoretische Position aufbauen zu können.[23] Auch im Falle des Interpretationspluralismus bleibt es also zuletzt bei einer skeptischen Undurchsichtigkeit, die das Beweisdilemma der Interpretativität bekräftigt.[24]

Bisher ist vorzugsweise vom unbewußten Interpretieren ausgegangen worden. Die Frage, wie sich das bewußte Interpretieren dazu verhält, ist jetzt zusammenhängend zu erörtern. Bewußtes Interpretieren ist traditionsgemäß bereits im regressiven Interpretieren gegeben: Das Resultat ist ein Identifizieren des Urteils mit einem Sachverhalt. Diesen Fall im Rahmen des Interpretationismus als abkünftig darzulegen, ist zwar nicht fehlerhaft, nimmt aber eine größere Beweislast in Kauf als die umgekehrte Subsumption unter die Kategorie der Fallibilität und Approximation. Die (realistische) Fallibilität besitzt den Vorteil der Durchsichtigkeit und Kontrollierbarkeit vor einer hypothetisch angenommenen Interpretativität.

23 Genau analysiert und kritisiert Quines und van Fraassens Begriff der Unterbestimmtheit (underdetermination) neuerdings M. Devitt in: 2002, 26–50: ‹Unterbestimmtheit› ist kraft der arbiträren Ausdehnung und Variabilität des Kontextes nichts Feststehendes, sondern kann je nach den Erfordernissen minimisiert oder ganz abgebaut werden. Mit der (absoluten) empirischen Äquivalenz verliert der Antirealismus dadurch weitgehend seine Basis. Vgl. M. Devitt in: 1997, 112–121. – Zu Goodmans und Putnams Version (und indirekt zu van Fraassens) nahm schon F. v. Kutschera kritisch Stellung in einem Beitrag, der einen «realistischen Realismus» scharfsinnig verteidigt und den H. Lenk nur dadurch anzufechten vermochte (H. Lenk, 1995 b, 78–85), daß er den interpretationistischen Ansatz nach Art einer *petitio principii* zusätzlich einführte (wogegen das Beweisdilemma zu kehren wäre): v. Kutschera, 1989, 490–521, bes. 512ff.

24 Der Falltyp, daß das Interpretandum bekannt ist und wir nur weiter interpretieren, ist unten S. 193 als der erkenntnistheoretisch am wenigsten ergiebige eingeordnet.

Im übrigen hat der Approximierende die innewohnende Tendenz, ebensoviel zu wissen wie der Autor (Sprecher, Zeitgenosse, ursprüngliche Adressat u. dgl.). Meist wird dieser Standard jedoch nicht erreicht, und es bleibt – in realistischer Sicht – bei einem Wenigerwissen des Interpreten. Auf der anderen Seite ist der Interpret in der Regel in der Lage, systematisch oder historisch *mehr* zu wissen als die Partizipanten des originären Kontextes. Genaugenommen lassen sich alle Differenzen zwischen Interpret und Interpretandum auf ein solches *Mehrwissen* zurückführen und dadurch objektivieren (es ist zu vermitteln mit dem Wenigerwissen in anderer Hinsicht). Der Mehrwissende vermag auch das Interpretandum *als* etwas, das heißt aspekthaft und dennoch objektiv, zu interpretieren. Darin liegt eine sonst kaum beachtete Mehrdeutigkeit des interpretativen ‹*Als*›.

Auch der ‹Satz der Interpretativität› (‹Alles was ist, ist Interpretation, und Interpretation ist alles, was ist› oder: ‹Es gibt nichts Uninterpretiertes›) stellt sich in dieser übergreifenden Sicht als mehrdeutig dar. Auch dann, wenn wir von der Zeichenhaftigkeit der Welt ausgehen, ist der angesprochene Bezug ‹identisch› oder ‹anders›. Der exemplarische Fall des Mehrwissens ist auf Identität und Ähnlichkeit angelegt. Er schließt grundsätzlich das zum Interpretandum gehörige Wissen ein und übersteigt es zugleich. Er erlaubt es daher, die beiden Wissensbilanzen auf Identität und Differenz hin zu vergleichen und daraus weitere Schlüsse zu ziehen. Die Analogieverhältnisse, die sich dabei abzeichnen, sind für die Kultur- und Geisteswissenschaften unverkürzt maßgebend, während die Systematischen Disziplinen ‹Analogie› in einem weiteren Sinne verstehen.[25]

Die unbewußten Interpretationen sind nur *ex post* und *ab externo* identifizierbar. Dagegen ist der Spielraum der bewußt wählbaren enger gezogen. Vollends Konkurrenzverhältnisse können weitgehend durch Abstufungen und den gegebenenfalls notwendigen Rekurs zum Interpretandum aufgefangen werden.

3. *Kontextualismus und Geschichte*

Die spezielle Anwendung des Interpretationismus auf die *Geschichte* (Historie) haben Gadamer, Dummett, McDowell und Abel vollzo-

25 Vgl. oben S. 35. – Das Mehrwissen unterbietet daher gleichsam Gadamers Wirkungsgeschichte, während die systematische Rezeption sie überbietet. Näheres zur Analogie unten S. 113, 125 f., 134–137.

gen.[26] Der Rahmen des Kontextualismus und der kategorialen Andersheit des Eigenstandortes bleibt erhalten, obschon – im Vergleich mit zeitgenössischen Standorten – die Unwiderruflichkeit des Geschichtlichen und die Indirektheit der Erfahrung verschärfend hinzutreten. Über Gadamer hinaus kommen Wittgensteins Theorie der Einzelsprachen und – bei Abel – die an Kant orientierte, verschiedene kategoriale Ausstattung hinzu. Ferner spielt die Skepsis gegenüber dem Bivalenzargument eine Rolle.

Doch ist den interpretationistischen Tendenzen das Beweisdilemma entgegenzuhalten, das es unentschieden läßt, ob Vergangenes (anders) interpretiert oder (gleichsinnig) approximiert wurde. Besieht man sich die Unterschiede genauer, dann reduzieren sie sich auf ein Mehrwissen des gegenwärtigen Interpreten, mit dem ein Minderwissen in anderer Hinsicht Hand in Hand geht.

Daß wir für die Einschätzung und Bewertung der Geschichte und ihrer Abläufe keinen archimedischen Punkt haben, spricht nicht gegen übergreifende, transkontextuelle Strukturen, über deren Reichweite – in der Erstreckung wie in der Tiefendimension – sich nichts Allgemeinverbindliches sagen läßt. Sie sind, je nach Sachlage, flexibel und korrigierbar. Darin drückt sich keine Interpretabilität aus, wenn man in Rechnung stellt, daß ohne den Rückgang zum Interpretandum Interpretabilität nicht gesichert werden kann. Die Berufung auf Kant ist speziell für die Geschichte wenig hilfreich, denn sie setzt die von Kant her gesehene heterodoxe Vervielfältigung des Kantischen Modells voraus. Die Eigenart des Interpretationismus liegt ja nicht im Phänomenalismus, der die Welt insgesamt abdecken würde, sondern in der Pluralisierung der Standorte, die erst zu den unüberbrückbaren Differenzen führt. Im übrigen ist dem Interpretationismus *in historicis* die gleiche Grenze gesetzt wie in der Gegenwart: Infinitesimale Differenziale, die einen bestimmten Schwellenwert unterschreiten, würden nicht mehr als kohärent, ja nicht einmal mehr als interpretabel erscheinen (etwa Sätze, deren Ende sich nicht auf den Anfang beziehen läßt). Auch solche Grenzwerte der Interpretation zuzuweisen würde zuletzt in ein Beweisdilemma führen. Es müßte nämlich dafür gezeigt werden, daß, was und wie interpretiert worden ist. Andererseits ist die Kritik am Bivalenzargument auch *in*

26 Gadamer W.M. Teil II; M. Dummett, 1992², 358–374; ders., 2005; J. McDowell in: 1982, 160–182; G. Abel, 1993, 127–135 (‹Vergangenheit und Interpretation›).

historicis willkürlich, weil sie sich der Auflage, die Beziehungen nach dem Satz vom Nichtwiderspruch zu unterscheiden und zu ordnen, geflissentlich entzieht. Es kann davon ausgegangen werden, daß auch scheinbar verworrene Verhältnisse dies nur temporär bleiben, bis sie im weiteren Verlauf aufgeklärt werden.

Der Kontextualismus hat ein gewisses Recht, das sich aus der (in der Regel) konzentrisch angelegten Struktur der Wirklichkeit ergibt. Es macht aber wenig Sinn, die Einflüsse des Kontextes zu fixieren und überhaupt zu limitieren. Der Kontext kann in seinem Gewicht auch variieren und in sich graduiert werden. Auf die Geschichte angewendet bedeutet dies, daß es unbeschadet eines kontextuell bedingten Schwergewichtes Wege zum Regreß in die Vergangenheit gibt, die approximativ begangen werden können. Einen solchen Weg mehr oder minder unter die Interpretativität des Kontextes selbst zu subsumieren ist eine schwer zu begründende Vorentscheidung, die auch mit der Geschichtlichkeit der jeweiligen Gegenwart nichts zu tun hat. Es gibt eine ganze Reihe von Gesichtspunkten, die es erlauben, die eigene Epoche relativ auszuzeichnen (Mehrwissen, Rangordnungen, Teleologie u. dgl.). Sie stehen aber einem interpretativen Egalitarismus auch dann im Wege, wenn sich kein absoluter Punkt namhaft machen läßt, von dem her sich die Verhältnisse verbindlich bemessen und ableiten lassen. Es kommt vielmehr darauf an, zwischen absoluten Maßstäben und einem absolut verstandenen Relativismus einen mittleren Weg zu beschreiten, der zwar nicht beweisbar ist, der aber als solcher einige Wahrscheinlichkeit des Alltags und der Praxis für sich hat.

Den Haupteinwand gegen den Kontextualismus liefern jedoch Überlegungen, die schon früher[27] ansatzweise behandelt und jetzt weiter auszuführen sind: Die Berufung auf den individuellen oder okkasionellen Interpreten und seine Perspektive ist nur zirkulär einzulösen, nämlich durch den Rückgang zu seinen Interpretamenten an einem Interpretandum und weiterhin die Deutung von Partikularität als Interpretativität. Beide Verhältnisse können nur realistisch beglaubigt werden, andernfalls droht der Kollaps des Verfahrens in einer *petitio principii*. Beim Kontext kehrt sich nun die Argumentation um: Die Zugehörigkeit des Kontextes zum Interpreten und der Unterschied zu anderen und weiteren Kontexten sind realistisch beweisbedürftig, wenn eine zirkuläre Darlegung vermieden werden soll. Kontextwahrnehmung und Kontextkontrolle müssen, um die Grund-

27 Vgl. oben S. 21–23.

lage für antirealistische Schlüsse abzugeben, selber *nicht* antirealistisch sein. Zugespitzt formuliert: Wir erkennen den Kontext und die dadurch bewirkten Abhängigkeiten auf irgendeiner Ebene zutreffend, oder wir erkennen gar nichts (Unbewußtes ist als solches für uns *per definitionem* unerkennbar).[28] Hinzu kommt die weitergehende Frage, inwiefern ein Einfluß des Kontextes überhaupt konstatierbar ist, und in welchem Grade. Auch eine begründete Antwort darauf kann sich nicht mit antirealistischen Mutmaßungen zufriedengeben, sondern erfordert härtere Argumente. Der spezifische Kontext, seine Abgrenzung vom Transkontextuellen und seine Tragweite für die ‹Interpretation› des Interpreten sind also erst einmal zu sichern, ehe antirealistische Schlußfolgerungen gezogen werden. Dabei spielt bereits das Argument von der Graduierung herein, das es aufgrund des Mehr und Weniger der Lösungsmöglichkeiten offen läßt, ob eine – oder mehrere – realistisch richtig sind oder doch eine – quantitative oder generelle – Affinität in dieser Richtung anzeigen. (Das Gegenargument von der Pluralität der Lösungsmöglichkeiten könnte also allenfalls dann überzeugen, wenn die Lösungen strikt gleichwertig erschienen.)

Die traditionelle Gegenthese, daß wir in der Lage sind, den Kontext zutreffend zu beurteilen, zu durchdringen und durch ihn hindurch zum intendierten Zielhorizont vorzustoßen, ist jedenfalls nicht widerlegbar, es sei denn um den Preis nicht einlösbarer Vorgriffe. Dabei ist noch einmal zu unterscheiden zwischen solchen Fällen, bei denen ein derartiger Ausgriff problemlos und ohne Schwierigkeiten und anderen, bei denen er merklich gehemmt oder gar beeinträchtigt erfolgt. (Dieser zweite Fall ist aber primär als Zeichen der Fallibilität und erst dann – beim Hinzutreten weiterer Voraussetzungen – als interpretationsbezogen zu verstehen.) Die scheinbare Unüberwindlichkeit der Kontextbedingtheit ist dadurch mehrfach entdramatisiert und durch Alternativen zum wenigsten relativiert, wenn nicht gar aufgehoben.[29]

4. *Vorinterpretation und Beweisdilemma*

Die Interpretationsphilosophen haben, Gadamer explizierend, seit Goodman darauf bestanden, daß es keine originäre Interpretation

28 Bloße Bedingungen sind jedenfalls nicht beweiskräftig. Zu ihrer Ambivalenz unten S. 146, 147f.

29 Zur Kritik am Kontextualismus in der Analytischen Philosophie (mit der Abtrennung semantischer Probleme): Th. Grundmann, Die Grenzen des erkenntnistheoretischen Kontextualismus, 2003 b, 993–1014.

gibt, sondern daß alles Interpretieren – sowohl synchron wie diachron – sich an bereits vorliegende Interpretationen anschließt. Sie werden lediglich nach anderer Richtung hin weiterinterpretiert. Diese vor allem im geschichtlich-kulturellen Bereich ansprechende Vorstellung verhindert die Annahme eines ursprünglich Uninterpretierten. Zugleich scheint damit das klassische Beweisdilemma unterlaufen zu sein; man kann dann nämlich nicht mehr mit einem uninterpretierten Interpretandum rechnen, das als Grundlage des Andersinterpretierens vorauszusetzen und von dem das Interpretament abzuheben wäre.

Indessen bleibt der argumentative Kern des Beweisdilemmas erhalten, daß kein Beweis für ein *Anders*interpretieren des – sei es nun schon interpretieren oder nicht interpretieren – Interpretandums zu führen ist. Es müssen jedenfalls die jeweiligen Vorstufen bekannt sein, damit die jeweiligen Endstufen als Interpretamente erkennbar werden.

Im übrigen verliert die virtuell unendliche Kette von Interpretationen zunehmend an Übersichtlichkeit. Ob die Interpretativität wirklich lückenlos ist, läßt sich empirisch nicht beweisen, sondern nur mit hypothetischen Analogieschlüssen erschließen. Ausnahmen können nicht *a priori* vermieden werden. Strenggenommen müßten sie aber von der gesamten Kette der Interpretationen ferngehalten bleiben. Ferner kann man weder ein Mehr oder Weniger der Annäherung an – oder Entfernung von – einen(m) relativen Bezugspunkt noch eine Komplettierung von Perspektiven und Aspekten zu einem relativen Ganzen in Abrede stellen. Ein (vorläufiger) Fortschritt – und auch ein Rückschritt – ist also nicht einfach von der Hand zu weisen. In der Regel gibt es dafür auch Indizien, die allerdings nicht den Rang von objektiven Kriterien erreichen. Diese Indizien selber können nicht ohne weiteres als Interpretamente aufgefaßt werden, weil das den vergleichenden Rückgang zum Interpretandum voraussetzte.

Eine offene Frage bleibt schließlich die nach dem *Substrat* (der Hyle) der ganzen Kette von Interpretationen.[30] Die Unendlichkeit

30 Abel leugnet jedes Substrat kategorisch (1993, 65, 438f.), um so einen durchgehenden Interpretationismus zu gewinnen. Es bleibt aber bei Versicherungen. – Die bei Abel deutlicher profilierten Tendenzen der «Interpretations»-philosophie beruhen auf Veränderungen des Sprachgebrauchs (‹Interpretation›, ‹Zeichen›, ‹Substrat› u.a.), die eine Umkehrung der Tradition suggerieren sollen, ohne daß das Innovatorische aus den dementierten Begriffen verständlich würde.

aller Glieder verbietet sich wohl angesichts der Endlichkeit der Geschichte und der Kulturen. Die Endlichkeit müßte zyklisch organisiert sein, damit die erste Interpretation wieder an eine Interpretation anschließen könnte. Wie auch immer man das Problem angesichts einer linearen geschichtlichen Entwicklung angehen mag, es scheint kein Weg an der Annahme eines letzten Substrats aller Interpretationen vorbeizuführen, das nicht mehr selbst als Interpretament, sondern als reines Interpretandum vorzustellen ist. Die Grundform des Beweisdilemmas wäre damit erneuert und an den Anfang der Interpretationsgeschichte gestellt. Das Problem ist für die Interpretationsphilosophie nicht perniziös, zeigt aber gewisse Engpässe ihrer Argumentation auf.

5. Ungeklärte Kategorien der Interpretationsphilosophie

Einige Grundbegriffe der Interpretationsphilosophie sind nicht genügend analysiert. Das war schon im vorhergehenden Kapitel über Gadamer zu zeigen.[31] So wird der Begriff der *Individualität* auch bei den Interpretationsphilosophen als ein vermeintlich letztes Datum gebraucht, obgleich der Ich-Zerfall (etwa bei Nietzsche), die damit zusammenhängende Ereignisphilosophie, auf der anderen Seite aber auch das Anti-Privat-Sprachen-Argument Wittgensteins damit nicht ausgeglichen werden können. Man kann darin ein Dilemma der Selbstanwendung erblicken, das zu widersprüchlichen oder doch problematischen Konsequenzen führt. Es läßt beispielsweise die Fragen offen, wer wirklich interpretiert, was er interpretiert und wie weitgehend er interpretiert. Die Individualität steht unter dem Beweisdilemma, daß jeweils gezeigt werden müßte, was eine bestimmte Individualität anders als andere Individualitäten interpretiert, um dem Begriff der (progressiven) Interpretation gerecht zu werden. Damit verbunden ist die Auflage, Unterschiede qualitativer oder gradueller Art anzugeben, die zu Abstufungen auch von Geltungsansprüchen führen. Schließlich ist die Erkenntnisleistung von Individualitäten daraufhin zu befragen, inwiefern sie sich in Kontextualität und Okkasionalität erschöpft und nicht in einer näher zu bestimmenden Weise an der Erfassung von Transkontextuellem teilhat.

Ein Zugeständnis der Interpretationsphilosophen liegt bereits in der Form der Darstellung und Präsentation sowie der Argumentation,

31 Vgl. oben S. 14ff.

die keineswegs mit der individualisierenden Tendenz der Metatheorie übereinkommt. Sofern sie nicht explizit anders erklärt wird – wie in Ansätzen bei J. Simon[32] –, handelt es sich um einen offenen performativen Widerspruch, der Argumente für die Gegenposition liefert (Argumentationsdilemma).

Ähnliche Rückfragen richten sich an das ‹*Jetzt*› – und entsprechend an das ‹*Hier*› –, mit dem Simon die Reichweite von Aussagen zu begrenzen sucht. Ist dieses Jetzt ausdehnungslos oder, wenn ausgedehnt, welche Tragfähigkeit kommt ihm dann zu? Es ist klar, daß damit der Kontextualismus umschrieben und zugleich möglichst eng gefaßt werden soll. Doch muß dabei mindestens das Infinitesimalargument – Alterität jenseits der Wahrnehmungs- und Verstehensschwelle – vermieden werden, um eine Selbstaufhebung der Interpretativität zu verhindern. Darüber hinaus zeichnet sich eine Annäherung zwischen dem ‹Jetzt› und dem offeneren Ausdruck «Gegenwart» ab, der in der Tat nur in der Abgrenzung von ganz verschieden weit ausgreifenden Vergangenheiten und Zukünften definiert werden kann (vgl. die ‹Jetztzeit›).[33] Die Radikalität des einzelnen Moments, die Simon offensichtlich zugrunde legen möchte, ist begrifflich zu unbestimmt, um den Zusammenhang eindeutig zu unterbrechen. Erst recht gilt dies für das exklusive ‹Hier›, das intersubjektive und interkulturelle Gemeinsamkeiten in der Gegenwart blockieren soll. Tatsächlich sind solche Limitierungen als Minimalbestimmungen nur möglich, aber nicht verbindlich zu machen. Die Frage der Reichweite und des Transkontextuellen bleibt also nach wie vor offen.

Eine verwandte Unklarheit liegt beim Begriff der *Perspektivität* vor. Wie schon erinnert,[34] sind Perspektiven, die lediglich Aspekte betreffen, zunächst nicht interpretativ zu verstehen. Nur solche Perspektiven, die Aspekte gleichsam hervorbringen und so antirealistisch wirken, können mit dem Interpretationismus in Verbindung gesetzt werden. Das gleiche gilt vorzugsweise für Perspektiven, die einander widersprechen. Aber auch Perspektiven, die eine Abstufung

32 J. Simon, 1989, 5–7, 306. Auch Simon verstößt darin gegen das Argumentationsdilemma, daß er genauer argumentiert, als es nach seinen theoretischen Prämissen nötig, ja als es von seinem interpretationistischen Standort aus möglich wäre. Simon konzediert im übrigen – mit Nietzsche –, daß die Sprache der Metaphysik hier nicht überwunden, sondern weiterhin im Gebrauch sei.

33 Vgl. das folgende Kapitel (C).

34 Vgl. oben S. 21 f.

(meist nach dem Mehr oder Weniger) erkennen lassen, sind primär als realistisch zu behandeln. Zu solchen Graduierungsverhältnissen gehören auch Inklusionsbezüge.

In einem zweiten Schritt kann freilich die aspekthafte oder graduierende Einschätzung dieser Art von Perspektivität interpretativ hinterfragt werden. Die Gliederungen sind dann variabel, und erst die Interpretation wählt davon bestimmte Konstellationen aus oder sie setzt überhaupt erst einschlägige Unterscheidungen an. Die Annahme einer solchen Interpretativität steht und fällt jedoch wiederum mit dem Dilemma des Beweises. Eine solche Argumentation, daß die fraglichen Differenzierungen (der Aspekte, des Grades) selber nur antirealistische, d.h. umdeutende Interpretamente seien, setzt nämlich abermals die Kenntnis des zugehörigen (realistischen) Interpretandums voraus. Mit anderen Worten: Sie bleibt entweder in der Schwebe oder sie hebt die Interpretativität in entscheidenden Punkten auf.

Man plädiert heute gern für die Interpretativität der Perspektiven im Blick auf ein mutmaßliches oder fingiertes Ganzes. Die Perspektive bietet danach nicht etwa nur einen (objektiven) Aspekt einer größeren Einheit, sondern sie bildet dieses Ganze interpretierend um. Auch hier ist jedoch das Beweisdilemma einschlägig: Interpretativität könnte nur dann plausibel gemacht werden, wenn man die Perspektive mit dem Ganzen vergleichen und damit die Kenntnis des Ganzen voraussetzen könnte. Andernfalls wirkt die Annahme der Interpretativität willkürlich, und es liegt näher, sich mit der Vorstellung einer einfachen Partikularität zu begnügen.

Da Erkenntnis in der Regel nur perspektivisch vorkommt, stellt sich die weitere Frage, wie sich die – primär realistisch gesehenen – Perspektiven bewerten lassen. Zunächst ist es klar, daß von Perspektiven nur die Rede sein kann, wenn sie in ein Verhältnis zu anderen Perspektiven treten. Ein dritter Beobachter wird die Perspektivität deutlicher erkennen als der Involvierte, aber auch der Involvierte wird die Perspektive im Ansatz bereits überschritten haben, wenn und soweit er sie als solche wahrnimmt.[35]

Das Bewußtsein, in Perspektiven zu denken, wird zum wenigsten im kognitiven Bereich zur Tendenz führen, die Perspektiven durch Hinzunahme anderer Perspektiven auszuweiten und zu ergänzen. Die tentative Integration etwaiger Perspektiven – um den Ausdruck Tota-

35 Vgl. oben S. 21 f.

lisierung lieber zu vermeiden – weist immerhin auf einen Progreß hin, den man mit einigem Recht als infinite Annäherung an ein möglichst umfassendes Ziel beschreiben würde. Gegen eine Relativierung der Perspektiven – sei es durch Setzung oder Auswahl im einzelnen oder durch Arbitrarität des gesamten Ensembles – spricht zunächst die uneinlösbare Beweislast. Die Addition und Summierung der Perspektiven als solche in Frage zu stellen, wirkt vollends kontraintuitiv.

Ein anderer argumentativ unterrepräsentierter Elementarbegriff der Interpretationsphilosophie ist die *Differenz*. Die Interpretationsphilosophen wenden sich explizit immer wieder gegen Begriffe wie Identität, Gleichheit oder Synonymie, setzen aber das Gegenkonzept der Differenz und Alterität wie selbstverständlich voraus. Dabei ist dieser Begriff selbst keineswegs einheitlich, sondern beispielsweise als Differenz zwischen Interpretament und Interpretandum, als Differenz zwischen den Interpretamenten und als Differenz zwischen Perspektiven, Aspekten oder Graden jeweils verschieden gewichtet. Insbesondere hängt die Graduierung und Skalierung mit der Differenz zusammen. Noch mehr als beim Konzept der Individualität ist es offenbar die Einbettung in Strukturen neuzeitlichen Denkens, die eine Grundsatzreflexion darüber als überflüssig erscheinen läßt. Die Argumentations- und Beweisbedürftigkeit von Differenzverhältnissen gerät dadurch zwangsläufig in den toten Winkel. Sie würde aber rasch an die Grenzen des interpretationistischen Ansatzes führen. Ohne die Kategorie der Differenz ist nämlich die Interpretationsphilosophie gar nicht begründbar («Interpretieren *als*» im starken Sinne; Differenz der Interpretamente als realistisch oder als interpretative Projektion; interne Differenzen des Interpreten usw.). Es geht dabei auch um die widerspruchsfreie Selbstanwendung des Ansatzes, die bisher noch aussteht. Im übrigen ist es fraglich, ob die derart unterrepräsentierte Theorie der Differenz einen anderen Status haben könnte als die Theorie der Einheit und der Identität, in der die Interpretationsphilosophen ein wesentliches Merkmal der Metaphysik wiedererkennen. Die Differenz ist zwar inhaltlich gegensätzlich, steht aber als formale Theorie auf der gleichen Stufe wie die Einheit und Identität. Das heißt: Sie ist metaphysisch. Der Revisionsanspruch der Interpretationsphilosophie wird dadurch in einem entscheidenden Punkt redimensioniert.

Auch die Unterscheidung zwischen Interpret und Substrat (Hyle) ist ein Fall von Differenz, der mit dem Begriff des (progressiven) Interpretierens vorausgesetzt wird. Während sich beim Substrat ein

Beweisdilemma auftut, wird die Frage nach dem Interpreten – dem «Subjekt» des Interpretierens – so weit zurückgeschoben, daß sie nur noch interpretativ beantwortbar erscheint. (Die ‹Individualität› ist, wie wir sahen, nur eine Notauskunft.) Die *Existenz* des Interpreten kann aber nicht ein Resultat von Interpretation sein, weil der Interpretationismus durch die Wirksamkeit des Interpreten definiert ist und ein Zirkel in Kauf genommen würde.

Die Interpretationsphilosophen setzen alle Grundbegriffe als Interpretamente an, am deutlichsten bei Abel, der unter Berufung auf Kant die erste Ebene seines Stufenmodells als grundlegend beschreibt. Die Vervielfältigung des Kantischen Ansatzes – wiederum ein Beispiel der Differenz – ist dabei als Signum der jüngeren Moderne vorausgesetzt. Ähnlich weist Simon den obersten Begriffen den Status von Zeichen zu, die aber unbegrenzt interpretierbar sind.[36] Indessen stehen alle derartigen Interpretamente unter dem Beweisdilemma: Sie können zwar im starken Sinn interpretiert, aber ebensogut im Einzelfall ‹richtig› sein. Ihre Interpretabilität ist darum nur eine Möglichkeit, der andere Möglichkeiten gegenüberstehen. ‹Richtig› heißt dabei zunächst ‹abbildhaft› und: in einer einzigen Form gegeben, im weiteren Umkreis aber auch detaillierter: in einer approximativen Summe von Einzelperspektiven authentisch erfaßbar.

Abel bezieht sich in seinen jüngeren Äußerungen[37] zunehmend auf Kant, der auch einen Großteil der Beweislast zu tragen hat.[38] Das gilt nicht nur für die erste, kategoriale Ebene seines Aufrisses, sondern auch für Abels Eigenposition (die man versuchsweise mit der Sigle ‹4› bezeichnen könnte). Abel versucht, die Ebene 4 der Ebene 3 anzunähern und die von G. Löhrer geforderte (fallible) Selbstanwendung[39] ins Kritizistische zu kehren, um sie jedem Dogmatismus zu entziehen. Indessen bleibt auch ein negativer Dogmatismus noch dogmatisch, und die Selbstanwendung wäre nicht nur extern – «es gibt noch an-

36 J. Simon, 1989, 120f. Simon setzt in der Nachfolge von Peirce alles als Zeichen an, um damit die «Metaphysik» von Zeichen und Bezeichnetem zu überwinden. Diese Relation ist jedoch zum wenigsten implizit schon vormetaphysisch gegeben, und es ist sehr fraglich, ob die ‹überwundene› Metaphysik nicht innerhalb und im Rücken eines so weit verwendeten Zeichenbegriffs wieder auftaucht. (Die terminologische Entscheidung wirkt in dieser Sicht eher äußerlich.)

37 Vgl. z.B. G. Abel, 1996a, 271–288.

38 Vgl. oben S. 71 Anm. 19.

39 G. Löhrer, 1996, 266, 269f.

dere Perspektiven» –, sondern auch intern zu vollziehen, d.h. die Figur wäre in weiteren Metasätzen immer wieder als (interpretativ) mehrdeutig darzutun, was in einen infiniten Regreß führt. Den Satz der Selbstanwendung mit Abel[40] dadurch zu depotenzieren, daß man ihn tautologisch auf eine (folgenlose) Selbstbezüglichkeit reduziert, hieße die Pointe der Selbstanwendung verfehlen.[41]

In dieselbe Richtung weist in der bisherigen Debatte das undiskutierte *Argumentationsdilemma*, das daraus entsteht, daß man als Interpretationsphilosoph durchweg traditionell realistisch argumentiert, ohne den Zusammenhang mit der eigenen Theorie explizit zu machen.[42] H. Lenks Behandlung der Einzelwissenschaften, die einen Antirealismus (philosophisch) belegen sollen, auf eine realistische Art und Weise ist dafür wohl die spektakulärste Parallele. Sie ist, wie das Versäumnis, für die eigene Theorie eine adäquate Darstellungsform zu finden, zwar widersprüchlich, vermeidet aber den noch größeren Widerspruch, durch eine nicht mehr kontrollierbare Überlagerung von antirealistischen Verhältnissen eine argumentativ ausweglose Situation zu schaffen. Die Hypothese von der Interpretativität wird undurchsichtig, wenn sie durch mehrere bis (unendlich) viele Interpretationsschritte belastet wird. Obwohl die Einzelwissenschaft einen partiellen Interpretationismus belegen soll, bleibt sie daher nicht ohne Grund außerhalb des hermeneutischen Universums.

6. *Wittgenstein und die Transkontextualität*

Alle Grundbegriffe des Interpretationismus unterliegen einem Beweisdilemma. Sie gründen entweder auf dem (realistischen) Interpretandum, oder sie beziehen sich auf ein Interpretament, das als solches kritischer Überprüfung bedarf. Die Unterscheidung zwischen Interpretandum und Interpretament ist mit dem Begriff der Interpretation selbst gegeben und kann nicht als «metaphysisch» verabschiedet werden. Das gilt erst recht, wenn die Interpretation wie in der Interpretationsphilosophie als ein Andersverstehen, als «Veränderung» des Interpretandums definiert wird. Unvermeidlich stellt sich nämlich dann die Frage, *was* verändert worden ist und was das *Resultat*

40 G. Abel, a.a.O, 275 ff.

41 Abels Verteidigung ist zu sehr *ad hominem* konzipiert, um in der Sache zu überzeugen.

42 Vgl. oben S. 79 f.

der Veränderung ist. Der Vergleich beider Instanzen ist grundsätzlich nur realistisch möglich, auch wenn das Interpretandum selbst als Interpretament früherer Interpretationen aufgefaßt würde.

Die Transkontextualität, die den engeren Kontext und die Okkasionalität übersteigt, ist virtuell infinit, wenn auch nicht beliebig, verfolgbar. Sie ist auch nicht proportional zur zeitlichen oder lokalen Nähe angeordnet, sondern zeigt Sprünge und Verschiebungen der Gewichtung, die sich aus der Sachnähe oder der wechselnden Interessenlage ergeben. Der bloße Kontext ist damit relativiert und nicht vorhersehbaren Modifikationen ausgesetzt. Der Neologismus ‹Transkontextualität› ist dabei dem zweideutigen Terminus des ‹Holismus› vorzuziehen, der sich nicht nur auf die größere Extension, sondern ebensosehr auf die Tiefenschichtung des verglichenen Umfeldes bezieht. Die Reichweite der Transkontextualität entspricht etwa den im hermeneutischen Zirkel angesprochenen Verhältnissen, doch wird dessen Rückbezüglichkeit hier nicht explizit.[43] Die Transkontextualität wird nur möglicherweise relevant, doch kann sie erhebliche Tragweite gewinnen. Sie einzubeziehen oder sich mindestens gegen sie abzusichern, ist daher sinnvoll.

Die Transkontextualität ist nicht geeignet, den Interpretationismus zu stützen. Die Aufstellungen (de Saussures und) Derridas, den Holismus der Sprache als unerfüllbar auszugeben und deswegen die Interpretativität an seine Seite zu setzen, sind nicht schlüssig. Die Angemessenheit von (progressiver) Interpretativität könnte nur durch den Vergleich mit dem – zugegebenermaßen nicht erreichbaren – Ganzen der Sprache dargetan werden und würde dadurch zusätzlich realistisch vorentschieden. Da die ganze Frage so nicht zu schlichten ist, müssen beide Interpretationstypen im Spiel bleiben. (Man wird in der Regel dem lebenspraktischen Realismus nach Wahrscheinlichkeitsgründen den Vorzug geben.)

Andererseits sind die Hauptthesen des späteren Wittgenstein von der Gebundenheit der Bedeutung an den jeweiligen Gebrauch und von der Abschottung der Einzelsprache als Lebensform mit Recht zunehmend in Zweifel gezogen worden. Die Mehrheit der Sprachwissenschaftler und eine ganze Reihe von Philosophen[44] sind davon zumal im Blick auf die konstitutive Funktion des Allgemeinbegriffs

43 Vgl. unten S. 141 f.

44 Vgl. z. B. W. Schulz, 1967, 95 ff.; J. A. Fodor/J. J. Katz, 1964, 18 ff.; E. Heintel, 1972, 162 ff.; E. Coseriu, 1997, 227–231.

für die Semantik abgerückt, während die Interpretationsphilosophen durchweg noch unkritisch der Doktrin Wittgensteins anhängen. So nützlich die Unterscheidung verschiedener Bedeutungstypen ist, so wenig kann die Semantik ganz in die Pragmatik hineingezogen werden und darin aufgehen. Die Kreierung neuer und die Veränderung bestehender Gebrauchstypen ist ohne eine schon vorliegende Grundbedeutung nicht erklärbar.

Desgleichen ist die Frage nach der (In)Kommensurabilität der Einzelsprachen inzwischen zum wenigsten entschärft worden – mit Konsequenzen für die «kritische» Trennung von Sprache und Wahrheit.

Der Kontextualismus läßt sich also von der Sprache her nicht bestätigen, sosehr auch das engere Umfeld die Bedeutung vorzugsweise bestimmen mag. Wenn man wie wir zwischen Sprache und Sache unterscheidet, trifft das gleiche erst recht für die Welt der Sachen zu. Sie sind in ihrer Erfaßbarkeit zwar vom Kontext gefördert oder gehemmt, aber keineswegs definitiv an ihn gebunden. Die dilemmatische Struktur der Beweislast verbietet es jedenfalls, das Transkontextuelle peremptorisch vom Kontext abhängig zu machen.

J. Simons Herabstufung der Optimierung von Verstehensprozessen zu bloßen komparativischen «Verbesserungen» sucht den traditionellen Fortschrittsgedanken zu relativieren.[45] Er übergeht aber Zwischenlösungen, die ganze Entwicklungssequenzen nach dem Mehr oder Weniger graduierend abzustufen erlauben. Sie haben höhere Plausibilität als einzelne Schritte des Prozesses, auch wenn sie sich einer Beurteilung nach absoluten Kriterien entziehen. Daß solche Abstufungen «nur» subjektive Bedeutung besitzen (nur «geglaubt»[46] wie interpretiert), ist wiederum nicht ausweisbar (Nichts hindert, daß eine oder mehrere davon – abgestuft – richtig sind).[47] Vollends findet sich bei Simon keine Stellungnahme zu den durch Langfristigkeit ausgezeichneten Geltungsansprüchen der historischen im Unterschied zu den systematischen Wissenschaften. Offensichtlich wird dabei mit Gadamer die Abhängigkeit der historischen von der systematischen Einschätzung vorausgesetzt. Sie unterliegt aber, wie zu zeigen war, dem Beweisdilemma und kann darum nur als schwache Hypothese gelten. Im übrigen ist Simons Behandlung der

45 J. Simon, 1989, 156ff., 232–239.

46 J. Simon, 1989, § 47, 240–243.

47 Nicht darin liegt die Pointe, daß wir weiterreichende Erkenntnisstufen erwarten können, sondern darin, daß die «zufriedenstellenden» Einsichten bereits das Richtige *enthalten*, das zu höheren Ansprüchen berechtigt.

Materie insofern defizitär, als er neben den geschichtlichen keine interkulturellen Verhältnisse diskutiert.[48] Da solche Verhältnisse in der Regel leichter überschaubar sind, kann man sie auch nicht in den geschichtlichen inkludiert vorstellen. Sie bedürften also einer besonderen und möglicherweise abweichenden Diskussion.

Außer den verschiedenen Formen der Rangierung und zuweilen in Überschneidung mit ihnen wären aspekthafte Beziehungen zu berücksichtigen.

7. Rehabilitierung der Approximativität

In der Interpretationsphilosophie sind Formen der Einheit, Kontinuität und Approximation nur «subjektiv» und interpretativ aufgefaßt, und sie sind dies stets in vielfältiger Weise. Für H. Lenk[49] ist beispielsweise die Einheit der Geschichte nur ein interpretatives Konstrukt, das sich in der Retrospektive herstellt. Die narrative Auffassung der Geschichte (Danto, Ricœur u.a.) hatte dies bereits in sprachlicher Version zum Ausdruck gebracht, während der Neukantianismus mit einer Konstruktion der Geschichte aus seligierten Vorstellungen rechnete. Schon die Konstitution der Geschichte ist also Sache einer Interpretation. Dennoch muß die Frage offenbleiben, inwiefern die Rekonstruktion der geschichtlichen Abläufe durch den Menschen nur ein Surrogat ist, das sich in Ermangelung anderer Erkenntnismittel an die Stelle der realen Verknüpfungsprozesse schiebt.

Für den Interpretationsphilosophen sind aber auch zeitgenössische Zusammenhänge, die Gegenstand der systematischen Wissenschaften sind, der gleichen konstruierenden Interpretativität ausgesetzt. Dies betrifft alle Bereiche von Natur und Geschichte. Dabei ist es – nach Cassirer, Wittgenstein und Gadamer – die gemeinsame Überzeugung aller Interpretationsphilosophen, daß der gegenwärtige Kontext den Zugang zu anderen Bereichen bestimmt und den direkten Rekurs zu ihnen blockiert.[50]

48 Einzige Erwähnung des Fremdkulturellen: § 42 a.E.

49 Z.B. H. Lenk, 1993, 492 u.ö.

50 Die Frage ist nicht mit der viel spezielleren nach der Wiederholbarkeit der historischen (und gegebenenfalls auch systematischen) Sachverhalte zu verquicken. Wiederholbar ist stets das Allgemeine (vgl. Verf., 1978, 336–339 und M. Frank, 1984, 455–475), während das Individuelle strenggenommen nur indirekt durch Veränderungen im Allgemeinen (durch Häufigkeit oder

Approximation ist ein zentraler Begriff der älteren Hermeneutik gewesen, der bis zu Popper hin auch in der Wissenschaftstheorie eine Rolle gespielt hat. Er bezeichnet einmal (systematisch) die nur *annähernde* Erreichung des Erkenntnisziels, und zum andern (diachron) das nur *allmähliche* Fortschreiten darauf hin; er bezieht sich ferner auf individuelle, lebensgeschichtliche und auf Entwicklungen in der Generationenfolge (im Grenzfall bis zum Ende der Menschheitsentwicklung in unabsehbarer Zukunft); und schließlich auf historische und systematische Disziplinen.

Von der Neueren Hermeneutik und von der Interpretationsphilosophie wird die Vorstellung einer realen Annäherung massiv bekämpft, weil diese ein objektives Fortschreiten mit realistischen Zielen und mit orientierenden Normen voraussetzt. Da im Interpretationismus alle Interpretationen als solche gleichwertig sind, ist eine Approximation an ein Ansichseiendes nicht mehr diskutabel, sondern lediglich eine interne, der Interpretation immanent einwohnende Art des Fortschreitens von nur subjektiver Geltung. Sie ist zwar «fallibel», aber nur innerhalb eines bestimmten Interpretationsrahmens.

In der Tat sind alle nach dem Mehr und Weniger graduierenden Konzepte wie Kontinuität, Konvergenz, Fortschritt, Exhaustion und insbesondere Approximation in der Interpretationsphilosophie als interpretativ internisiert und gleichsam nur in Klammern gesetzt verwendbar. Sie taugen nichts für die Ermittlung der Realität und sind darum erkenntnistheoretisch und ontologisch in gleicher Weise ohne Aussagekraft.

Das interpretative Universum ist indessen in seiner Geschlossenheit dort lückenhaft und angreifbar, wo der Begriff der Interpretation kritisch analysiert und grundsätzlich nach dem Verhältnis zwischen Interpretandum und Interpretament gefragt wird. Daß und inwieweit Interpretamente vom Interpretandum abweichen, ist keine überflüssige oder zweitrangige Frage, sondern betrifft die Angemessenheit des Begriffs der (progressiven) Interpretation selbst. Ob und inwieweit abweichend interpretiert wird – beides läßt sich voneinander

Schlüsselphänomene) rezipiert werden kann. Gadamer und Simon erkennen nur die Zeichen (den Text) als Allgemeines an, während die Bedeutungen und Anwendungen als interpretativ verbucht werden. Die Grenzziehung erscheint mir zu restriktiv. Die «Wiederholbarkeit» des Individuellen als eines solchen ist im übrigen Sache der Approximation (z.B. ist das einhundertste Mal gegenüber dem neunundneunzigsten Mal leichter wiederholbar als das zweite Mal gegenüber dem ersten). Vgl. unten S. 205 f.

nicht trennen – ist vielmehr die Grundfrage des Interpretationismus als solchen, die auch für den modalen Status des Ansatzes fundamentale Folgen hat. Tatsächlich stuft bereits die Auskunft, die Frage sei unbeantwortbar, den interpretationistischen Ansatz zum Status einer Vermutung herab, der außerdem die Mehrdeutigkeit des Interpretationsbegriffs verunklärend im Wege steht. Diese Ungewißheit, die den Interpretationismus von Grund auf begleitet, läßt sich durch andere Beweismittel, wie das Selbstanwendungs- und das Darstellungsargument, zusätzlich steigern.[51]

Für den Status weiterer Argumente wie des Graduierungsarguments hat dies einschneidende Konsequenzen. Das Beweisargument, das die Nichtbeweisbarkeit des Interpretationismus dartut, präjudiziert die Tragfähigkeit auch des Graduierungsarguments und führt zu seiner Rehabilitierung insoweit zurück, als es nicht mehr nur auf interne Interpretativität festgelegt werden kann. Wenn Interpretativität nur möglich, das heißt widerspruchsfrei denkbar ist, dann kann auch den spezielleren Argumenten wie dem (Nicht-)Graduierungsargument kein anderer modaler Status zukommen. Dies bedeutet: Es bleibt offen, ob graduelle Unterschiede nur interpretativen oder ob sie realen Charakter haben. Das trifft bereits für die vermutbaren Grade der Abweichungen, d. h. für die Interpretationsdifferenzen zu, die sich zwischen Interpretandum und Interpretamenten auftun können. Hier liegt auch der Zugang zur richtigen Einschätzung der noch spezielleren Argumentation für die *Approximativität*, die das Prinzip der Graduierung in linearen Zeitfolgen anwendet. Die Debatte um Poppers Beweisversuche[52] liefert keine Entscheidung, da sie nur umgekehrt die (bisherige) Nichtbeweisbarkeit der Approximation erbracht hat. Die *Möglichkeit* von Approximativität ist aber dadurch nicht in Frage gestellt, d. h., es liegt kein Gegenbeweis dafür vor, daß Approximation grundsätzlich unmöglich sei.[53] Auch der Antiintentionalismus der Interpretationisten, der sich beispielsweise auf

51 Vgl. oben S. 60 Anm. 3.

52 Vgl. darüber etwa H. Keuth, 2000, 179–199 («Annäherung an die Wahrheit»); ders., 1978, 112–152.

53 Die gleiche Denkfigur gilt beispielsweise für die Erfassung des Fremdpsychischen und das Selbstverständnis. Entscheidend ist nicht, daß es darüber ausgebreitete Kontroversen gibt, sondern daß der Interpretationist die Triftigkeit seiner Deutung auf Grund des Beweisdilemmas nicht beweisen kann. Es muß also offenbleiben, ob und inwieweit eine realistische oder antirealistische Auffassung zutrifft.

die Feststellung eines Konsensus auswirkt, läßt für Gegenpositionen durchaus Raum. Deswegen können auch die Interpretationsdifferenzen, die zwischen Interpretandum und Interpretamenten bestehen mögen, zuweilen widerspruchsfrei als Näherungswerte aufgefaßt und gegeneinander abgestuft werden.

Versucht man, die verschiedenen Bedeutungen von Approximativität nach ihrer Reichweite begrifflich zu analysieren, so ist die *Gerichtetheit* der bisherigen Entwicklung grundlegend. Sie steht im historischen und kulturellen Feld im Zusammenhang mit dem Mehrwissen, das die eigene Position vor anderen – vergangenen und fremden – Positionen voraus hat. Sie läßt in der Regel eine – manifeste oder untergründige – *Kontinuität* erkennen, von der man annehmen kann, daß sie sich auch in der nächsten Zukunft fortsetzen wird.

Doch hier in der Prospektive ist bereits ein hypothetisches, extrapolatorisches Moment am Werk, das nur herabgeminderte Prognosen erlaubt. Noch weiter verringern sich die Erfolgschancen für die fernere Zukunft. Im Bereich der Zukunftsvorhersage scheint also der Begriff der Approximativität zunächst nicht empfehlenswert. Wohl aber gilt dies für historische Rückblicke, denen man eine fortschreitende ‹Annäherung› zuschreiben kann, und für Ausblicke auf das bisher in den systematischen Wissenschaften Erreichte, wobei verschiedene Vorschläge rangiert und gegeneinander abgehoben werden müssen. Es ist dies ein Verfahren, das grundsätzlich auch in der Alltagswelt Anwendung findet. Die Fallibilität und möglicherweise sogar die Interpretativität ist dabei jeweils in Rechnung zu stellen. Immerhin gibt es dabei zahlreiche begründete Fälle, in denen sich ein Wiederaufgreifen der älteren Hermeneutik, nämlich der Approximativität im engeren Sinn – der infinitesimalen (Schleiermacher) oder limitierten (Schlegel) Annäherung – nahelegt.

Darüber hinaus kann von Annäherung in einem weiten Sinn die Rede sein, wo das Fortschreiten als solches schon als ein Indiz für eine richtige Orientierung verstanden wird. Diese abgeleitete Bedeutung bedarf aber der fallweisen Kennzeichnung, indem etwa auf die Eliminierung des Falschen hin spezifiziert wird.[54]

54 Daß der Fortschritt nicht an (quantitative) Meßbarkeit gebunden sein muß, sondern sich etwa auch in der Instrumentalisierung ursprünglicher Zwecke darstellt, betont C. F. Gethmann, 1980, 575 s. v. ‹Erkenntnisfortschritt›. – Natürlich reicht auch die relative Meßbarkeit zu (im Unterschied zur – nicht gegebenen – absoluten).

Schließlich kommt eine vierte Bedeutung ins Spiel, wenn man die Annäherung an unabsehbare, aber mögliche «Ganzheiten» oder Endzustände erschließt. Natürlich gibt es dafür weder einen Beweis noch sichere Indizien, und die Skepsis mischt sich dabei ebenso ein wie bei der Gegenthese von der Interpretativität des Gesamtzusammenhangs.[55]

Die in diesem Buch vertretene realistische Position hebt vor allem die *erste* Bedeutung der Approximativität, nämlich ihre fortdauernde Geltung für *Geschichte* und (zeitgenössische) *Kultur* hervor. Wir können das Ziel der regressiven Hermeneutik in Annäherung erreichen, weil unser Verstehen dieses Ziel direkt oder indirekt trifft. Das Mehrwissen unserer eigenen Gegenwart kann dabei prinzipiell unterschieden und abgetrennt werden. Die Kriterien dafür sind dieselben, wie sie der Interpretationsphilosoph in untergeordneter Funktion gebraucht, nur haben die von ihm relativierten Gesichtspunkte durch die veränderte Beweislage einen anderen Stellenwert erhalten.

Das könnte nur dadurch in Frage gestellt werden, daß man ein Unbewußtes einführt, das «mehr Sein als Bewußtsein» ist und dem man daher unabsehbare Bedingtheiten aufbürden kann. Ein solches Unbewußtes läßt sich jedoch nicht nachweisen und vom gegenwärtigen Wissensstand her nicht einmal plausibel machen. Es bedürfte dafür einer mehrschichtigen Analyse, die einmal darlegt, daß das Andere – die Vergangenheit, die Andern, die Welt – grundsätzlich von unserer Einsicht abweicht; und die zweitens die besonderen Bedingungen namhaft macht, unter denen diese unsere Einsicht steht – ein von der Zirkularität bedrohtes Unterfangen. Zum dritten wäre aufzuzeigen, in welchem Grade und in welchem Umfang solche Bedingungen auf unsere Einsicht überhaupt Einfluß nehmen und sie verändern. Die Beweislast dafür ist jedoch nicht zu erbringen.

Die Intuition einer Approximation als Fortschritt und als Näherung an den Gegenstand kann also nicht verabschiedet werden. Dabei ist jeweils zwischen historischer und prognostischer Perspektive zu unterscheiden. Die zweite läßt der Skepsis größeren Spielraum. Doch die Erfüllungs- und Beweisstruktur ist beidemale die gleiche: Die Hypothese, Kontinuität, Zusammenhang und Approximativität seien lediglich interpretiert, ist unbeweisbar oder, wenn es zur Beweisführung kommt, selbstaufhebend. Verbleibende Einwände kön-

55 Trotzdem: Daß wir den archimedischen Punkt nicht haben, besagt nicht, daß es ihn nicht gibt (nicht einmal, daß wir ihn niemals werden finden können).

nen allenfalls ein kritisches Bewußtsein wecken und eine skeptische Haltung erzeugen, die zur unreflektierten Einstellung ein Gegengewicht setzt. Insbesondere ist von Vorstellungen Abstand zu nehmen, es gebe Bedingtheiten, die für immer undurchschaut bleiben. Da wir von solchen peremptorischen Bedingtheiten nichts wissen, müssen wir sie tunlichst außer Betracht lassen, wenn wir uns nicht in eine ungerechtfertigte Metaphysik verstricken wollen.

Im übrigen sind die Vorstellungen von dem, was Approximation sein kann, in der Interpretationsphilosophie ziemlich vage und undifferenziert. Zwar ist Approximation ihrerseits im Zusammenhang mit Konzepten wie Referenz, Korrespondenz und Adäquation zu sehen, die sie diachron und systematisch präzisiert. Dennoch ist sie nicht etwa nur unilinear aufzufassen, sondern auch mehrgleisig, helikoid und konzentrisch umkreisend oder in verschiedenen, voneinander abgehobenen Ebenen vorangetrieben zu denken.[56] Erfahrungsgemäß sind approximative Prozesse sehr viel komplexer, als dies theoretische Vereinfachungen zulassen. Die Kritik an linearen Sukzessionen, etwa an ‹Paradigmen›, ist also zu simpel und bedürfte näherer Erläuterungen.

Dies ist zunächst gegenüber Kritikern der Kontinuität wie Feyerabend oder Kuhn[57] ins Feld zu führen, die die Diskontinuitäten der Wissenschaft akzentuieren. Zwar werden dabei Leistungsvergleiche und Inklusionsverhältnisse anerkannt, aber sowohl instrumentalistisch vom Wahrheitsbegriff abgetrennt – im Gegenzug zu Poppers ‹Wahrheitsähnlichkeit› (*verisimilitude*) – wie auch in ihrer Partikularität betont (so sind Vergleiche immer nur partiell möglich; sie werden von Widersprüchen und rückläufigen Bewegungen eingeschränkt).

Daß verschiedene Theorien «dasselbe» leisten, braucht aber nicht minimalistisch (instrumentalistisch) interpretiert zu werden. Es würde auch den Intentionen von Wissenschaftlern, die ja keine

56 Zum Gegensatz von zyklischer (antikisierender) und progressiver (zunehmend moderner) Geschichtsbetrachtung und zu deren Überschneidungen und Mischungsformen vgl. J. Schlobach, Die klassische humanistische Zyklentheorie und ihre Anfechtung durch das Fortschrittsbewußtsein der französischen Frühaufklärung, 1978, 127–142. Vgl. R. Vierhaus, Zum Problem historischer Krisen, wo gleichfalls der komplexe Charakter von Krisenphänomenen herausgearbeitet wird (321 f.).

57 Neu konfrontiert beide Autoren P. Hoyningen-Huene, Paul Feyerabend und Thomas Kuhn, 2002/1, 61–83; (vgl. das Kurzreferat in Information Philosophie 2005/2, 98–101).

anwendenden Techniker oder Handwerker sind, kaum entsprechen. Natürlich kann eine geradlinige Teleologie in der Regel erst nachträglich rekonstruiert werden. Dennoch reichen Mehrfach-Lösungen von Problemen auf Grund ihrer Vorläufigkeit und mutmaßlichen Partikularität und Isolierung nicht aus, um sie vom Wahrheitsbegriff endgültig abzukoppeln. Vor allem sind Feyerabend und insbesondere Kuhn weder mit den Philosophischen Hermeneutikern (Gadamer) noch mit den Interpretationisten gleichzusetzen: Sie sind in Wirklichkeit Historisten, die keine Angleichung vergangener Paradigmen an das gegenwärtige vertreten und die eine Inkommensurabilität und Nichtumsetzbarkeit (Eins-zu-Eins-Entsprechung) nur in systematischer, nicht aber in historischer Hinsicht lehren. (Die vergangenen Paradigmen sind ihnen zufolge vom Wissenschaftshistoriker weitgehend aufklärbar.)

Trotzdem gibt es auch für Feyerabend und Kuhn keine externen Maßstäbe und daher keine nachweisbare Entwicklung und Approximation an ein bestimmtes oder ein infinites Ziel. Die Relativierung hat allerdings dort ihre Grenzen, wo man anstelle absoluter Kriterien sich auf immanente Meßbarkeiten und erschlossene Näherungsdifferenzen verläßt. So sind der Leistungszuwachs und die Inklusion immerhin Indizien für einen Fortschritt. Er ist nicht sicher beweisbar, aber auch nicht widerlegbar und daher als pragmatischer Anhalt für die Forschung von größerem Gewinn als ein philosophisch postulierter, abstrakter Agnostizismus. So ist auch das Graduierungsmoment zu bewerten: Es hebt dasjenige Plus an Plausibilität heraus, hinter dem andere Theorien im Vergleich zurückbleiben. Die Vorstellung von einer ‹Annäherung› bezieht von daher ein unverächtliches Gewicht. Sie ist wahrscheinlich, oder doch immerhin möglich, und das heißt: Die indizierte Lösung kann zutreffen, und der Wissenschaftler oder Philosoph wird sie in der Regel auch so behandeln.[58] Solche Verhältnisse selbst wieder interpretativ zu relativieren – mit einem drohenden Regreß *ad infinitum* – ist durch das Beweisdilemma kontraindiziert. Es wäre nämlich entweder realistisch darzutun, was das Interpretandum denn in derlei Fällen ist, oder es wäre in bezug eben darauf eine unergiebige Skepsis zu üben.

58 Gegen L. Laudan, Explaining the success of science, in: 1984, 83–105 wendet J. W. McAllister in: 1993, 203–222 richtig ein, daß der Theoriewandel bereits auf der Kriterienebene erfolgt und dann realistisch (bzw. fallibilistisch) erklärt werden kann.

Im übrigen unterstellt Feyerabend für seine Heuristik, zu der er zuletzt befreien will, gerade einen möglichen Fortschritt als übergeordnetes Ziel, und Kuhns theoriendynamischer Motor, der auf die Beseitigung von Anomalien gerichtet ist, impliziert damit den Fortschritt (der Wahrheit oder doch der Konsistenz) als wichtigste Voraussetzung. Bilanzierend muß man auch hier ein Patt konstatieren. Es spricht ebensoviel für den Progressivismus wie gegen ihn (beweisbar ist keine der beiden Lösungen). Nur müssen ihn die praktizierenden Wissenschaftler pragmatisch voraussetzen und praktisch von ihm Gebrauch machen, um ihr Tun als sinnvoll zu rechtfertigen. Dieses Prius ist, im Verein mit beweisdilemmatischen Überlegungen zum ontologischen Status eines Paradigmas, von einer dogmatisch vertretenen Gegenthese nicht mehr einholbar. Es muß daher trotz aller gebührenden Vorbehalte bei der überkommenen Fortschrittstheorie als einer nicht widerlegbaren Hypothese bleiben.[59]

Die Interpretationsphilosophen haben in ihren Schriften in Anlehnung an Kant und Putnam das Schwergewicht auf den naturwissenschaftlichen Antirealismus gelegt. Die historischen Wissenschaften werden zwar gestreift,[60] aber in der Hauptsache als schon durch andere Autoren erledigt angesehen. Lenk meint sogar, die Geisteswissenschaften seien in höherem Grade interpretationsgebunden als die Naturwissenschaften und betont gegenüber dem verbreiteten «Separatismus» der Geisteswissenschaften, daß es sich doch nur um graduelle Unterschiede handle.[61] Indessen sind die Akzente im Prinzipiellen eher umgekehrt zu setzen: Die Kulturen der Gegenwart oder Vergangenheit, denen sich die Geisteswissenschaften zuwenden, sind kein Kantisches Ding an sich wie in den Naturwissenschaften, sondern sind vergangene oder zeitgleiche Gegenwarten, so wie die Gegenwart künftige Vergangenheit ist. Der Spielraum für Interpretationen ist daher viel geringer als im Bereich der Natur, wo die Gegenstände der Forschung von den Wissenschaften geradezu konstituiert werden (jedenfalls nach der heute weithin akzeptierten Theorie Kants). Wie schon bemerkt, bleibt der Satz Vicos, daß wir nur das erkennen können, was wir selbst erzeugt haben[62] – nämlich die Kultur und Geschichte –, weiterhin in Geltung. Das gilt auch noch unter interpre-

59 Zum Defizit der Selbstanwendung bei Kuhn und Feyerabend unten S. 99f.
60 Z.B. bei H. Lenk, 1993, Kapitel 35 und 44.
61 H. Lenk, a.a.O., 604f.
62 G. Vico, De nostri temporis studiorum ratione, Ausgabe Darmstadt 1963, IV 40f.; ders., Scienza Nuova 331 = IV 1, 117 Nicolini.

tationistischen Voraussetzungen, mag auch das Instrumentarium der Geisteswissenschaften im einzelnen traditionellerweise reicher sein und neuerdings zusätzlich eine interpretative Zweideutigkeit angenommen haben. Die Geistes- und Sozialwissenschaften sind weniger interpretabel als die Naturwissenschaften, und vielleicht haben sie gerade deshalb seit jeher Interpretationsmittel im schwachen Sinne ausgebildet.

Geschichtliche Gesamtentwicklungen in bestimmten Sachbereichen vertragen jedenfalls Wahrscheinlichkeitshypothesen, während die Graduierung nach dem Mehr oder Minder oder die Gliederung nach Aspekten und Hinsichten im einzelnen immerhin Möglichkeitsannahmen erlaubt. Sie sind zwar fallibel und gestatten auch unvorhersehbare Korrekturen. Darin drückt sich eine Herabstufung der teleologischen Ansprüche aus, aber kein Umschlag in einen kategorial anders orientierten Interpretationismus.[63] K. Gödels auf dem Feld der Mathematik entwickelter Nachweis, daß es keine abschließende Theorienbildung geben kann, ist noch kein Freibrief für einen Paradigmenwechsel zugunsten der starken Interpretation, weil die Unabschließbarkeit im ganzen nicht auch einen Antirealismus im Detail nach sich zieht. Sie läßt es nämlich offen, ob die theorieintern vorgenommenen Interpretationen realistisch oder antirealistisch sind.[64]

8. Selbstanwendung in der Interpretationsphilosophie: Probleme des Selbsteinschlusses

Die Interpretationsphilosophen haben Gadamer darin korrigiert, daß sie im Dilemma von Selbstausnahme und Selbsteinschluß durchweg für den Selbsteinschluß plädieren. Diese Lösung ist insofern notwendig, als damit auf der Ebene der Metatheorie der Rückfall in den Realismus und damit die Sprengung des interpretativen Universums vermieden wird. Indessen ist der Selbsteinschluß keineswegs unproblematisch, weil dadurch der Ansatz immerhin so weit relativiert wird, daß er argumentativ nur mit eingeschränkten Ansprüchen auftreten kann. Die Interpretationsphilosophen haben dieses Manko da-

63 Vgl. oben S. 68f.

64 Das gleiche gilt für H. Lenks Versicherung, Distanzen der geschichtlichen Entwicklung könnten erst nach vorangegangenen Interpretationen abgeschätzt werden, die den Charakter der Interpretation (stark-schwach) unspezifiziert läßt. Im übrigen ist der Vorwurf der Unabschätzbarkeit der Annäherung, die ja keine infinite sein muß, für den Fortschrittsgedanken nicht perniziös.

durch zu überspielen versucht, daß sie im Ganzen ihres Werkes überwiegend als Dogmatiker auftreten und nur ausnahmsweise – an ganz wenigen Stellen – einer Selbstrelativierung nachgeben. Tatsächlich ist jedoch die Selbstrelativierung nach Inhalt und Form unvermeidlich. Sie läßt jede Art von Dogmatismus prinzipiell als verfehlt erscheinen, denn er würde im Dilemma zu einer realistisch aufzufassenden Metatheorie zurückführen.

Der Selbsteinschluß besagt, daß der Generalsatz des Antirealismus (Alles ist – im starken Sinne – interpretiert, ist antirealistisch) selbst mehrdeutig interpretabel ist. Da wir nicht alle anderweitig möglichen Interpretationen kennen, sind sie nach Art und Zahl unabsehbar und nicht im voraus kalkulabel. Dabei drängt sich die Frage auf, welche Interpretationen überhaupt noch unter dem Titel ‹Interpretation› fallen und inwieweit sich starke (progressive) und schwache (regressive) Interpretation noch trennscharf unterscheiden lassen. Da es *per definitionem* viele andere Interpretationstypen gibt, fällt dem vom Interpretationsphilosophen vertretenen Typus nur die Geltung einer Hypothese zu, die er mit den übrigen Alternativen teilt. Die konstitutive Mehrdeutigkeit des Generalsatzes schließt also eine Selbstmarginalisierung ein. Sie wird auch im weiterhin anzunehmenden Rekurs *ad infinitum* explizit gemacht: Jede weitere Metaregel schärft nämlich die Mehr- und Vieldeutigkeit des Grundsatzes ein. (‹Es ist mehrdeutig, daß der Satz interpretabel ist› usw.)

Diese Art der Selbstrelativierung reicht zwar nicht so weit wie die übereinzelsprachlichen Aussagen gegenüber dem Kontextualismus der Sprache. Solche Aussagen sind in jeder Sprachtheorie notwendig, lassen sich aber nicht mehr regelrecht aus dem Kontextualismus einer besonderen Sprache ableiten. Sie gehören daher in die Kategorie einer generellen oder gar einer Universalsprache und heben damit die kontextualistische Erklärungsart prinzipiell auf. Demgegenüber bleibt die formale Interpretationstheorie selbst an die Interpretativität gebunden und erfährt nur durch die Differenzierung des Interpretationsbegriffs selber eine interne Relativierung.

Gleichwohl ist es auffallend, daß die Interpretationsphilosophen sich um die skeptischen Konsequenzen der Selbstanwendung entweder gar nicht oder nur ungenügend kümmern.[65] So stellt *Quine* im Anschluß an Wittgenstein die Einheitlichkeit der Bedeutung und der Referenz in Frage, einschließlich intrasubjektiver (introspekti-

65 Zum Vorschlag einer vermittelnden probabilistischen Lösung oben S. 49.

ver) Selbstverhältnisse und bis zur Grenze der Mitteilbarkeit. Die empirischen Reste eines Verifikationismus von sensiblen Reizwirkungen tragen nicht weit. Faktisch liegt bei Quine ein antirealistischer Wahrheits- und Bedeutungsbegriff vor. Er ist in Sprachgemeinschaften konzentriert, die – holistisch – die einzelne Bedeutung vom Ganzen der jeweiligen Sprache her bestimmen. Doch läßt die Figur der Selbstanwendung auf Quines eigene Theorienbildung ein schon bekanntes Dilemma erkennen: Der Sprachrelativismus ist einerseits an die eigene Basis gebunden, andererseits steigt er zwangsläufig über sie hinaus (etwa durch Vergleiche, für die Quine eine weitere Rahmentheorie annimmt).[66] Dabei stellt sich die Frage nach dem Bestimmtheitsstatus der metatheoretischen Sätze. Am ausführlichsten ist das Dilemma für Quine – mit einem Vorrang der Selbstmarginalisierung – bisher von H. J. Wendel herausgearbeitet worden.[67] Wendel zeigt weiter, daß auch die Selbstausnahme – von universalen Ansprüchen – zu einer Selbstaufhebung des naturalistischen Ansatzes durch metaphysische Hintergrundsannahmen führen würde. Ein zusätzlicher externer Einwand: Unerforschliches kann im Einzelfall dennoch wahr sein und ist nicht notwendig interpretativ zu erklären. Es handelt sich – gegen Quines Empirismus – um Graddifferenzen des Erkennens mit einem legitimen Schluß auf Unerfahrbares.[68] Ein – auch zufälliges – affirmatives Treffen des Referenten wird bei Quine nicht erwogen. Es bleibt bei Projektionen oder schlichten Verfehlungen (bei denen die Nichtexistenz des Referenten eine bevorzugte Rolle spielt). Im übrigen ist die empirische Basis Quines (Reizwirkungen) durch die Kognitionswissenschaften mittlerweile überholt worden: Der Erfahrungszugang ist breiter und dadurch auch die Wahrscheinlichkeit des Erfolgs gewachsen. Man kann zwar Skeptiker bleiben, muß aber die Positivierung der Erkenntnisrelation als einen Typus in Erwägung ziehen, egal, in welchem Umfang man sie beweisen kann. Ferner gilt es den Quineschen Begriff der Rahmentheorie zu differenzieren: Nicht alle Bezugsrahmen sind gleichwertig, sondern können durch Reichtum und Fülle gegeneinander abgeschätzt – und partiell eliminiert – werden. Welchen Anspruch der letzte Bezugsrahmen für Wahrheit und Synonymie besitzt, ist dann zunächst offen; jedenfalls

66 Die Rahmentheorie sieht R. Haller, 1993, 159–173, als unabdingbar an. Ihre Relativierung muß jedoch in Abhebung vom Kontext bewiesen werden.

67 H. J. Wendel, 1990, 69–125.

68 Vgl. B. Bolzanos Beispiel vom Baum mit unübersehbar vielen Blüten (dazu W. Künne, 1992, 224ff.).

unterliegt er selbst der Beweislast. Insgesamt ist die Argumentationsrichtung, die Quine mit Wittgenstein teilt, umkehrbar: es ist nicht plausibler, die Hypothesen als Entwürfe ins Ungefähre zu betrachten denn als Annäherungen an ein reales Ziel, dessen Erreichen nicht von vornherein ausgeschlossen ist.

D. *Davidson* ist etwas realistischer als Quine, weil er immerhin das Selbstverhältnis für den Realismus reserviert. Doch verfällt er den gleichen Aporien der Selbstanwendung wie Quine: Davidsons eigene Metatheorie ist entweder übereinzelsprachlich gültig oder in einem partikulären Sprachsystem befangen. Sprachliche Universalien favorisieren im übrigen die erste Lösung und können den Relativismus sprengen. Umgekehrt deutet die Auszeichnung des Selbstverhältnisses auf eine latente Tendenz zum Solipsismus hin.

R. *Rorty* vermeidet wie die meisten Interpretationsphilosophen sorgfältig einen neuen Dogmatismus und wählt das geringere Übel des Selbsteinschlusses. Der Preis dafür ist die Abschwächung der Eigenposition zur Unverbindlichkeit. Rorty unterbreitet demgemäß nurmehr Vorschläge und Alternativen nach Art der Skeptiker. Die Generalkautel wird aber im einzelnen nicht durchgehalten: Es kommt zu kategorischen bis apodiktischen Urteilen und Beweisansprüchen, ferner zur Berufung auf Argumente und Beweise anderer, die nicht nur Vorschlagscharakter haben. Hier droht ein affirmativer Dogmatismus, und Rorty schwankt zwischen ihm und der programmatischen Selbstrelativierung hin und her. Ferner wird im Unterschied zu Quine und Davidson die Intersubjektivität nicht mehr problematisiert. Davon ist auch der Konsens betroffen (neben Kohärenz und Effizienz anstelle der Korrespondenz). Es bleiben darum die Fragen offen, ob und inwieweit Konsens authentisch gegeben ist und wie wir das wissen können. Beim Konsens droht im übrigen die Selbstaufhebung durch die Majorisierung der eigenen Position, beispielsweise durch eine Mehrheit von Realisten.[69] Jedenfalls lehnt Rorty einen transkulturellen (und transhistorischen) Konsens konsequent ab. Ein solcher Grenzfall ist aber nicht von vornherein auszuschließen. Rortys Beispiel zeigt exemplarisch, daß der antirealistische Relativismus die Gratwanderung zwischen Selbsteinschluß und Selbstausnahme und zwischen Universalismus und Solipsismus kaum zu überstehen vermag, ohne nach der einen oder anderen Seite hin abzustürzen.

69 Vgl. die Kritik Putnams u. a.

H. *Putnams* ‹interner› (mediatisierter) ‹Realismus› ist ein epistemologischer Antirealismus, der sich von Kant u. a. durch den modernen Pluralismus sprachlicher und soziokultureller Systeme unterscheidet. Er ist zum bevorzugten Modell der zeitgenössischen deutschen Interpretationsphilosophie geworden, die ihn freilich radikalisiert. An die Stelle der traditionellen Referenz-, Adäquations- oder Korrelationswahrheit treten Kohärenz- und Konsensgesichtspunkte, die durch eine ideale Akzeptierbarkeit aus dem gesamten Kontext heraus überhöht werden; sie erlaubt die Bewertung und Rangierung von Deutungen. Doch können die Weltperspektiven nicht zu einem einzigen Gesamtbild totalisiert werden.[70] Zum Dilemma der *Selbstanwendung* hat Putnam nicht explizit Stellung genommen. Er würde vermutlich wie Rorty die Selbstrelativierung wählen, allerdings mit dem Anspruch auf ein Plus an rationaler Akzeptierbarkeit vor anderen Positionen – eine probabilistische Gesamtposition. Freilich sind die Konkurrenten so nicht widerlegungsdefinit auszuschließen. Im übrigen hat Putnam, anders als Quine und Davidson, in der Nachfolge Wittgensteins die intersubjektive Verständigung in der Sprachgemeinschaft nicht mehr problematisiert. Wenn aber die Welt zum X schrumpft, kann man das Fremdseelische nicht einfach als problemlos unterstellen. Weiterhin kann die Rangierung und Verbesserung von Weltsichten ein Ansichsein der Welt indizieren. Jedenfalls ist diese Deutung nicht auszuschließen, oder anders formuliert: Putnams Restriktionen sind nicht beweisbar. Auch das Ideal optimaler Kohärenz führt in die Nähe der Adäquation und Approximation. Kritiker haben das von jeher moniert; Alston hat neuerdings Putnams Ansatz im einzelnen untersucht und teilweise widerlegt.[71]

P. *Feyerabend* vertritt im Unterschied zu Th. Kuhns rein wissenschaftsbezogener Metatheorie einen generellen Sprach-, Kultur- und Theorienrelativismus. Feyerabend nimmt wie Kuhn (aber radikaler) zwar Vergleichbarkeit, jedoch prinzipielle Nichtumsetzbarkeit (Inkommensurabilität) von Systemen an. Da es einen externen Bewertungsmaßstab nicht gibt, sind die Weltsichten gleichwertig. Feyer-

70 Neuere Etappen in der Entwicklung Putnams (‹pragmatischer Realismus› im Anschluß an Wittgenstein; ‹direkter Realismus› im Anschluß an Dewey) können hier übergangen werden. Vgl. dazu Th. Grundmann, 1996, 64–70. – Zu der seit Putnam oft wiederholten Rede vom «Gottesblick» für den metaphysischen Realismus (im Unterschied zum interpretativen Antirealismus) siehe unten S. 148 Anm. 5.

71 W. Alston, 1996, 132–161.

abend zieht gelegentlich selbst gewisse Parallelen zur antirealistischen Hermeneutik und andererseits zum Sprachrelativismus Whorfs. H. J. Wendel hat vor allem den Relativismus Feyerabends einer eindringlichen Kritik unterzogen.[72] Da Feyerabend auch Gegensätze und Widersprüche zuläßt, müssen abweichende Positionen prinzipiell toleriert werden. Die Selbstmarginalisierung ist daher nicht aufzuhalten. Auf der anderen Seite ist das Verhältnis auch als Inklusion deutbar, denn der Relativismus ist so weitherzig, daß jede Position darin Unterkunft findet. So betrachtet erscheint der Relativismus als eine Übertheorie, die absolute Geltung beanspruchen kann und von der Adäquatheitsthese nicht mehr unterscheidbar ist. Darin liegt der Ansatz zur Selbstaufhebung durch Selbstausnahme. Der Anarchismus Feyerabends ist also in der gleichen Weise antinomisch wie die übrigen Philosophien der Interpretation, und – fügt Wendel hinzu – er ist nicht weniger metaphysisch als ein herkömmlicher Realismus.

Th. *Kuhn* hat das Problem der Selbstanwendung nicht diskutiert.[73] Kuhns Metatheorie setzt zwar den Historismus voraus und könnte deswegen als spezifisch neuzeitlich relativiert werden. Wahrscheinlicher ist aber, daß seine Supertheorie einen universalen Geltungsanspruch erhebt, denn Wissenschaft zeigt seit ihrem ersten Auftreten gleichbleibende Erfahrungen des Theorienwandels, und aus der Genesis kann nichts für die Geltung entnommen werden. Kuhns Supertheorie ist daher jedenfalls für das wissenschaftliche Welt- und Selbstverhältnis gültig. Das heißt zumindest: Sie ist vom Theorienpluralismus in höherem Grade ausgenommen als einzelne wissenschaftliche Paradigmen. Insgesamt liegt daher eine Adäquatheitsaussage nahe, und zwar trotz des auf Putnams ‹internen Realismus› vorausweisenden Weltverhältnisses.

J. *Simon* macht die Selbstanwendung thematisch, allerdings nur in diachron-historischer Perspektive. Hier ist insofern Kritik angezeigt, als die von Simon vertretene Akzeptanzwahrheit auch und vorzugsweise in der Synchronie für Alternativen offensteht. Die Selbstmarginalisierung ist daher unvermeidlich. Die traditionelle Position ist dabei grundsätzlich argumentativ nicht auszuschalten. Dazu treten auch Restbestände der überkommenen Sichtweise (Arithmetik,

72 H. J. Wendel, 1990, 126–180.

73 Dies tut auch nicht die Monographie von P. Hoyningen-Huene, Die Wissenschaftsphilosophie Thomas S. Kuhns, mit einem Geleitwort von Thomas S. Kuhn, 1989.

Quasi-Teleologie u.a.), die Lücken im interpretativen Universum aufzeigen und den Geltungsanspruch wissenschaftlicher Objektivität anheben. Simons Entwurf kann daher nur Hypothesencharakter haben. Seine Standards der Plausibilität und Akzeptanz wären daher gegebenenfalls im Zeichen eines Fallibilismus kritisch zu reformulieren, in Korrektur der Abstraktion eines autarken hermeneutischen Universums.

G. *Abel* macht vom Selbsteinschluß Gebrauch, nimmt aber in Anspruch, daß sich die Interpretationspraxis dadurch nicht verändere.[74] Tatsächlich sind jedoch die verschiedenen Interpretationstypen so wenig überschaubar, daß die Metatheorie selbst – nach Abel die Ebene «4» – dadurch zu einer Sehweise unter anderen relativiert werden kann (zumal wenn man die traditionelle, reproduktive Interpretation mit einbezieht). Damit hängt es zusammen, daß Abel den Skeptizismus nur als «inwendigen», d.h. interpretationsinternen anerkennt – eine schwerwiegende, nicht leicht zu begründende Entscheidung. Gerade aus der Sicht des Interpretationismus müßte es offenbleiben, ob wir unsere Erfahrungen nur progressiv-interpretativ machen oder welcher Interpretationstyp mit welcher Reichweite jeweils oder überhaupt zutrifft. Demgegenüber ist Abel immer dogmatischer geworden und proklamiert für seine Metatheorie und für die (scheinbare) Unhintergehbarkeit der Ebene 1 eine Gewißheit, die kritischer Hinterfragung offenstehen sollte. Ob die Ebene 1 auch regressiv oder wenigstens mehrdeutig progressiv interpretabel ist, ist nicht entscheidbar. Eine oder mehrere Perspektiven können richtig sein. Das Interpretationsdilemma hat also Konsequenzen auch für Fragen der Selbstanwendung. Um so weniger begründet ist die Option für eine Umkehrung in der Bewertung der Tradition, die hier als abkünftig untergeordnet wird (Ebene 3). Der Eindruck ist nicht abzuweisen, daß die Lösung wesentlich komplexer aussehen müßte.[75]

Genauer verfolgt H. *Lenk* die Selbstbezüglichkeit des Interpretationismus. Lenk betreibt einen zuerst an der Handlungstheorie entwickelten allgemeinen methodologischen, epistemologischen und quasitranszendentalen Interpretationskonstruktivismus, der mit einem ontologischen (und ferner lebenspraktischen) Realismus kompatibel ist. Lenk vermeidet einen letztbegründeten Dogmatismus und besteht

74 G. Abel, 1996a, 278f.

75 Die Beweislast für Abels Extremposition wird um so größer, je weiter sie sich vom Selbstverständnis des Alltags und der Umgangssprache entfernt.

auch in seiner Metatheorie auf einer durch Alternativen und Varianten offen gehaltenen Interpretativität.[76] Insoweit ist Lenks Ansatz untadelig, weil er den Interpretationismus selbst als Interpretament darstellt und intern differenziert.

Allerdings vertritt Lenk einen solchen Interpretationismus dogmatisch, d. h., das Dilemma von Selbstausschluß und Selbsteinschluß wird nicht wieder eröffnet. Dabei hätte die Untersuchung des Beweisdilemmas zu einer skeptischen Unentscheidbarkeit gegenüber der (starken) Interpretation hinführen können. Doch hat Lenk die starke Interpretation schon terminologisch nicht hinreichend abgegrenzt, wenn er sie durch die (Heideggersche) Wendung ‹Etwas als etwas erfassen› charakterisiert. Ebendies trifft auch für (objektive) Aspekte und Perspektiven zu, die das Merkmal der starken Interpretation, nämlich das Hinzutreten interpretativer Elemente, vermissen lassen. So bleibt der Interpretationsbegriff zuletzt doch ungeklärt stehen,[77] ohne einer prinzipielleren Unentscheidbarkeit Raum zu geben. Daß nichts im starken Sinne uninterpretiert sei, ist in der Tat die nicht weiter problematisierte Voraussetzung von Lenks Unternehmen, der auch die Subsistenz der Welt und die Subjekt-Objekt-Unterscheidung in den Interpretationismus hineinzieht. Die Folgen des Selbsteinschlusses bleiben daher bei Lenk einigermaßen geringfügig, ohne daß durchschlagende Argumente für die Restriktion angeboten würden.[78]

76 H. Lenk, 1993, 245, 506 f.

77 Vgl. die Kritik von A. Graeser, 1996, 260.

78 Lenks Lehrer K. Hübner, der den französischen Konventionalismus (P. Duhem, H. Poincaré) in Denkformen der kantischen Tradition übersetzt (1978[1], 2002[4]) ist gleichfalls dem (gemäßigten) Interpretationismus zuzurechnen. Wie Th. Kuhn thematisiert Hübner nur die Wissenschaftskritik, verlängert aber ihre Perspektive wie Feyerabend rationalitätskritisch nach rückwärts in den Mythos. Primär gegen Popper gerichtet, drängt Hübner den Empirismus entschieden zugunsten des Interpretationismus zurück und vertritt die Gleichwertigkeit aller Konventionen. In der Frage der Selbstanwendung tendiert Hübner faktisch zur Selbstausnahme, doch legt sich auch die Auffassung nahe, Hübner biete nur *eine* Interpretation unter anderen (sein Ansatz muß mit Rivalen rechnen). Das Dilemma zwischen Selbsteinschluß und Selbstausschluß kehrt jedenfalls auch hier wieder und wird durch eine unscharfe Lösung nur verdeckt. – Mit der Inkommensurabilität verbindet Hübner allerdings keine Angleichung zwischen den Konventionen (wie Gadamer).

9. Die Frage nach der Übersetzbarkeit

Das Problem der Übersetzbarkeit konkretisiert den Konflikt zwischen Realismus und (antirealistischem) Interpretationismus und spitzt ihn auf der linguistischen Ebene zu. Gadamer hat in seinem Sprachkapitel wohl als erster die These vertreten,[79] alle Übersetzung sei (starke) Auslegung. Der Übersetzer muß den Sinn der fremden Sprache in der eigenen Sprache nachbilden und dabei «schöpferisch» verfahren. Die Polyglossie (oder wenigstens Bilinguität) des Übersetzers mindert die Schwierigkeit nicht, denn die Probleme der Zuordnung der Sprachen zueinander fordern in jedem Fall dazu heraus, einen Hiat zu überbrücken, der durch das Fehlen einer Eins-zu-Eins-Entsprechung und ferner durch den Holismus der jeweiligen Sprache gesetzt ist. Obertöne des Originals lassen sich deswegen in der Regel nicht wiedergeben, und die Überhellung bestimmter Wendungen geht stets zu Lasten eines Zurücktretenlassens und gleichsam der Unterbelichtung anderer Partien.[80] Auf der anderen Seite gesteht Gadamers gemäßigte Hermeneutik immerhin zu, daß es *Grade* der (Un)Übersetzbarkeit und die unendliche Aufgabe der *Annäherung* gibt.[81] Damit ist eigentlich schon die objektive Normierung der Übersetzung angedeutet, und für den Philosophischen Hermeneutiker bleibt nur die Konstatierung der Unerreichbarkeit der Norm übrig.

Doch kann darüber hinaus bezweifelt werden, ob jeder Überhellung komplementär eine Unterbelichtung entsprechen muß, wodurch sich die interpretativen Leistungen des Übersetzers multiplizieren würden. Gewiß gibt es *beide* Arten von Eingriffen, aber nicht immer gleichzeitig und sozusagen spiegelbildlich. Vielmehr gibt es dazwischen eine Zone der Gemeinsamkeiten, in der Abweichungen des Überakzentuierens und des Zurückbleibens zumindest vorübergehend keine Rolle spielen und eine annähernde Kongruenz sowohl in der Sache wie im Ausdruck sich einstellt. Man wird in solchen Fällen kaum von einer (starken) Interpretation sprechen wollen. Die Generalthese von der Interpretativität jeder Übersetzung und jedes ihrer Teile ist also nicht haltbar, wenn man nicht auf den zwar theoretisch in Betracht zu ziehenden, aber in einer Übersetzung doch nur ausnahmsweise zu Buche schlagenden Holismus der Sprache rekurriert.

79 H.-G. Gadamer, W. M., 361–373.
80 H.-G. Gadamer, W. M., 364.
81 H.-G. Gadamer, Lesen ist wie Übersetzen, 1993, 279, 282.

So betrachtet zeichnen sich kaum Divergenzen zwischen einer realistischen und einer «interpretativen» Erklärung der Übersetzung ab: Wo die Approximation – und sei es die infinite – anerkannt wird, stehen wir wieder auf dem Boden der romantischen Hermeneutik, und der Anteil an Auslegung kann der Bewegung der Annäherung unter- und eingeordnet werden. Man mag dann generell von einer Unterbestimmtheit der Übersetzung gegenüber dem Original sprechen, ohne dadurch die traditionelle Hermeneutik zu sprengen. Die Rede von der Approximation des Übersetzers hat hier einen gut begründeten Sinn, weil in der anderen Sprache das Original als ein Bezugspunkt wirklich gegeben ist – am deutlichsten für den Polyglotten – und das Problem sich auf die Durchführung der Zuordnung zwischen beiden Sprachen reduziert. Daß nicht alle Übersetzungen «gleich gut» sind, ist eine triviale Erfahrung, und selbst wo von Gleichwertigkeit der Übersetzungen die Rede ist, kann man in der Regel nach verschiedenen Gesichtspunkten und Funktionen differenzieren, die jeweils einen bestimmten Aspekt des Originals zur Geltung bringen. Dabei ist zusätzlich zwischen Oberflächen- und Hintergrundssinn schon des Originals zu unterscheiden, die man auch verschieden wiedergeben sollte. Wenn man noch weitere Zwischenebenen einzieht, ist ein legitimer Pluralismus von Übersetzungsmöglichkeiten hinreichend begründet, ohne daß man deshalb zu einem unkontrollierbaren Interpretationismus gelangen müßte. Im übrigen stehen für – vorliegende oder (geschichtlich) neu aufgetretene – Lücken eines Sprachsystems Hilfsmittel zweiten oder dritten Grades (Umschreibungen, Paraphrasen, Kommentare) zur Verfügung, die die epistemologischen Defizite einer Übersetzung wettmachen können. Sie spielen denn auch in der Übersetzungswissenschaft eine beträchtliche Rolle. Ferner sind die gattungsspezifischen Differenzen auch von Übersetzungen zu beachten, und dergleichen mehr.[82]

82 Die Situation der letzten fünfundzwanzig Jahre ist durch die fortschreitende Ausbildung einer (selbständigen) *Wissenschaft von der Übersetzung* gekennzeichnet, die die individuellen Stellungnahmen einzelner Autoren oder Übersetzer zunehmend verdrängt. Die Vielschichtigkeit und Dynamik der Sprache wird dabei zugrunde gelegt und überall auf Professionalität hingearbeitet. Grenzen, Ausnahmen und Komplementaritäten sind durchaus gesehen und in die Theorie einkalkuliert. Die Extreme des (reinen) Rationalismus (‹Alles ist übersetzbar›) und der (grundsätzlichen) Skepsis sind dadurch in der Regel von vornherein vermieden. Die ältere Unterscheidung zwischen literarischem und fachspezifischem Übersetzen löst sich heute in ein Kontinuum approximie-

Gleichwohl kann man versuchen, einer solchen grundsätzlichen realistischen Betrachtungsweise zu widersprechen, wenn man wie *Quine*[83] – und, bei den Interpretationsphilosophen, G. Abel[84] – einer über die Annahme einer empirischen *Unter*bestimmtheit hinausgehenden *Un*bestimmtheit des Referenten und der Unerforschlichkeit (*inscrutinability*) der Bedeutung das Wort redet. Quine und seine Nachfolger vertreten im Unterschied zu den Realisten und den gemäßigten Hermeneutikern nicht einen epistemologischen, sondern einen ontologischen Antirealismus. Das Problem der Zuordnung wird hier zum Problem der Referenz verschärft. In der radikalen Übersetzung Quines gibt es keinen Referenten mehr, und das semiotische Dreieck erscheint auf die Zweigliedrigkeit von Zeichen und Bedeutung reduziert. Quines Antirealismus in Sachen der radikalen Übersetzung zieht einen agnostischen Effekt nach sich, der von radikalen Interpretationsphilosophen lebhaft willkommen geheißen wird, setzt er doch eine keinerlei Maßstäben unterworfene «kreative» Interpretativität frei. Quine geht davon aus, daß es strenge Synonymie nicht gibt, am wenigsten zwischen verschiedenen Sprachen und Kulturkreisen, und daß deshalb mit einer unabsehbaren und nicht abzuschätzenden starken Interpretativität bei allen sprachlichen Rekonstruktionen zu rechnen ist. Obendrein wird das *principle of charity* im Sinne der Projektion in Anspruch genommen, das heißt, der Interpret trägt seine eigenen Fragen und Maßstäbe an das zu deutende Sprachma-

renden Übersetzens auf. Man gewinnt den Eindruck, daß es eine funktionierende Übersetzungspraxis gibt und daß an ihrer Optimierung unablässig gearbeitet wird, mit einer wachsenden Verfeinerung der Mittel und Methoden. – Die Skepsis bestimmter Philosophen (z. B. bei Quine) wird nicht direkt zum Thema gemacht. Sie behält natürlich ihr angestammtes Gewicht, tritt aber doch im ganzen hinter den genaueren Resultaten der Übersetzungstheoretiker zurück. Man sagt nicht zuviel, wenn man die verifizierbaren Kautelen Quines in der Übersetzungstheorie aufgehoben findet. Richtungsweisende Publikationen aus den letzten beiden Jahrzehnten: W. Koller, 1992[4] (u. a. 2.1: Das Problem der Übersetzbarkeit, 159–188); W. Wilss (Hg.), 1981; M. Snell-Hornby (Hg.), 1986; Hans G. Hönig, Konstruktives Übersetzen, 1997[2]; A. Hirsch, 1997; H. Risku, 1998. Dazu R. Jakobson, Grundsätzliche Übersetzbarkeit. Linguistische Aspekte der Übersetzung (1959), 1992[2], 481 ff.

83 W. V. Quine, 1980, Zweites Kapitel: Übersetzung und Bedeutung, 59–147.

84 G. Abel, 1999 a, 101–120 (als Interpretationsphilosoph wendet Abel den Agnostizismus Quines ins Affirmative). – Zur weiteren Diskussion G. Abel (Hg.), 1999 b. Vgl. ferner die Sammelbände: Elberfeld/Kreuzer/Minford/Wohlfart, 1999, sowie W. Büttemeyer/H. J. Sandkühler, 2000.

terial heran. Damit ist die Zirkelhaftigkeit der Interpretation nicht mehr zu umgehen.

Quines heftig umstrittene[85] These ist jedoch durch allerlei Vorbedingungen belastet, die eine direkte Rezeption unratsam erscheinen lassen. Nach Quine wird nicht wie im bisher zugrunde gelegten Beweisdilemma ‹anders› und ‹abweichend› interpretiert, sondern es wird eine Bedeutung schlechthin gesetzt, ohne daß Bezüge zu anderen Bedeutungen abgesichert werden könnten. Dazu trägt einerseits der behavioristische, antimentalistische Standpunkt bei, der inzwischen durch die Kognitionspsychologie überwunden ist, andererseits das Beharren auf der Isolierung von Sprach- und Kulturgemeinschaften nach der Art Wittgensteins, die Synonymien zwischen ihnen von vornherein unwahrscheinlich macht.

Dennoch könnte der *Unterschied* zwischen «Synonymen» in Annäherung erfaßt und damit (Nicht-)Identität indirekt umschrieben werden. Ferner ist H. J. Wendels Quine-Kritik mit dem Nachweis des Widerspruchs zwischen Global- bzw. Universalsprache und Einzelsprache hier wiederum einschlägig.[86] Wo der Widerspruch explizit auf eine Global- oder Universalsprache hin überschritten wird, treten anthropologische oder kulturinvariante Strukturen – etwa gleichartige Erfahrungen mit der Sprache – an die Stelle der Abgeschlossenheit von Einzelsprachen. Im übrigen hat es die Kritiker und Anhänger gleichermaßen irritiert, daß Quine in anderer Hinsicht Realist ist und beispielsweise zwischen der Übersetzungstheorie und den Naturwissenschaften eine methodische Kluft aufreißt. Es ist deswegen prekär, wenn Interpretationsphilosophen versuchen, just die Übersetzungstheorie Quines als Modell für ihren eigenen umfassenden Interpretationismus in Anspruch zu nehmen. Zudem setzt die ‹radikale Übersetzung› Quines eine nur einseitige Kenntnisnahme fremder Sprachen voraus, während öfters auch mit einer interlingualen Gegenseitigkeit gerechnet werden kann. Schließlich hat man mit Recht moniert, daß die Betrachtungsweise Quines zu statisch und zu phasenhaft angelegt ist und der Dynamik und der fortschreitenden Erfahrung mit der Sprache und durch die Sprache nicht gerecht wird. Dazu gehört auch

85 Vgl. die Übersicht über jüngere Urteile zu Quines Theorie von der Unbestimmtheit der Übersetzung, mit der Feststellung, daß die Diskussion unentschieden sei, bei R. Kirk, Indeterminacy of Translation, 2004, 151–180. – Aus traditionell-kontinentaler Sicht führt die Auseinandersetzung mit Quine D. Markis, 1979.

86 Vgl. oben S. 97 Anm. 67.

die Auslegung des *principle of charity* auf einen reinen Projektionismus hin, ohne daß die Korrekturen und Verbesserungen, die sich bei der Anwendung des Prinzips selbst ergeben, in Betracht gezogen würden und ohne daß der Grenzfall, daß die «Projektionen» richtig sind, zur Geltung gelangte. In der Tat rechtfertigt Unbestimmtheit noch keine Interpretativität, denn es läßt sich nicht ausschließen, daß eine oder mehrere Interpretationen objektiv richtig sind. Im übrigen ist auch bei schwierigen Übersetzungen der Begriff der Approximativität keineswegs deplaziert, wenn anders man überhaupt zwischen besseren und schlechteren Übersetzungen und zwischen Graden der Synonymie unterscheiden kann.

Bilanziert man, so zeigen sich jedenfalls innerhalb einer Sprachgemeinschaft Synonyme, die, auch wenn sie nur ausnahmsweise auftreten, eine normative Ausrichtung des Gesamtfeldes erlauben. Daß sie nur kulturrelativ seien, ist eine Hypothese, die nur empirisch entschieden werden könnte. Andererseits bleibt der in der Unbestimmtheit der Referenz ausgedrückte Skeptizismus zu sehr resignativ, als daß man es dabei bewenden lassen sollte. Das im Vollzug eines dynamischen Spracherwerbs erfahrbare Fortschreiten und Approximieren verringert immerhin die Wahlmöglichkeiten beträchtlich; ja es mag im Grenzfall sogar die Einzahl der Bedeutungen nicht mit Sicherheit ausschließen. Die infinite Vielheit, die Quine im Auge hat und mit der er dem Interpretationismus in die Hände zu arbeiten scheint, wird nur durch eine mehrfache methodische Selektion ermöglicht, die mitzuvollziehen heute nur wenige in der Lage sind.[87]

87 Die Auffassung mancher Übersetzungstheoretiker gibt wohl treffend wieder E. A. Nida, 1975, deutsch von W. Wilss, 1981, 123 («Man sollte sich also von der Unübersetzbarkeitshypothese nicht zu sehr beeindrucken lassen»). Deutlicher R. Jakobson, 1988, 484f., 490. – Unklarheiten in Quines Begriff der Unterdeterminiertheit moniert J. Freudiger, 1993, 41–57.

C. Alternativen zu Gadamer

1. Epochale Gegenwart

Die Wörter ‹Gegenwart› und ‹gegenwärtig› sind umgangssprachlich mehrdeutig. Sie bezeichnen Zeitverläufe von ganz verschiedener Erstreckung und Reichweite (beispielsweise den Moment, da ich dies schreibe, den heutigen Mittwoch, das Wintersemester, das erste Jahrzehnt des 21. Jahrhunderts, unsere Epoche). Sie sind von einer andersartigen Vergangenheit und Zukunft dadurch abgehoben, daß ihre Erlebnismaterie (relativ) homogen bleibt. Sie sind auch nur so definierbar.

‹Gegenwart› ist dadurch vieldeutig und in verschiedenen Extensionen anwendbar, daß sie sich in verschiedenen Höhenlagen von einer jeweiligen Vergangenheit und Zukunft abgrenzen läßt. Das Leben des einzelnen Menschen vollzieht sich daher immer schon in einem vielgliedrigen System ineinander gepackter, mehr oder weniger ausgedehnter Gegenwartshorizonte, die durch Synkopierung des Gleichartigen den Charakter der Dauer und Kontinuität annehmen. Die Vorstellung von einer flüchtigen, punktualisierten Gegenwart ist dagegen ein theoretisches Konstrukt, hervorgegangen aus einer unzulässigen Verallgemeinerung exzeptioneller Beschleunigungen des Erlebens, denen als Gegenextrem Sonderfälle von Retardationen in «trägen» Zeitabläufen entsprechen. Beide können aber nur im Kontrast zur «epochalen» Struktur der erlebten Zeit erfahren werden. (Das gleiche gilt erst recht für die Vorstellung des gegenwärtigen ‹Jetzt› als ausdehnungslose Grenzmarke wie bei Aristoteles, wo die Gegenwart ganz von Vergangenheit und Zukunft aufgezehrt wird.) Normalerweise wird in der Gegenwart der Charakter des Identischen sogar so weit überwiegen, daß das zuständlich-deskriptive Moment vor das sukzessiv-narrative tritt.

Die drei Zeitdimensionen Gegenwart, Vergangenheit und Zukunft sind also in der erlebten Zeit nicht fest fixiert – nämlich mit dem punktuellen ‹Jetzt› als Gegenwart und Mitte zwischen Vergangenheit und Zukunft –, sondern schon im Einzelleben grundsätzlich relativ und nach Situation und Perspektive gegeneinander verschiebbar anzusetzen. Damit ist zugleich der Anschluß gewonnen an den geschichtlichen Epochenbegriff ‹Gegenwart›, der – seinerseits vielfältig geschichtet (kosmologisch, geologisch, anthropologisch, global, weltgeschichtlich, politisch) – im Sinne eines weitesten, auf die Menschengattung oder analoge Subjekte beziehbaren Horizonts voll integriert werden kann. Die überindividuelle Wir-Perspektive setzt demnach die individuelle, von Augustin und Heidegger akzentuierte Zeitgliederung analog fort. Beide werden darum im Sprachgebrauch durch den gemeinsamen Ausdruck ‹Gegenwart›, ‹gegenwärtig› vieldeutig (äquivok), aber doch nicht ohne inneren Zusammenhang wiedergegeben.

Die hier skizzierte Struktur der Zeiterfahrung[1] ist zunächst geeignet, den Begriff einer substantiellen Gegenwart zu rehabilitieren und ihm gegenüber dem Übergewicht eines Futurismus oder Eschatologismus wie andererseits eines Traditionalismus, aber auch eines punktuellen Dezisionismus und Okkasionalismus sein angestammtes Recht zurückzugeben. Die Gegenwart ist keine ungreifbar verschwindende Differentialgröße, sondern eine massive Basis und ein extensives Terrain, auf dem sich Fuß fassen und Stand halten läßt, eine Größe, mit der man auch kalkulatorisch und bilanzierend rechnen kann. Daraus ergeben sich weitere Konsequenzen in Richtung einer Aufwertung, ja eines Vorrangs der Gegenwart vor der Vergangenheit und Zukunft in hermeneutischer, handlungstheoretischer und praktisch-philosophischer Hinsicht. Dabei ist ferner zu beachten, daß auch Vergangenheit und Zukunft durch die vergangenen und künftigen *Gegenwartshorizonte* gegliedert vorzustellen sind.[2] Die Struktur ‹epochaler› Zeiterfahrung wirkt sich mithin in allen drei Zeitdimensionen aus.

Die *geschichtliche* Gegenwartserfahrung ist nun wie im Einzelleben, aber mit einer geringeren Gewichtung der Zukunft, durch epo-

1 Vgl. Verf., 1981, 24–28. Vgl. die konvergierenden Ausführungen von E. Minkowski, 1971, 1, 36ff., 43f.

2 Diese Art der Verschachtelung der Zeitdimensionen ist mehrfach beschrieben worden, vgl. z.B. N. Luhmann, zuerst 1972, 81–115, dann ders., 2, 1975, 103–133; zuletzt von R. Koselleck, 2000 (2003), 247–250 (mit weiterer Literatur). – Anders gerichtet ist die Unterscheidung der französischen Annales-Gruppe in Ereignisgeschichte, mittelfristige Geschichte und Geschichte langer Zeiträume (*longue durée*), die sich gegeneinander verschieben können (dazu H.-G. Faber, 1978⁴, 227ff.). Die damit gemeinten Verlaufsformen haben jedenfalls mit der ‹Gegenwart› nichts zu tun und sind ferner, unter Absehen vom Einzelleben, auf die Weltgeschichte beschränkt.

chale Einschnitte und Zäsuren markiert, die synkopierend gleichsam Blöcke aus dem Geschichtsverlauf herausbrechen. Der jeweils letzte angenommene Einschnitt kann auch eine ‹Gegenwart› begründen (der kulturelle Schub der Antike,[3] das Christentum, die Neuzeit seit der Renaissance, die Aufklärung, die Nachkriegszeit usw.). Auch die historische Disziplin der Zeitgeschichte gehört hierher (überkommene Definition: die Periode vor der Öffnung der Archive). Erst jenseits der angesetzten Epochenscheide beginnt die Vor-Geschichte unserer Gegenwart, die freilich durch genereller gefaßte ‹Gegenwarten› übergriffen werden kann. Es zeichnen sich also Schichten der Gegenwart ab, die koexistieren und miteinander kooperieren oder aber gegeneinander ausgespielt werden können. Weitere Zwischenstufen sind allemal möglich.

Der Ertrag einer solchen Gegenwartsperspektive ist jeweils der gleiche: Der Zusammenhang der Geschichte wird durch solche Gegenwarten und ihre Übergänge hergestellt und nicht etwa durch irgendeine Abfolge von Einzelschritten. Gadamers Konzept der Wirkungsgeschichte wird dadurch zunächst beträchtlich modifiziert. Die von Gadamer als linear angenommene, aber sonst undifferenzierte Wirkungsgeschichte wird im öffentlichen Bewußtsein auf einige Bruchstellen der Geschichte reduziert, sodann aber ins Virtuelle und nur gelegentlich Aktualisierbare abgedrängt. Die Parallele zur Isolierung des ‹Jetzt› in der philosophischen Zeitanalyse ist dabei deutlich: Die Annahme einer Linearität der wirkungsgeschichtlichen Entwicklung überspringt die tatsächliche Gliederung geschichtlicher Abläufe, weil sie den Begriff der Gegenwart nicht analysiert und nicht in seiner Mehrdeutigkeit festhält. So bleiben sowohl die entscheidenden Brüche, die bis zur Abkopplung ganzer Traditionszweige führen können (z.B. die moderne Industriegesellschaft um 1800), die aber das öffentliche Bewußtsein maßgeblich bestimmen, wie auch die anders wahrgenommenen, nämlich als mehr oder weniger statische, gleichbleibende Gegenwart erfahrenen Epochen unterbestimmt und werden nicht voneinander abgehoben. Daß in solchen Gegenwarten, folgt man einmal den Aufstellungen Gadamers, überhaupt eine Wirkungsgeschichte am Werk ist, ist eine nachträgliche philosophische Reflexion, die der Reflexion auf das minimale oder gar infinitesimale

3 Vgl. Goethes Formulierung: «Rechenschaft von dreytausend Jahren» in: West-Östlicher Divan, Buch des Unmuths, Sämtliche Werke Münchner Ausgabe, II.I.2, 1998, 54 (von W. Schadewaldt, 1960, 932 auf «echte Gegenwärtigkeit» der Epoche seit der Antike hin ausgelegt).

‹Jetzt› des Einzellebens entspricht, die aber ebensowenig wie dort phänomenologisch verallgemeinerungsfähig ist.

Die strenge ‹Linearität› der Wirkungsgeschichte, die Gadamer zugrunde legt, ist also zum wenigsten recht ungenau und muß mit einem eher helikoiden Modell vermittelt werden. Die weiter oben vorgetragenen Einwände[4] können damit geschichtsphilosophisch begründet und verortet werden. Aber auch die übrigen dort vorläufig entwickelten Monita gewinnen nun an Kontur. So sind die dort als ‹Gegenrenaissancen› bezeichneten Perioden als gegenläufige erkennbar geworden, die die Wirkungsgeschichte partiell abbrechen lassen. Ihre Gehalte können darum in der daran anschließenden Gegenwart entweder gar nicht oder lediglich so deformiert auftreten, daß man nur noch von einer vor-präsentischen Vergangenheit gegenüber der herrschenden Gegenwart wird sprechen können.

Insbesondere wird jetzt deutlicher, was es mit dem wirkungsgeschichtlich unvermittelten Sachinteresse und der Autonomie der zugehörigen Sachfelder auf sich hat:[5] Die Affinität in der Sache ist durch eine ‹Gegenwärtigkeit› begründet, neben der eine etwaige wirkungsgeschichtliche Kontinuität zurücktritt und gleichsam verschwindet. Es ist dann nicht die Kontinuität der Abfolge von Einzelschritten, sondern das gesamte Panorama der Gegenwart, das zu solchen «Rekursen» einlädt.

Die Teil-Epochen einer als ‹Gegenwart› zusammengefaßten Epoche sind untereinander prinzipiell gleichwertig, und das ‹Nahe› und das ‹Ferne› ist weitgehend vertauschbar. Das bedeutet, daß auch der Zeitenabstand zurückgedrängt wird und nicht die Rolle spielt, die ihm jenseits der angenommenen ‹Gegenwart› naturgemäß zufällt.[6] Die Differenzen erscheinen *nach* dem epochalen Einschnitt weitgehend vergleichgültigt. Das direkte, nicht wirkungsgeschichtlich geleitete Sachinteresse konkretisiert diese epochale Perspektive. ‹Gegenwärtigkeit› steht damit in einem komplementären Verhältnis zum Geschichtlichen.

4 Vgl. oben S. 30–34.

5 Vgl. oben S. 43–46.

6 Die Periodik solcher Gegenwartsschichten ist natürlich primär hermeneutisch indiziert. Daraus folgt aber nichts für ihren starken interpretativen Status. Tatsächlich unterliegen alle diese Grenzziehungen dem Beweisdilemma, demzufolge wir nichts endgültig über ihren Status aussagen oder negieren können: Jede Grenzziehung kann richtig sein und sich als solche bewähren; oder sie wird falsifiziert und durch eine bessere ersetzt.

Dadurch ist auch eine Konvergenz mit der «systematischen» Sichtweise gegeben. Sie kann zur Perspektive der *Kultur* verallgemeinert und so in einen anderen terminologischen Kontext gerückt werden. In der Tat ist Kultur ein systematischer Begriff, in dem Synchronie und Diachronie zusammenfließen. In beiderlei Richtung ist die ‹Gegenwart› anschluß- und rezeptionsfähig, denn sie wird Parallelkulturen ihrer Epoche ebenso einschließen wie die «vergangenen» Bestandteile ihrer eigenen Gegenwärtigkeit. ‹Gegenwart› ist gegebenenfalls umfassender als die jeweilige Kultur, weil sie je nach Ausdehnung sowohl Kulturen der «Vergangenheit» wie auch mehrere gleichzeitige Kulturen zusammenschließen kann.

Die Geschichte stellt sich also komplexer dar als die von der Philosophischen Hermeneutik seligierte abstrakte Geschichtlichkeit in ihrer Linearität. Ein auf abgestufte Gegenwärtigkeit hin gelesener Geschichtsverlauf ruft dagegen widerstrebende Momente in Erinnerung, die eine ähnliche Akzentuierung erkennen lassen wie die präsentische Zentrierung des Einzellebens. Wie die philosophische (und gelegentlich die wissenschaftliche) Reflexion auf das ‹Jetzt› eine theoretische und künstliche ist, so auch die zuletzt infinitesimale des Metatheoretikers der Geschichte auf die einzelnen Schritte des geschichtlichen Fortgangs. Die sich abzeichnende infinitesimale Struktur wirkt dabei ebenso fiktional wie undifferenziert und bedarf eines Korrektivs in Gestalt einer Umkehrung der Blickrichtung.

Die einander übergreifenden geschichtlichen Gegenwarten sind dadurch verbunden, daß die weiterreichende Stufe in der Regel einen Gehalt von höherer Allgemeinheit hat, d.h., die Schichtung der ‹Gegenwart› ist durch einen zunehmenden Grad von Generalität gekennzeichnet. Die Abfolge von der Kosmologie über die Anthropologie zur Kulturtheorie im ganzen und im einzelnen zeigt dabei in etwa die Richtung der Skalierung an. ‹Gegenwart› heißt zugleich: tendenzielle Tilgung einer Distanz, während die *vor* der ‹Gegenwart› sich erstrekkende Vergangenheit jeweils weitere Momente der Distanz hinzubringt. Eine letzte Vergangenheit, von der die am weitesten reichende Gegenwart abgehoben wird, steht dann erst im Zeichen einer reinen Distanz, und das bedeutet: einer reinen Historizität.

Die Erkenntnis und die Einholung des jeweils Gegenwärtigen erfolgt wiederum nicht kraft eines linearen Rücklaufs bis zu den «Quellen» – den Denkmälern und Texten – am Leitfaden ihrer Wirkungsgeschichte. Das Gleichartige wird einfach als gleichartig rezipiert, wobei zumal vom externen Betrachter Analogieverhältnisse diagnostiziert werden können. Je weiter sich die ‹Gegenwart› entfernt, desto genereller werden die Gemeinsamkeiten und darum auch die Analogieschlüsse. Analogie ist also gleichfalls ein mehrdeutiger historischer Begriff, weil er – unabhängig von Unterschieden in der Sache – auf die verschiedenen Etappen von ‹Gegenwärtigkeit› in abgestufter Weise angewendet werden kann.

Dabei zeigt sich weiterhin, daß auch die Bestimmung der *Vergangenheit* durch das tendenziell infinitesimale ‹Jetzt› des vorliegenden Augenblicks unzureichend ist. Selbst Gadamers eigene Beispiele lassen erkennen, daß er auf vermittelnde längerfristige Horizonte rekurriert, die für die Überformung der Vergangenheit maßgebend sind. Sie zählen als Referenzfelder der Wirkungsgeschichte zur jeweiligen Gegenwart und scheinen nach Gadamers Metatheorie auf die zugehörige ‹Vergangenheit› projiziert zu werden. Diese Horizonte verfügen über eine angemessene Ausdehnung und bestätigen die Auffassung von einer substantiellen Gegenwart, die die präsenzstiftenden Einbrüche an die jeweilige Peripherie abdrängt. Auch Gadamers im Bewußtsein präsenter Sinn ist zuletzt ein epochaler Sinn. Die unbewußte (Gadamer sagt dafür: wirkungsgeschichtliche) Arbeit am Substrat der Geschichte bleibt demgegenüber postulatorisch und ist zuletzt nicht verifizierbar. Das von Gadamer umschriebene kollektive Unbewußte[7] gehört ohnehin der Metaphysik an und ist im Unterschied zu den bewußten und kontrollierbaren Bezugnahmen nicht dingfest zu machen. Es ist nicht im strengen Sinn phänomenologisch aufweisbar und wird daher im vorliegenden Zusammenhang ausgeklammert.

Auch dadurch wird der Vorrang des Epochalen vor dem Nur-Aktuellen noch einmal verdeutlicht. Im übrigen ordnen sich die verschiedenen wissenschaftlichen Perspektiven – in der Historie und in der systematischen Theorie – dem aufgewiesenen Schema jeweils mit verschiedener Ponderierung ein. Beide Wissenschaftstypen sind in der Regel auf epochale Ausgangslagen angewiesen, um an die «zeitge-

7 Dagegen kann ein individuelles Unbewußtes (Freud) mit einem gewissen Recht vertreten werden, weil es durch Phasen des Absinkens und Wiederauftauchens im Bewußtsein einigermaßen zureichend erschließbar ist. – Daß Gadamer das (kollektive) Unbewußte meint, zeigt seine Rede vom – dazu komplementären – «wirkungsgeschichtlichen *Bewußtsein*». Vgl. dazu J. Hohmann, 1984, 70ff., 170ff., wo der Vergleich zwischen Gadamer und Jung zu Recht gezogen ist. Auch die von Gadamer geprägte Formel «Mehr Sein als Bewußtsein» unterliegt eben diesen Einwänden.

schichtliche» Gegenwart oder die fernere Vergangenheit heranzutreten. Beide Typen sind im übrigen als ein Reflexionswissen gegenüber der Lebenswelt aufzufassen, also nicht mit ihr gleichzusetzen; und beide sind außerdem eine Instanz, die über die für die Lebenswelt maßgeblichen engeren Gegenwarten hinausreicht und neues Terrain erschließt, das die Lebenswelt nachträglich beeinflußt (z. B. Ur-, Vor- und Frühgeschichte; Makro- und Mikrophysik u. a.). Mit der Ausdehnung der Gegenwart in die Vor-Geschichte, Vergangenheit und Vor-Vergangenheit nimmt die Zuständigkeit der Wissenschaft zu.

Etwas anders steht es mit der Zukunft: Sie ist nicht wie die «Vergangenheit» als nach rückwärts verlängerte Gegenwart zu betrachten, sondern als eine statt durch Forschung (wie die Vergangenheit) durch Extrapolation vermittelte Gegenwart. Die Unsicherheitsfaktoren sind so hoch, daß es bei Hypothesen oder gar Utopien bleibt, die aber in der Regel durch Erfahrung bewährt oder korrigiert werden können. Diese Zukunft ist der Zukunft der individuellen Gegenwart vergleichbar, aber mit erheblich geringeren Chancen auf Einlösung als jene. Der Vorrang der Historie vor der Futurologie ist daher berechtigt und bestätigt insofern den Ansatz Gadamers.

Die Umakzentuierung zugunsten der Gegenwartsanalyse schränkt jedenfalls die Allmacht der Geschichte systemisch ein und setzt ein größeres Maß an Kontinuität in seine Rechte ein. Gegenüber Gadamer ist damit die partielle «Entgeschichtlichung von Geschichte» über die Unterscheidung historischer und systematischer Disziplinen hinaus weiter vorangetrieben.[8]

2. *Was ist Anwendung?*

Im vorigen[9] war zu zeigen, daß Gadamers Begriff der Anwendung inkonsistent ist. Verschiedene Strata überlagern einander nämlich, so die einzelwissenschaftliche (und bewußte) juristische und theologische Applikation, die verschiedenen Arten der Anwendung im Bereich der Praxis und der Kunst und schließlich die generelle Anwendung auf den Feldern der Historie und der Kultur, die jedoch überwiegend unbewußt vonstatten gehen soll. Diese letzte Bedeutung ist zusam-

8 Vgl. Gadamers Eingeständnis, sein Buch sei «zehn Jahre zu spät gekommen», das auf den Traditionalismus und die Überhistorisierung des neunzehnten Jahrhunderts verweist. Dazu gehört die Selbstcharakteristik als «Historismus zweiten Grades» W. M., 500 (Anhang zur zweiten Auflage).

9 Vgl. oben S. 26f.

men mit dem damit gekoppelten Begriff der Wirkungsgeschichte das Kernstück von Gadamers Metatheorie. Sie entfaltet eine wirkungsgeschichtlich vermittelte Interpretationslehre, die epochen- und kulturübergreifend wirksam ist, und damit etwas in der Geschichte der Hermeneutik völlig Neuartiges.[10] Sie sucht zwar Rückhalt bei bestimmten Einzelwissenschaften, die im Ansatz gleichfalls nicht subsumptiv und spezifizierend, sondern frei modifizierend «anwenden», doch ist der Unterschied[11] so gravierend, daß es sich allenfalls um eine oberflächliche Parallele handeln kann (bewußte – unbewußte Anwendung, Anschluß an ein gegebenes Allgemeines – Verdeckung des Allgemeinen durch die Anwendung selber, intrasystematische – transeunte Art der Anwendung u.a.). Das Kühne und Provozierende dieser Konzeption liegt gerade darin, daß sie den Gesichtspunkt der Anwendung über den näheren Kontext hinaus auf Fremdkulturelles – früheres und gleichzeitiges – erweitert und dabei die Abweichung von der originären Vorlage stark herausstellt. Dies hat Folgen für die Erkenntnistheorie zunächst der Geisteswissenschaften und dann der ganzen Lebenswelt.

Indessen ist es zunächst nicht sosehr die Unstimmigkeit zwischen einzelwissenschaftlichen (und lebensweltlichen) Modellen und der weiter ausgreifenden interkulturellen Situierung, wie die Unvollständigkeit der Beschreibung von Anwendungsverhältnissen aller Art, die Gadamers Theorienbildung belastet. Zuerst ist darauf zu insistieren, daß Anwendung in allen Bereichen der Lebenswelt und insbesondere in allen praktisch oder technisch ausgerichteten Dis-

10 Chladenius wird oft zu Unrecht als Vorläufer des modernen Antirealismus verbucht (z.B. Gadamer, W.M., 171f.). Tatsächlich ist der ‹Sehepunkt›, entsprechend seiner Herkunft von Leibniz, zwar partikulär, aber nicht kontingent und dem Vergleich mit dem Absoluten nicht entzogen (J. M. Chladenius, 1742 (1969), cap. 8 §308–319, S. 185–196, cap. 9 §510, S. 375, §518–523, S. 382–386, cap. 10 §686). Erst im zweiten Hauptwerk ‹Allgemeine Geschichtswissenschaft› von 1752 dehnt Chladenius die Kategorie des Sehepunktes vom Quellenautor auf den Geschichtswissenschaftler aus. Immerhin ist auch hier die Totalidee der Perspektiven in Approximation erreichbar (mit einem Rest an Unverstehbarem). Die bei Chladenius pejorativ gesehene Perspektivität gibt also – im Unterschied zum hermeneutischen Plus des modernen Interpretationismus – Aspekte der Sache selbst zu erkennen, die sich komplementär zueinander verhalten, sich vom Falschen abgrenzen lassen und die daher insgesamt den traditionellen Korrespondenzbegriff der Wahrheit repräsentieren.

11 Vgl. die treffende Kritik von D. Böhler, 1981, 483ff., bes. 505f.

ziplinen vorkommt.[12] Dazu gehören alle dogmatischen[13] und – an der Grenze zur reinen Theorie – alle systematischen Fächer, ebenso auch alle Techniken (im engeren Sinn) und schließlich die Lebenswelt selbst mit ihrem jeweiligen Erfahrungsfundus, der direkt oder indirekt – durch Weitergabe – angewendet werden kann. Vornehmlich die Kunst, die freilich von der Kunst*historie* zu trennen ist, ist primär gegenwartsbestimmt und anwendungsbezogen, wobei die verschiedenen Niveaus der Anwendung, die von der flüchtigen Lektüre bis zur Aufführung reichen, im einzelnen zu unterscheiden wären. Dies gilt in anderer Weise auch für die geltenden Kunsttheorien und die Techniken der Kunst (die Literatur eingeschlossen).

So sind das Recht und die Theologie dogmatische Systeme, die auf spezielle Situationen «applizierend» angewendet werden, mit einem Zuwachs an Sinn, der nicht unmittelbar aus dem übergeordneten System abgeleitet werden kann. Vergleichbar ist darin schon die aristotelische Praktische Philosophie und Ethik, wo die Lebensklugheit (Phronesis) ähnliche, nicht strikt subsumierbare Anwendungen hinzubringt. Gadamer erschließt nun aus Recht, Theologie und Lebenspraxis dieselbe Struktur für die *Historie*: Auch sie bringt zu einem gegebenen Text ‹Anwendungen› hinzu, die sich dazu ähnlich verhalten wie die Anwendungen in den scheinbar verwandten dogmatischen Disziplinen. Hier wird jedoch der «Sprung in eine andere Gattung» verschleiert, der sich über die Differenz zwischen gegenwartsbestimmten dogmatischen Disziplinen (wozu auch die Praktische Philosophie und die Lebenspraxis zählt) und der auf die Zeitdimension bezogenen, nicht-dogmatischen und zuletzt auch nicht-normativen Historie hinwegsetzt. Anwendung ist prinzipiell nur in der Gegenwart möglich, nämlich innerhalb eines geltenden «Systems». Sie darf aber nicht ohne weiteres auf vergangene Systeme und überhaupt auf die Vergangenheit übertragen werden. Insbesondere ist die Auslegung der Vergangenheit nicht einfach eine Abfolge von wechselnden Bestimmtheiten, wo die Zeitstellen den Situationen der Dogmatik entsprechen sollen. Die historische Dimension ist eben keine systematisch-dogmatische, ja, sie ist ihr in verschiedener Hinsicht entgegengesetzt.

In dem Maße, wie eine Regel, ein Theorem oder ein Kunstwerk an Aktualität verliert, ist es nur noch historisch zu erfassen, d.h., es

12 Vgl. die instruktive Übersicht bei L. Geldsetzer, 1989, 134–137.

13 E. Rothacker, 1954, der freilich die Dogmatiken dem (Diltheyschen) Historismus ein- und unterordnet und so ihrer Funktion nicht hinreichend gerecht wird.

scheidet aus dem Kreis der Anwendungskandidaten aus. Die Reichweite mag dabei je nach dem (vermuteten) Rang der Theorie differieren, entscheidend ist, daß Anwendung gegenwartsbezogen bleibt und vom ‹bloß› Historischen abzugrenzen ist. Das Historische gewinnt dann eine theoretische Qualität, die aus der reflexiven Sicht des Historikers erforscht werden kann. Der Historiker analysiert, zugespitzt formuliert, *vergangene* «Anwendungen», die als solche keine aktuellen Anwendungen mehr sein können und sich darin von allen gegenwartsbestimmten Anwendungen unterscheiden. Geltung und Historisches verhalten sich darum komplementär und gegenläufig zueinander. Aus dieser Sicht hat die Historie, gleichviel welcher Art, keinerlei Anwendungskompetenz, sofern sie sich nämlich mit Nicht-Mehr-Geltendem, vor der Schwelle der Aktualität Liegendem befaßt. Darüber hinaus hat die Historie auch keine zusätzliche Anwendungskompetenz in der Gegenwart,[14] weil der Raum der Gegenwart von der Alltagswelt, den heute maßgebenden Techniken und von den Dogmatiken (und Systematiken) *ihrer* Epoche beherrscht wird. Anwendung ist deshalb insgesamt ein in der hermeneutischen Tradition mit der Dogmatik und Systematik oder mit der ihr entsprechenden Erfahrungswelt des Alltags verbundener Begriff.

Was kann dann aber der von Gadamer vorgeschlagene historische Anwendungsbegriff bedeuten? Jedenfalls muß er von der Kategorie der regulären Anwendung getrennt gehalten und auf eine andere Dimension bezogen werden. Bezeichnen wir die gegenwärtige, normativ wirksame Anwendung als Selbstanwendung und die zugehörige Zuständigkeit als Selbstanwendungskompetenz, dann zeigt sich, daß die Historie über keine solche Selbstanwendungskompetenz verfügt. Historische Resultate oder Anregungen können vielmehr nur sekundär mit einer solchen Selbstanwendungskompetenz vermittelt werden und dadurch indirekt zum Tragen kommen. Das Subjekt einer solchen Selbstanwendung ist natürlich die gegenwartsbestimmte Instanz, sei sie nun als förmlich etablierte technische, wissenschaftliche oder philosophische Instanz oder als Teil der Alltagswelt anzusehen. Gadamer hat diese Instanz zwar in den Einzelwissenschaften respektiert (Jurisdiktion, Theologie u. dgl.), im Ganzen des Geschichtsablaufs aber unthematisiert gelassen. Sie stellt sich in der Philosophischen Hermeneutik einfach als die letzte Stufe des wirkungsgeschichtlichen

14 Die Historie ist nach Gadamer ausschließlich im Verstehen anwendend, nicht etwa erst in der rezipierenden Einholung in die Gegenwart.

Prozesses dar. Tatsächlich liegt hier aber eine Verkürzung des Instanzenpanoramas vor, die es an Hand von Gadamers eigenen Prämissen zu korrigieren gilt.

Gadamer hat nämlich der eigenen Philosophischen Hermeneutik eine Sonderstellung eingeräumt, indem er sie als übergeschichtlich qualifizierte und damit von der wirkungsgeschichtlichen Vermitteltheit ausnahm. Mag darin die Reminiszenz an Kant eine Rolle spielen, das Resultat bleibt festzuhalten: Die Philosophische Hermeneutik, wie Gadamer sie vorstellt, ist eine systematische Disziplin, die zu den historischen Fächern – und Gadamer erkennt sonst nur solche Fächer an – quer steht und mit ihnen nicht auf ein und dieselbe Stufe gestellt werden kann. Dieses Beispiel verrät, daß Gadamer insgeheim die Zwei-Instanzen-Theorie billigt. Man wird dann aber dabei nicht haltmachen können, sondern die weitere Frage stellen müssen, ob etwa auch die Phänomenologie Husserls und die Existenzialontologie Heideggers solche Ansprüche erheben und damit die Unterscheidung des Historischen und des Systematischen zum wenigsten für die Philosophie – wenn schon nicht für die Wissenschaften – auf einer noch breiteren Basis bestätigen. Die Grundlage dafür ist durch die Selbstausnahme der Philosophischen Hermeneutik und die Erwägung, daß sie nur einen Teil der philosophischen Theorie repräsentiert, prinzipiell gelegt. Aber selbst in dem Fall, daß die systematischen Wissenschaften auf die historischen reduziert und als bloßer Abschluß der Wirkungsgeschichte verstanden würden, wäre mit einer Inkonzinnität zwischen der Behandlung der Philosophie und der strukturell gleichartigen Wissenschaft zu rechnen.[15] Die Metatheorie vermag jedenfalls die ihr angesonnene Sonderrolle allein nicht zu spielen.

Gadamers fragile Synthese zwischen Panhistorismus und letztentscheidender Gegenwart ist ermöglicht durch eine Abstraktion auf die Geschichte hin, die die systematisch entscheidende Instanz im dunkeln hält. Die Überbelichtung der Historie und des ihr oktroyierten Anwendungsmodus stilisiert das Geflecht der Instanzen und Faktoren so, daß gerade die «normale» Anwendung unterbestimmt bleibt oder nur als Hinweis auf die neu kreierte transepochale und -kulturelle «Anwendung» zur Geltung kommt. Diese Form des «An-

15 Gadamer neigt dazu, der heutigen Wissenschaft einen (relativierten) Ort innerhalb der Geschichte zuzuweisen. Gadamers Festlegung, daß die Gegenwart auch nur ein Teil der Geschichte sei, wird jedoch durch die Ausnahmestellung seiner eigenen Philosophischen Hermeneutik exemplarisch desavouiert.

wendens» ist jedoch nicht nur kategorial von den bis dahin bekannten verschieden, sondern setzt auch das Subjekt des Anwendens am falschen Platz an: in der Historie selbst und nicht in den grundsätzlich anzuerkennenden dogmatischen oder systematischen Disziplinen und ihren lebensweltlichen Analoga. Die Historie kann dazu nur indirekt beitragen. Das Ausmaß des gespannten Verhältnisses zwischen normaler und außerordentlicher Applikation wird erst deutlich, wenn man das gesamte Feld der regulären Anwendungsformen überblickt. Dann zeigt sich nicht nur die Beschränktheit, sondern auch die äquivoke Andersheit des neuen Begriffs von Anwendung, der auch methodisch – er ist unbeweisbar – hinter der Vielfalt aufweisbarer Anwendungsformen zurücktritt.

Ein Sachgrund für Gadamers egalisierende Behandlung der Historie liegt möglicherweise tiefer. Er hat R. Bultmanns Abfolge der Ausprägungen des Kerygma in der Geschichte im Auge, die er als eine theologische Variante auf ihre originäre existenziale Struktur in Heideggers Seinsgeschichte zurückführen möchte.[16] Gadamer gewinnt also auf dem Weg über Bultmann eine Konkretisierung der Heideggerschen Position, die freilich so eindeutig nicht gewesen war. Dies gilt vor allem für die Unfaßbarkeit einer ersten authentischen Rezeptionsstufe, die bei Bultmann eben durch ein erstes Kerygma ersetzt wird.[17]

Die scheinbare *petitio principii* einer «historischen Anwendung» erklärt sich also wenigstens teilweise aus der besonderen Theorietradition der Philosophischen Hermeneutik: Man muß auf eine vorgeordnete Stufe zurückgehen, die die Geschichte selbst als Anwendungsfälle einer übergreifenden Dogmatik zeigt. Daraus ergibt sich eine Zweischichtigkeit der historischen Betrachtungsweise. Es fragt sich aber, ob sie wirklich existenziale und darüber hinaus kategoriale Allgemeingültigkeit beanspruchen kann.

Gadamer sieht den Humanismus als eine Art von Paralleloffenbarung zur christlichen Offenbarungsreligion, die unvermeidlich eine Geschichte nach sich zieht. Dies ist aber nur *ein* Typus der Religion, der zwar unsere Welt stark geprägt hat, aber nicht absolut gesetzt werden kann. Gadamer übernimmt von Heidegger und Bultmann auch eine existentielle, «eigentliche» Note der Rezeption, die sich

16 Daher die Einordnung Bultmanns als Spezialfall eines hermeneutischen Grundverhältnisses, W. M., 495 f.

17 Hinzu kommt, daß auch Bultmann neben der Historischen Theologie keine Systematische Theologie annimmt.

freilich gegenüber anderen, weniger anspruchsvollen Aneignungsformen behaupten muß und die heute schon wieder verblaßt ist. Insbesondere ist die Reduktion der Geschichte auf die zugehörige eigene Gewordenheit – im Unterschied zu anderen Kulturen – im Zeitalter der Globalisierung zunehmend weniger zeitgemäß. Noch wichtiger ist, daß die eigenwillige Umdeutung der christlichen Tradition auf ein uneinholbares Unbewußtes und die damit zusammenhängende Pluralisierung der Wahrheit nicht als genuin christlich anzusehen sind. Es gibt also Widersprüche und Partikularitäten in Gadamers Geschichtsbild, deren philosophische Authentizität durch die Anlehnung an Bultmann eher problematisiert wird.

Von solchen sehr speziellen Voraussetzungen abgesehen, ist der Entwurf einer «historischen Anwendung» durch eine kühne Analogiebildung erschlossen und darum äußerst riskant. Es sind nur Formalia, die die historische und die dogmatische «Anwendung» zusammenhalten; sie werden aber durch die Andersartigkeit der historischen Materie bei weitem überwogen. Gadamers Versuch, auch die Rechts- und die Kunst*historie* auf eine antirealistische «Anwendung» umzudeuten, schlägt daher fehl.[18] Keine Form der Historie kann unzweideutig antirealistisch verfahren, und daher ist der Terminus der «Anwendung» hier deplaziert.[19]

Die Ausweitung des Begriffs der Applikation auf die historischen Fächer wird durch scheinbare Ähnlichkeiten befördert. Wie in der Kunst das Bild oder das Denkmal, so steht in der Historie der Text im Zentrum. Daß Texte oft instrumentell eingesetzt werden, um zur Sache selbst hinzuführen, wird von Gadamer nicht gesehen und daher jeder Text zum Selbstzweck erklärt. Der literarisch stilisierte Text («eminenter Text») rückt damit an die Seite des Kunstwerks, während die Information als Hauptzweck des Textes vernachlässigt wird. So stellt sich das hermeneutische Tun insgesamt als ein «Sein zum Texte»[20]

18 Gadamer, W.M., 308ff., 438, 450f., 452, 463.

19 Abzutrennen ist die systematische Auswertung historischer Einsichten in einem zweiten und weitergehenden Schritt, der nicht mehr historisch ist. Er vollzieht sich im übrigen bewußt und kann mit dem von Gadamer für die Historie postulierten ‹Anwenden› nicht verglichen werden. Historisch vermittelte Erfahrung ist daher stets realistisch zu sehen und wird demgemäß auch von den Gegenwartswissenschaften «eingeholt». Sie ist natürlich auch von dem okkasionalistischen ‹Anwenden› der dogmatischen Disziplinen zu unterscheiden.

20 W. M., 530, 538 (Nachwort zur dritten Auflage); WW 2, 335.

dar, der undifferenziert mit ontologischen Qualitäten ausgestattet und dadurch aufgewertet wird. Die mündliche Sprache und auch andere Kommunikationsmittel neben der Wortsprache spielen nur eine untergeordnete Rolle.[21] Im übrigen hat man mit Recht moniert,[22] daß die Neuere Hermeneutik die Philologie der Älteren auf die Welterfahrung ausdehnt und damit einen Rechtstitel usurpiert, der beispielsweise auch die Einverleibung der Wahrnehmung begründen soll. Das zugrundeliegende Axiom von der Einheit von Wort und Sache ist in hohem Grade diskutabel und gerade den Erfordernissen der traditionellen Hermeneutik abträglich.

Zumal für die Historie – gleich welcher Spezialisierung – ist der Text primär ein Informationsmittel, das über sich hinausweist auf die Sachen selbst. Das gleiche gilt für die einer Parallelkultur gewidmeten Wissenschaften. Die Definition, daß Applikation die Ausfüllung und Konkretisierung gegenwärtiger Systeme bezeichnet, trifft für alle diese Disziplinen *nicht* zu. Hier wird nicht immer wieder von neuem konkretisiert, sondern ergänzt und fortgeschritten, eingeschlossen Umwege und Fehlleistungen, die durch nachträgliche Falsifikationen und Verbesserungen erkennbar werden. Die Reihe der Interpretationen eines Textes hängt nicht nur nach wirkungsgeschichtlichen Gesichtspunkten und nicht nur nach externen Interessen zusammen, und sie kann auch deshalb nicht als Auflistung von – womöglich gleichwertigen – «Anwendungen» verstanden werden.

3. Geschichte und System

Die herkömmliche Behandlung der Historischen Wissenschaften bewegt sich entweder in den Bahnen der Methodenreflexion – sei es in

21 In der Tat wird in der Philosophischen Hermeneutik das Unterlaufen des Interpretandums durch die Interpretamente dadurch gerechtfertigt, daß man in der Historie die *Texte* isoliert, die so abstrakt und vieldeutig erscheinen, daß sie durch die – virtuell unendlichfachen – Interpretationen leicht ausfüllbar sind. Freilich erweist sich diese Perspektive in verschiedener Hinsicht als defizitär, wenn man die Gegenwartskultur vergleicht und den Begriff der *Kultur* als Oberbegriff auch der Geschichte begreift. Kultur zeigt sich dann in der Gegenwart als durch verschiedene Medien kaleidoskopisch erfaßbar und erlaubt darin Rückschlüsse auch auf die Vergangenheit. Im übrigen werden den Hermeneutikern zufolge nicht schiere Texte, sondern deren schon vorliegende *Interpretationen* weiter interpretiert.

22 L. Wiesing, 2004, 137–151.

der Adaptation an bestimmte Typen der Systematik und deren nomologisch-exaktes Wissensideal, sei es in der abgrenzenden Hervorhebung ihrer Andersartigkeit (Verstehen des Individuellen u. dgl.) – oder aber des traditionellen Begründungsdenkens ontologischer, transzendentaler (hermeneutischer) oder kommunikationstheoretischer Prägung. Im zweiten Falle pflegt man im Sinne Kants die Frage zu stellen, wie (Wissenschaft und insbesondere) Historie ihren Bedingungen nach möglich sei, wobei das Faktum, daß es Historie gibt, immer schon vorausgesetzt ist. Beide Fragestellungen scheinen uns heute nicht mehr hinzureichen, weil sie nicht prinzipiell genug ansetzen. Das *Faktum* der Historie (‹Wozu noch Historie?›)[23] ist selbst problematisch geworden. Es bedarf daher einer weiterreichenden Reflexionsform, die die *quaestio facti* einbezieht und anstelle der traditionellen Begründungsdimension mit Vorrang pragmatische Funktionszusammenhänge ins Blickfeld rückt, die geeignet sind, die Existenz und die Erhaltung von Historie aus dem interszientifischen und kulturellen Kontext heraus systematisch zu rechtfertigen.[24]

Dies impliziert einmal die Absage an jeden Historismus, der das Vergangene folgenlos dahingestellt sein läßt, aber auch umgekehrt an den Humanismus gleichviel welcher Spielart, der die historistische Objektivierung und Distanzierung nicht wahrhaben und den Wissenschaftscharakter von Historie unterlaufen und desavouieren möchte. Demgegenüber ist davon auszugehen, daß beide Wege heute nicht mehr wirklich gangbar sind. Der Humanismus, der ohnehin nur ein Bruchteil des Gewesenen abdeckt, ist durch den Historismus irreversibel blockiert, der Historismus als solcher aber hat mit dem Zerfall des historischen Bildungsideals fortschreitend an Aktualität verloren. Es kommt vielmehr darauf an, den Historismus *pragmatisch* zu überwinden, indem man Historie als Wissenschaft gelten und gewähren läßt und doch zugleich positiv ausnützt für die planmäßige Einholung des Vergangenen in die jeweilige Gegenwart. Dabei ist ferner zu

23 R. Koselleck in: 1971, 1ff. (auch in: 1976, 17ff.) Vgl. ferner W. Oelmüller, 1977.

24 Vgl. Verf., 1974, 74–93. (Dazu die Stellungnahmen von L. Oeing-Hanhoff, Die praktische Relevanz der Philosophiehistorie, in: Philosophie–Gesellschaft–Planung für H. Krings, München 1973, 151 Anm. 39; W. Franzen, Die Geisteswissenschaften und die Praxis, in: Man and World 9, 1976, 113ff.; K.-G. Faber, Zur Instrumentalisierung historischen Wissens in der politischen Diskussion, in: Objektivität und Parteilichkeit in der Geschichtswissenschaft, Beiträge zur Historik 1, 1977, 312.)

einem dritten Weg kritisch Distanz zu halten: dem Versuch, Historie immer schon *formal* mit einem praktischen Fundament vermittelt zu denken, während doch der konkrete materiale Gehalt historischer Forschung nach wie vor historistisch unvermittelt bleibt.

Es liegt in der Konsequenz der wachsenden Szientifizierung der modernen Lebenswelt, die durch den Abbau des Bildungsbegriffs zunehmend bezuglos gewordene Historie den Systematischen Wissenschaften zu affiliieren und durch sie hindurch zwar mediatisiert, aber mit um so größerer Effizienz zur Auswirkung gelangen zu lassen.[25] Die *Mediatisierung* der Historischen Wissenschaften, d.h. ihre Subsidiierung und Indienstnahme als Organon und Zubringer des Systematischen, folgt aus dem Begriff von Wissenschaft selbst erstens in methodischer Hinsicht: Szientifisch erarbeitete Resultate der Historie gelangen nur dann zu optimaler Wirksamkeit, wenn sie szientifisch weiterverarbeitet werden (Erhaltung der Präzisionsleistung, gezielte Applikation, Vollständigkeit der Auswertung, umgekehrt kategoriale Vorgabe und Kontrolle). Sie folgt daraus aber zweitens – nun unter dem umgekehrten Blickwinkel der Systematik – auch materialiter, weil Wissenschaft ihrem Begriff nach auf den Gesamtbestand der einschlägigen Thematik angelegt ist; die Historie muß daher als Erfahrungsquelle prinzipiell in die Systematik einbezogen werden.

Der Begriff der *historischen Erfahrung* gewinnt damit einen neuen Stellenwert und wird bei den folgenden Analysen leitend sein. Er ist abzugrenzen sowohl von der unqualifizierten empirischen, nicht diachronisch dimensionierten Erfahrung wie von der bloß geschichtlichen, vorwissenschaftlichen Erfahrung von Gewesenem. Historische Erfahrung bedeutet demgegenüber positiv die szientifisch, d.h. durch die Historie aufbereitete und vermittelte Erfahrung, die die zugehörige Systematik aus Vergangenem zieht (Die Systematik ist daher das Subjekt der historischen Erfahrung). Insbesondere ist die historische Erfahrung allen prä- und subszientifischen Weisen des Geschichtsverhältnisses – ob monumentalisch, antiquarisch oder kritisch verstanden – als ein Novum *sui generis* gegenüberzustellen, das

25 Bestimmte verbleibende nichtmediatisierte Leistungen der Historie (direkte Politikberatung, kritische Aufklärungsarbeit zumal der Zeitgeschichte in der Öffentlichkeit, schließlich akzidentieller Einfluß auf geschichtliches Identitätsbewußtsein, Erziehung und Bildung) werden durch diese Grundentscheidung nicht tangiert (auch in diesen Fällen wird sich jedoch die Historie mit den die moderne Lebenswelt zunehmend regulierenden systematischen Wissenschaften arrangieren und in ein kooperatives Verhältnis setzen müssen).

darauf nicht reduziert werden kann. Erfahrung wird dabei nicht auf Prozesse der Bewährung oder Falsifikation eingeschränkt, sondern in erweiterter Bedeutung auf alles bezogen, was zur originären Theorienbildung hinzutritt, sie in verschiedener Weise in Frage stellt und seinerseits von ihr kritisch verarbeitet wird – also nicht nur historisch vorgegebene Daten und Fakten, sondern auch tradierte Theorien, Hypothesen, Methoden oder Terminologien.

Die Analyse des Begriffs der historischen Erfahrung, wie sie im folgenden vorangetrieben wird, geht Hand in Hand mit der Rehabilitierung einer heuristischen Entdeckungs- und Forschungslogik gegenüber dem in der Wissenschaftstheorie herkömmlichen Monopolanspruch der Rechtfertigungs-, Geltungs- und Bewährungslogik. Selbst im engeren Bereich der Wissenschaftstheorie mehren sich die Anzeichen für die Wiederaufwertung der Heuristik (Feyerabend, Spinner, Sachsse u. a.),[26] die nicht mehr in die Psychologie abgedrängt, sondern als die eigentliche «Logik der Forschung» anerkannt zu werden beginnt. Diese Entwicklung konvergiert mit der durch Fleck und Kuhn initiierten Steigerung der Rezeptionsbereitschaft für die Wissenschaftshistorie, ohne daß die Konsequenzen für die Heuristik schon voll gezogen worden wären.[27] Die vornehmlich mit Kuhns Namen verknüpfte theoriendynamische Diskussion entnimmt der Metahistorie grundlegende Einsichten für die Metatheorie, doch steht die Nutzanwendung für die aktuelle Theorienbildung weitgehend noch bevor: Wenn die metahistorische Reflexion die ältere, naive Teleologie linearen Fortschreitens aufgebrochen, die Paradigmen relativiert und nivelliert und zunehmend die Kontingenz ihrer Abfolge enthüllt hat, dann können vergangene Paradigmen grundsätzlich nicht für überholt gelten, sondern müssen als potentielle Träger unausgeschöpfter Erklärungsmöglichkeiten weiterhin in Rechnung gestellt und heuristisch für die Theorienbildung zur Verfügung gehalten werden. Aus der jüngsten Wendung der Metahistorie folgt demnach eine gesteigerte heuristische Valenz der Wissenschaftshistorie für die Systematik, der ihrerseits ein reicheres heuristisches Potential an Methoden, Theorien und Hypothesen zu Gebote steht als vor der «historistischen» Reflexion. Die Rolle der Wissenschaftshistorie erschöpft sich daher nicht in der Exemplifizierung prinzipieller theo-

26 H. F. Spinner, 1974, 1506f.; H. Sachsse, 1974, 2, 29ff.; P. K. Feyerabend, 1976, 230ff.

27 Vgl. indessen Feyerabend, a.a.O., 70ff.; Spinner, a.a.O.

riendynamischer Sätze; sie muß vielmehr in der Metatheorie noch einmal in anderer Funktion, nämlich als Teil der Heuristik im Blick auf das *come-back* älterer Theorien in Erscheinung treten. Dieser Funktionalisierung der Wissenschaftshistorie wird Vorschub geleistet durch die wachsende Abkehr vom rigorosen Falsifikationismus, die einem auf Langfristigkeit angelegten Bewährungsbegriff Raum bietet (Lakatos, Feyerabend, Sneed, Stegmüller, Ströker, Rapp u.a.), und generell durch die Geschichtlichkeit der Systematik wie der Historie, die immer wieder von neuem eine Überprüfung der Zuordnungsmöglichkeiten erforderlich macht.

Das Beispiel der Wissenschaftshistorie, zumal der naturwissenschaftlich orientierten, kann freilich für andere Bereiche, wo die Historie der Systematik weniger Theorien als Faktenmaterial und Datenkränze an die Hand gibt, nur modifiziert und *per subtractionem* Aufschluß bieten. Demgemäß wird im folgenden zwischen verschiedenen Modellen der Zuordnung zu spezifizieren sein.

Hier ist es nun das unterscheidende Merkmal der historischen und ähnlich der fremdkulturellen Isomorphie gegenüber der intersystematischen derselben Epoche (und desselben Kulturkreises), daß *auch der Kontext* des Modellsystems lediglich isomorph und nicht identisch bestimmt ist. Mit dieser Zusatzbestimmung können jedoch die spezifischen Probleme des Zeitenabstands strukturell umdefiniert und weitgehender Rationalisierung zugänglich gemacht werden. Isomorphie und Analogizität bilden offenbar das Kernstück einer Forschungslogik, welche die rein systematisch wie die historisch operierende Heuristik übergreift und verbindet.[28] Sie haben vor dem Begriff der Typaffinität den Vorzug, daß sie den Typus-Begriff strukturell entfalten – er ist jetzt das Ison der Isomorphie – und sich dadurch unmittelbar auf Systeme beziehen lassen, und daß sie ferner den Findungsprozeß – analogische Extrapolation fehlender Glieder in isomorphen Gefügen – im einzelnen präzisieren und analytisch durchsichtig machen. Dafür ergeben sich noch eine Reihe weiterer Gesichtspunkte: Aufgrund der Isomorphie zweier Systeme werden einzelne Analogien ausgezogen und damit weitere Glieder angeglichen. Das Modellsystem läßt m.a.W. am eigenen System bisher unerschlossene Möglichkeiten sichtbar werden und fordert zur Paralleli-

28 Vgl. dazu auch den weit ausgreifenden Artikel ‹Analogie› von H. Holz, 1973, bes. 56f. (H. trennt indessen zwischen systematischer und historischer Heuristik, ohne im Sinne der hier vertretenen These die zweite auf die erste zu beziehen).

sierung heraus. In der Konsequenz des Analogisierens liegt indessen die Umwandlung des eigenen Systems zum Isomorphon seiner selbst: Indem die Ausgangsposition als Isomorphon des Modells durchdacht wird, wird dieses angeeignet und integriert, wodurch die Ausgangslage eine dritte, sich selbst *und* dem Modell isomorphe Gestalt annimmt. Es handelt sich, wie leicht zu erkennen ist, um einen Spezialfall des hermeneutischen Zirkels, wie umgekehrt die Hermeneutik durch die Begriffe der Isomorphie, Isotopie, Homologie,[29] Analogizität u. dgl. eine logische Präzisierung zu erfahren verspricht, die im Idealfall bis zur Grenze der Arithmetisierbarkeit reicht.[30]

Im Interesse der Abgrenzung der systematischen Transformation vom historisch-hermeneutischen Verfahren sei diese Thematik kurz verfolgt: In allem Erkennen und Verstehen werden Beziehungen gesetzt und Isomorphien statuiert (wie in allem Nichtverstehen Unverhältnisse und Anisomorphien) – schon in der Erkenntnisrelation überhaupt,[31] in ausgezeichneter Form dann im eigentlichen Verstehensvorgang, vor allem szientifischer Art.

In diesem strukturellen und begrifflichen Horizont, der alles Erkennen und Verstehen bestimmt,[32] ist nun der Fall der Systematischen Wissenschaften genauer einzugrenzen. Die Systematik, soweit sie sich historische Erfahrung zunutze macht, *versteht* Vergangenes nicht lediglich wie die Historie, sondern *transformiert* es bewußt ins Gleichzeitig-Gegenwärtige. Anders als der rekonstruierende Historiker bereitet sie es planmäßig auf, indem sie es in neue konstruktive

29 Die Unterscheidung zwischen Homologie (strukturelle Ähnlichkeit) und Analogie (funktionelle Ähnlichkeit) sowie zwischen Isomorphie (Strukturverwandtschaft) und Isotopie (partielle Eigenschaftsgleichheit) wird hier nicht weiterverfolgt; vielmehr wird generell von Analogie und Isomorphie gesprochen.

30 Bei der gewiß berechtigten Analyse und Zurückführung des «hermeneutischen Zirkels» auf eine Natur- und Geisteswissenschaften verbindende Forschungslogik wie etwa der *trial-and-error*-Methode (H. Sachsse, 1971, 259ff.; W. Stegmüller, 1972, 21ff.; K. Hübner, 1975, bes. 115f.) vermißt man die weitergehende Reflexion, daß die in einem Theoriesystem B zu integrierenden Fakten in der Regel zugleich aus einem im weitesten Sinn isomorphen System A meist vorwissenschaftlicher Art analogisch ausgegliedert werden.

31 Gegensatz setzt Analogie und Identität auf einer Ebene von höherem Allgemeinheitsgrad voraus, weil nur so Vergleichbarkeit gewährleistet ist.

32 Ganz abzusehen ist natürlich in diesem Zusammenhang vom Analogisieren als Methode zur Erschließung unbekannter Fakten auf seiten des historischen *Gegenstandes*, wie sie die Historie mit der Forschungspraxis vieler Wissenschaften teilt.

Zusammenhänge stellt, die von der diachronen Dimension völlig absehen. Dies bedeutet zunächst, daß sie unter dem historisch Verstandenen und Gedeuteten eine enge Auswahl trifft nach Maßgabe des systematisch Verwertbaren und Relevanten. Es impliziert ferner einen Geltungs- und Wahrheitsanspruch, den so weder der dem Vergangenen zugewandte Historiker noch auch der subszientifisch verfahrende Humanist vertreten können. Zwar wird der Historiker, indem er verstehend Isomorphien setzt, zumindest unbewußt auch Analogien ziehen, die für den Systematiker richtungweisend sein können, und damit schon eine partielle Transformationsleistung erbringen, wie umgekehrt das Isomorphien-Setzen der Historie durch die Systematik vorbestimmt sein wird.[33] Insofern haben Historie und Systematik akzidentiellerweise auch am jeweils anderen Part Anteil und überschneiden sich in ihren Funktionen. Gleichwohl sind die Schwergewichte verschieden gesetzt. Pointiert ausgedrückt: Während die Historie *re*konstruiert, konstruiert die Systematik (wie sehr auch immer unter Zuhilfenahme von Rekonstruiertem). Oder anders gewendet: Die Historie liefert Isomorpha, die kompetente Analogisierung fällt der Systematik zu. *Die systematisch gelenkten heuristischen, selektiven und transformativen Prozesse müssen daher von den bloßen Verstehensprozessen der Historie abgehoben werden.* Ein Modellverhältnis kann nur von der Systematik zureichend begründet und anerkannt werden, und das jeweils gesuchte Analogon hat, einmal gefunden, die Tendenz, das zugehörige Analogatum überflüssig zu machen.

Das Prinzip der Mediatisierung der Historie durch ihre Affiliation an die Systematik konkretisiert sich, wie im vorigen wiederholt zu erkennen war, in der Ausgliederung von *Spezialhistorien* aus der unspezialisierten allgemeinen Historie. Rechts-, Wirtschafts-, Sozial-, Religions-, Kunst-, Wissenschafts- oder Philosophiehistorie sind *per definitionem* von einer bestimmten Systematik her konzipiert, kategorial von ihr mitbestimmt und potentiell als Organon ihr zugeordnet. Vermöge der systematisch begründeten Spezialisierung der Fragestellung sind sie in der Lage, gezielt historische Erfahrung an die zugehörige Systematik zu vermitteln, und dadurch recht eigentlich die Ausgangsbasen des Transformationsprozesses.

Die Spezialhistorien erschließen den Gesamtkomplex der Ge-

33 Darüber hinaus kann die Systematik, die historisches Material *als* systematisch relevant *versteht*, die Isomorphisierung weitertreiben.

schichte zunächst exhaustiv in vielstrahliger analytischer Auffächerung, wobei einer zunehmend differenzierten Systematik ein immer differenzierteres Geflecht von Spezialhistorien korrespondiert, die ihrerseits interdisziplinär untereinander kommunizieren (z.B. die Numismatik als Zubringerin und zugleich Rezeptorin der politischen Historie, der Literatur- und Kunsthistorie usw.). Da eine Systematik durch historische Ausläufer in verschiedenen Epochen und Kulturen repräsentiert wird (z.B. die Jurisprudenz durch mittelalterliche, antike oder altorientalische Rechtsgeschichte), folgt auf die Phase der Analyse des Heterogenen durch den Kreis der Spezialhistorien in einem zweiten Schritt die je spezifische Neuzusammenfassung und verarbeitende Synthese des Gleichartigen aus verschiedenen Einzugsgebieten durch die zugehörige Systematik. Daran schließt sich als weiterer Schritt die Vermittlung an sekundäre und tertiäre Systematiken an, gemäß dem Umstand, daß auch die Systematiken vermöge ihrer Interdependenzen aneinander partizipieren (z.B. die Rechts- oder Kulturphilosophie oder die Verwaltungswissenschaft an der Jurisprudenz). So betrachtet folgt demnach auf eine Phase der Heterogenisierung eine Phase der Homogenisierung des Materials, die in eine neue Enthomogenisierung auf der Ebene der Systematik und vollends der praktisch-technischen Anwendung übergeht.

Gegenläufig zum Prozeß der Aufgliederung wirkt die kategoriale Vorgabe der Systematik zumal für die Spezialhistorie, vor allem aber der notwendige Rückgang zur Komplexheit der historischen Phänomene, der für die Systematik eine Kontroll- und Korrekturfunktion besitzt. Die Historie – die spezialisierte wie die unspezialisierte – hat vor der Systematik, und innerhalb der Historie wiederum hat die unspezialisierte vor der spezialisierten, einen Vorsprung an empirischer Konkretheit und Komplexheit, der in die Transformation nach Möglichkeit eingebracht und daher durch wiederholten Regreß aufgearbeitet werden muß. Die Historie liefert nicht nur Randbedingungen für systematische Sätze, die zum Abbau von *ceteris paribus*-Formeln beitragen, nebst Tests und Anwendungen, sondern vermag auch die zwangsläufig isolierten und abstrakten Aspekte systematischer Spezialisierung in den Zusammenhang vielfältiger realer Verflechtungen und Interdependenzen zurückzuversetzen.[34] Es ist die positive Kehr-

34 Vgl. zum Folgenden die grundsätzlich wichtigen Ausführungen von M. R. Lepsius, 1972, 55ff. Eine Anwendung auf das Verhältnis von Medizin und Medizinhistorie bei E. Ackerknecht, 1967, 2.

seite des relativ niedrigen Theoriestatus der Historie, daß sie den Phänomenen – dem Einzelnen gegenüber dem Generellen und dem Ganzen gegenüber der Teilansicht – näher steht. Die Historie ist zwar amorpher, aber auch «totaler» und enthält daher ein übergreifendes empirisches Element, das als solches schwer ersetzbar ist. Darin, daß sie politische, wirtschaftliche, geographische, religiöse, kulturelle und geistesgeschichtliche Aspekte noch – oder wieder – zusammensieht, liegt eines ihrer Spezifika, weit mehr als in der Thematisierung von Verläufen und Ereignissen. Der wiederholte Regreß zur Historie bringt daher stets einen neuen Erfahrungszuwachs mit sich. Dies gilt bereits für das Verhältnis der Systematik zur Spezialhistorie, die darin zwischen der Systematik und der unspezialisierten Historie eine Mittellage einnimmt, und vollends für den Rückgang zum integralen Phänomenbestand *vor* der Spezialisierung. Beidemale erweist sich die Geschichte nicht nur als primäre Erfahrungsquelle, sondern auch als methodisches Korrektiv in der Funktion eines Experimentallabors und Praktikums der Systematik.

Freilich stellt sich die Frage, inwieweit die Vorzugsqualitäten der Historie bruchlos umgesetzt werden und in die Systematik eingehen können. Stoßen die Möglichkeiten des Transformationsprozesses nicht an der Unauflösbarkeit der Geschichte, der negativen Kehrseite ihrer positiven Qualifikation, an eine unüberwindbare Schranke? Besteht m.a.W. ein Komplementärverhältnis zwischen dem empirischen Reichtum der Historie und dem hohen Theoriestatus der Systematik? Das Problem ist in der neueren Diskussion vor allem zwischen Soziologie und allgemeiner Historie, die weitgehend ohne Vermittlung von Spezialhistorien aufeinandertreffen, zutage getreten und von kompetenten Beurteilern beider Wissenschaftszweige formuliert worden.[35] Die dabei zuweilen geäußerte kritische Reserve enthält gewiß einen richtigen Kern,[36] der aber nicht davon abzuhalten braucht, durch

35 Vgl. die von H.-U. Wehler herausgegebenen Sammelbände von 1972 und 1973, ferner den von P. Chr. Ludz 1972 herausgegebenen Sammelband, das von W. Conze 1972 herausgegebene Sammelheft sowie die Artikel von R. Vierhaus, 1973, und S. M. Lipset, 1972[8], 477ff. Eine Zusammenfassung der Diskussion bietet W. Schulze 1974.

36 In der bisherigen Diskussion kommt freilich nicht genügend zum Ausdruck, daß die wiederholt und mit Recht betonten Inkongruenzen zwischen (allgemeiner) Historie und Soziologie teilweise darauf beruhen, daß die Historie daneben auch anderen systematischen Fragestellungen unterliegt (z.B. der Psychologie, Politikwissenschaft, Ökonomie).

verschiedene, einander ergänzende methodische Vorkehrungen der Negativität der Historie die Positiva abzuringen und approximativ transponibel und theoriefähig zu machen.

Was die vielberufene Antithese des Historisch-Individuellen zum Generellen der Systematik angeht, so hat seinerzeit selbst H. Rickert anerkannt,[37] daß sowohl die Historie wie die Systematik mit Individuellem *und* Generellem zu tun haben und daß die Differenz nur in der Intention bestehen könne. Dies bedeutet, daß faktisch Überschneidungen vorliegen und daß es eine ganze Reihe von Höhenlagen des Allgemeinen gibt, auf denen Historie und Systematik gemeinsam operieren.[38] Damit sind aber die Voraussetzungen für die Transformation des typologisch Verwandten gegeben, wobei die Typaffinität nach dem Vorigen als Isomorphie näher zu präzisieren ist. Hinzu kommt, daß die moderne Historie nicht mehr, wie es die von der Romantik inspirierte Theorie der Kulturwissenschaften etwa bei Rikkert postulierte, das Generelle nur als Mittel zur Erfassung des Individuellen einsetzt, sondern ihrerseits bewußt die Herausarbeitung idealtypischer Regelmäßigkeiten, Gleichförmigkeiten und Verwandtschaften um ihrer selbst willen betreibt (‹Die hellenische Polis›, ‹Der Staat der Athener›, ‹Das Wesen der Revolution›).[39] Insbesondere, aber keineswegs ausschließlich, trifft dies wiederum für die Spezialhistorien zu, die naturgemäß ihre zugespitzte Fragestellung auf einem generelleren Niveau entfalten können als die mehr im Narrativen verbleibende unspezialisierte Historie.

Historische Fakten, die *nicht* im Zusammenhang eines historischen Systems stehen und durch diesen Zusammenhang überhaupt erst sichtbar werden, gibt es jedenfalls ebensowenig wie umgekehrt eine zeitgenössische Systematik, die solche Fakten summierend, klassifizierend und archivierend allererst zu einem «System» zusammenfügte. Ein solcher Systembegriff ist hier ganz fernzuhalten. Die bloße Summierung des historisch Vorfindlichen schlösse die Probleme des

37 H. Rickert, 1929^5, 29, 304–478, 737 ff. (Anhang I und II).

38 Rickert möchte die Unterscheidung zwischen nomologischen und idiographischen Wissenschaften ohnehin nur idealtypisch – mit zahlreichen Mischtypen – verstanden wissen. Dabei kann sogar die Situation eintreten, daß die Historie vorübergehend auf einem allgemeineren Niveau operiert als die Systematik.

39 Wie umgekehrt selbst die Naturwissenschaften – man denke an beschreibende Disziplinen wie die Geographie oder Selenographie – sich nicht durchweg auf nomologische Zielsetzungen festlegen lassen.

Zeitenabstandes und der Transformation, aber auch die Vorstellung einer produktiv fortschreitenden systematischen Wissenschaft von vornherein aus. Von Transformation kann sinnvollerweise nur dann und nur soweit die Rede sein, wenn und soweit historische Resultate einem eigenen Kenntnis-, Forschungs- und Interessenstand selektiv adaptiert und verarbeitend einverleibt werden.[40] Das jeweils aktuelle System, das die Systematik intendiert, ist daher nicht als «System überhaupt», das alle geschichtlich aufgetretenen Möglichkeiten einschließt, sondern ein bestimmtes geschichtliches System unter anderen Systemen, das seine Endlichkeit mit ihnen teilt. Der täuschende Schein eines Übersystems drängt sich nur deshalb auf, weil die jeweilige Systematik mit einer *Mehrzahl* historischer Einzugsgebiete kommuniziert. Dieses Verhältnis kann jedoch nicht als Subsumptionsverhältnis von Einzelnem und Allgemeinem gedeutet werden, da sich das gegenwärtige System zu den vergangenen (oder fremdkulturellen) lediglich *eklektisch* verhält und es sich daher prinzipiell um ein Nebeneinander mehrerer Systeme des gleichen Niveaus handelt. Diese grundsätzliche Klärung schließt jedoch ein Mehrwissen der gegenwärtigen Systematik nicht aus.

Zu den Implikaten einer Theorie historischer Erfahrung, wie sie im vorigen skizziert ist, gehört die Einsicht der allgemeinen Systemtheorie (v. Bertalanffy, Rombach, Piaget, vgl. auch Luhmann u. a.),[41] daß die Genese, Dynamik und Evolution von Strukturen und Systemen ihnen nicht äußerlich ist, sondern wesentlich inhäriert. Der in der Geschichtlichkeit der Systeme wurzelnde System*wandel* schafft aber eine enge Affinität zwischen Systematik und Historie: Die Historie, die sich ihrerseits mehr und mehr als System*theorie* (vergangener Systeme) versteht, kann in eine ständig sich wandelnde zeitgenössische Systematik chancenreich einbezogen werden, weil der permanente Austausch, der sich mit der Eliminierung verbrauchter und der Assimilierung neuer Möglichkeiten an der Systematik vollzieht, auch die

40 Ausnahmen gibt es allenfalls im naturwissenschaftlichen Bereich, wenn Daten für damals wie heute geltende Systemzusammenhänge zufällig verspätet, d. h. in aus der Vergangenheit herreichenden Medien entdeckt und vermittels der Historie nutzbar gemacht werden (z. B. in der Astronomie). Der Transformationsvorgang beschränkt sich in solchen Fällen auf die philologische Aufbereitung des Materials.

41 L. v. Bertalanffy, 1968, 139 ff.; H. Rombach, 1971, Teil II und III; J. Piaget, 1973; N. Luhmann, 1975, 2, 103 ff., 150 ff. Vgl. ferner den Sammelband von W. L. Bühl, 1975.

analogische Reaktualisierung und Refunktionalisierung älterer, vorübergehend stillgelegter Momente einschließt. Wir müssen uns dabei von dem auf einer Abstraktion beruhenden Gedanken freimachen, daß der Wandel von Systemen rein linear fortschreite. Die Strukturen geschichtlichen Wandels sind – dies hat die neuere metahistorische Besinnung selbst für die exakten Wissenschaften gezeigt – in Wirklichkeit komplexer: Sie schließen potentielle Rückbeugungen, Spiralbewegungen, retrograde Rotationsprozesse ein, die zur Enthistorisierung und Neuintegration einmal ausgestoßener Elemente führen können. Darin liegt der Grund der Möglichkeit, daß Historie und Systematik produktiv miteinander zu kommunizieren und aneinander zu partizipieren vermögen.

In dem Maße, wie Historie sich als Theorie vergangener Systeme und ihrer Veränderungen begreift, kann das Spezifikum und zugleich die Grenze von Historie nicht mehr mit ihrem Status als Reflexionswissenschaft (K. Gründer)[42] prozessualer Ereignis- und Verlaufsformen (Koselleck, Melville[43] nach Teggart, Braudel u. a.[44]) von narrativer Kontinuität (Danto)[45] definiert sein. Historie wäre damit unterbestimmt, weil sie nicht nur Ereignis-, sondern ebensosehr und mit der Ausbildung von Spezialhistorien zunehmend Strukturwissenschaft und Systemtheorie ist,[46] die nicht längsschnitthaft (diachron) erzählend, sondern querschnitthaft (relativ-synchron) beschreibend und erklärend verfährt (‹Die römische Religion›, ‹Die Kultur der Renaissance in Italien›, ‹Die Gattung der Saurier›). Umgekehrt kann Prozessualität schon deshalb kein *proprium* historischer Entwick-

42 K. Gründer, 1971, 101 ff., bes. 108 ff.

43 R. Koselleck, 1973 a, 211 ff. K. gibt in seinem zweiten Beitrag (ebd. 560 ff.) der beschreibenden Strukturhistorie mehr Raum, relativiert sie aber wieder durch die Beziehung auf lang- oder mittelfristige Verläufe. Vgl. im übrigen in ‹Poetik und Hermeneutik› V die Beiträge von W. D. Stempel (325 ff., 586 ff.), P. Szondi (540 ff.), H. Lübbe (542 ff.) und H. R. Jauss (554 ff.) sowie die Diskussion von G. Melville, 1975, 188 ff., bes. 203 ff.

44 H. Teggart, 1918, 124 ff.; F. Braudel, 1972, 189 ff. (Original 1958, 725 ff.); dazu M. Wüstemeyer, 1967, bes. 27 ff.; D. Groh, 1971, bes. 302 ff.; V. Rittner, 1974/1, bes. 67 ff., vgl. 153 ff.

45 A. C. Danto, 1974, bes. Die Kapitel VII-IX, XI (vgl. die Präzisierungen bei H. M. Baumgartner, 1972, bes. 249 ff.)

46 Würde man demgegenüber auf die spätphänomenologische Auflösung des Bewußtseinsstromes in ‹Geschichten› bei W. Schapp (1953, 1976²; 1959) rekurrieren wollen, so wäre das Spezifische der Historie bei weitem überschritten (da sich dann alles in «Geschichten» auflöst).

lungen sein, weil sie auch innersystematisch in Gestalt funktionaler Abläufe oder zwar systemtranszendierend und damit geschichtlich, aber noch nicht – wie erst jenseits der Schwellenwerte eines gewissen zeitlichen Abstands und einer gewissen Bedeutsamkeit – historisch begegnet (z. B. in evolutiven Prozessen von Organismen). Historizität und Prozessualität überlappen einander also nur. Vor allem aber wird man die im Bereich der Historie erarbeiteten Prozeßkategorien nicht isolieren, sondern auf die generelle Dynamik der Strukturen und den Wandel der Systeme beziehen und als eigene Spezies darein integrieren müssen. Eine kategoriale Typologie historischer Ereignis-, Verlaufs- und Zustandsformen wird dann in eine allgemeine Theorie des Systemwandels ebenso eingehen wie die von der historischen Einzelforschung eruierten *einzelnen* Verläufe und Ereignisse in die Trendforschung oder die typisierende Theorienbildung der einschlägigen Systematik. Wenn ferner System und Systemwandel in die Kompetenz derselben Wissenschaft fallen, wird auch die begriffliche Inkommensurabilität zwischen Verläufen und Strukturen (Groh)[47] zum wenigsten durch pragmatische Korrespondenzregeln überbrückt werden können, die es erlauben, Prozesse in strukturelle Größen umzuformulieren.[48]

Über das Maß des Transformablen und Rezipierbaren entscheidet jeweils die zuständige Systematik. Die Historie kann aber ihrerseits nicht in der Anpassung an die jeweiligen Interessenschwerpunkte der Systematik aufgehen, sondern muß daneben Spielräume künftiger Verwertbarkeit bereitstellen, also langfristig prophylaktische Vorarbeit für mögliche Chancen der Reaktualisierung leisten. Einer Metatheorie der Historischen Wissenschaften fällt nicht zuletzt die Aufgabe zu, die Kooperation von Historie und Systematik dadurch zu befördern, daß sie die Bedingungen solcher Kooperation mit ihren begrifflichen Mitteln noch weiter aufklärt.

47 D. Groh, 1973, 88 f.; K.-G. Faber, 1974, 238 ff. (Nachwort zur dritten Auflage).

48 Ein – freilich nur begrenzt tragfähiges – Modell bietet hier die Poetik an (zu ihrer Vorbildlichkeit bei der Entstehung des modernen ‹Geschichts›-Begriffs R. Koselleck, 1967, 204 f.): Narrative Kleinformen wie Fabel und Exemplum entfalten anhand typischer Verläufe eine «Moral», die als Sentenz oder Maxime formuliert, erlernt und weitergegeben werden kann (K. Stierle, 1973, 347 ff., bes. 354 ff.).

4. *Historische Erfahrung durch Analogie*

Generell ist auszugehen von der Modellfunktion vergangener Systeme für die gegenwärtige und künftige Systematik, wobei wir uns unter Absehen von theoretischen Erklärungs-, Repräsentations- oder Phantasiemodellen auf einen rein heuristischen Modellbegriff zu beschränken haben.[49] Er ist logisch in die folgende, vom Allgemeineren zum Spezielleren fortschreitende Dependenzreihe einzuordnen: Identität/Diversität → Relationalität → Analogie → Isomorphie → Modell → *historisches Modell.*

Wir verstehen demgemäß unter einem *Modell* ein heuristisch angewandtes Isomorphie-Verhältnis zweier Systeme,[50] unter *Isomorphie* ein System von Analogien zwischen zwei Systemen (derart, daß sich Isomorphie aus Analogien als ihren Elementen aufbaut), mit einer prinzipiellen Eins-zu-Eins-Entsprechung und daher mehreren bis vielen Bezugspunkten. *Analogie* ist ‹Verhältnisgleichheit›, d.h. Entsprechung einer Relation von Gliedern in zwei verschiedenen Systemen (a:b = c:d, wo a und b zum System I, c und d zum System II gehören). Sie fällt in die Zuständigkeit der Relationenlogik und steht zuletzt im Horizont von Identität und Diversität. – Für die Nachkonstruktion heuristischer Transformationsprozesse ist die Unterscheidung zwischen Isomorphie und Analogie unentbehrlich. Zwar erlaubt schon die viergliedrige Analogie den extrapolierenden Rückschluß auf das fehlende vierte Glied (a:b = c:x). Doch ist es in der Regel die isomorphe Korrespondenz des Gesamtgefüges, die aus einer Vielzahl von Einzelanalogien zusammengesetzte Grund-Entsprechung zweier Relationssysteme, die das eigentliche heuristisch produktive Modellverhältnis ausmacht und aufgrund deren bestimmte einzelne unbekannte Glieder hinzuerschlossen und in die Hypothesen- oder – bei Bewährung – die Theorienbildung des neu zu formierenden Systems aufgenommen werden. Die Isomorphie des Ganzen bedingt daher das Ausziehen von Analogien *en detail.*[51] Im übrigen versteht es sich

49 Zur Typologie des Modellbegriffs P. Achinstein, 1968, bes. 212ff., 222ff., 248f.; M. B. Hesse, 1963; W. K. Essler, 1971, II 39f., H. Stachowiak, 1973, bes. 128ff.

50 ‹System› wird hier im Sinne der allgemeinen Systemtheorie als Explikat der spezialwissenschaftlichen Systembegriffe verstanden und ist demgemäß weit zu fassen.

51 Dabei kann natürlich das Verhältnis des Ganzen – der Summe aller übrigen Relationen – zum fraglichen Glied wiederum zusammenfassend als Analogieverhältnis gedeutet werden (A:b = C:d).

von selbst, daß die Differenzierung zwischen Isomorphie und Analogie relativ bleibt: Isomorph ist der jeweils übergeordnete Gesamtzusammenhang, der aber in anderer Perspektive selbst nur als analog erscheinen mag, wie umgekehrt die einfache Analogie im Blick auf Subanalogien selber isomorph auftreten kann.

Ein und dasselbe Modell kann graduelle Abstufungen von Isomorphie aufweisen: Um einen harten Isomorphie-Kern können sich vagere Formen des Isomorphen mit bloß potentieller Analogizität gruppieren, die schließlich ins Anisomorphe, ja Heteromorphe übergehen, wo allenfalls Emergenzanalogien zu erwarten stehen. Zur Isomorphie gehört ferner bis zu einem gewissen Grade der Umkreis und die gesamte Konstellation der beiden ineinander abzubildenden Systeme.

Die weitere Präzisierung der Transformationsbedingungen zwischen Historie und Systematik knüpft passend an die neuere wissenschaftstheoretische Diskussion der Theorien-Relation und Theorien-Reduktion an.[52] Freilich ergeben sich dabei nur partielle Berührungen. So muß, um über den begrenzten Bereich der Wissenschaftshistorie hinauszugelangen, von Theorien-Relation auf System-Relation hin generalisiert werden; andererseits müssen von den drei Haupttypen der Theorien-Reduktion zwei: der strenge logischer Äquivalenz (Homogeneität, Inklusion) und der weiteste eines rein pragmatischen Effizienzvergleichs für die Analyse historisch-systematischer Transformationsprozesse als zu eng oder zu weit außer Betracht bleiben. Dagegen bietet der – in sich stark variable – mittlere Typus approximativer Abbildbarkeit und beschränkter Übersetzbarkeit mit Hilfe von Korrespondenzregeln, zu dem auch das Modellverhältnis gerechnet werden kann, brauchbaren Anhalt.

Es handelt sich des näheren darum, den für intrasystematische Zusammenhänge vorgegebenen Begriff der *Korrespondenzregel* auf die diachrone Dimension zu übertragen und ihm als Transformationsregel zwischen Historie und Systematik einen präzisen Sinn abzugewinnen. Dabei ist eine Abgrenzung nach zwei Seiten hin zu

52 Den detailliertesten Überblick über die Typen der intertheoretischen Relation bietet M. Bunge, 1970, 285 ff. Zum engeren Begriff der Reduktion vgl. besonders E. Nagel, 1961, Kap. 11, 336ff.; K. F. Schaffner, 1967, 137ff.; L. Sklar, 1967/8, 109ff.; F. v. Kutschera, 1972, II. 382ff.; W. Stegmüller, 1973, 139ff., 247ff., 282ff.; ders., in: 1974, bes. 198ff.; ders. 1975, II 528ff.; L. Krüger, in: 1974, bes. 240ff. (mit weiterer Literatur); ders., 1974 b, bes. 14ff.; E. Ströker, 1974, bes. 61ff.

vollziehen: Da diese Regeln das einzelne hermeneutische und transformative Tun orientierend leiten und ‹regulieren› sollen, sind sie jenseits seiner auf einer Stufe von höherer Allgemeinheit anzusiedeln. Andererseits kann es sich nicht um apriorische Zuordnungsschemata und Generalbestimmungen handeln, die zwar immer gültig, aber empirisch leer wären und daher eher in die Kompetenz der Metatheorie als der aktuellen Theorienbildung fielen. Demgegenüber lassen sich sehr wohl zwischen bestimmten diachronisch differenten isomorphen Systemen empirisch feststellbare Grundverhältnisse als Regel formulieren, die zwar nur von befristeter Geltung sein mögen, aber für die Orientierung der praktischen Forschungsarbeit und die Kooperation von Historikern und Systematikern ausreichen. So könnten – um ein fiktives Beispiel anzuführen – im ökonomischen System der Jahrhundertwende alle Faktoren gemessen an der Gegenwart in halbiertem Maßstab erscheinen – halbe Lohnsätze, aber auch halbe Preise –, woraus sich die Gesamtrelation 1:2 ergibt, die auf alle einzelnen Faktoren gleichmäßig anzuwenden ist. Eine solche quantitative Korrespondenzregel formuliert das Isomorphieverhältnis der beiden Systeme konkret aus. Sie ist als Orientierungsmittel unerläßlich, denn sie erlaubt die Kontrolle in der Einschätzung der einzelnen Faktoren nach Maßgabe der Gesamtkonstellation (entgegen der Fehleinschätzung isoliert verglichener Faktoren, z. B. halber Lohnsätze und ganzer Preise). Dies ist methodisch besonders wichtig für das produktive Ausziehen weiterer Analogien, weil nur so die richtige Proportion und Größenordnung getroffen werden kann. Aber schon die Datenentschlüsselung und -übersetzung ist auf derartige Transformationsregeln angewiesen.

Die Differenzen zwischen Isomorpha sind also teilweise nach Maßgaben einer als Regel formulierbaren Grunddifferenz kalkulierbar. Es gibt eine generelle Wenn-Dann-Relation zwischen den Systemen, aus der spezielle Wenn-Dann-Relationen ableitbar sind (wobei der «hermeneutische Zirkel» zwischen Einzelfall und Regel nicht zu stören braucht). Im übrigen sind solche Regeln nicht auf – augenfällige – quantitative Verhältnisse beschränkt und daher auch nicht notwendig an kliometrische Prämissen gebunden; sie können auch qualitativer Art sein, indem sie etwa den Grundcharakter einer Kultur in Anschlag bringen. Sie gehören darum ferner nicht nur dem Bereich der Spezialhistorie an, sondern können auch allgemeiner für ein ganzes Kultursystem formuliert werden.

Derartige Transformationsregeln lassen sich nur in der Kooperation zwischen dem Historiker und dem Systematiker erarbeiten, obschon der entscheidende Beitrag in der Hand des Historikers liegen wird. Sie leisten, genau betrachtet, eine Explikation und Präzisierung des im vorigen entwickelten Isomorphieverhältnisses und sind demgemäß auch in das kategoriale Gerüst der Metatheorie einzuordnen.

Isomorphie und Analogie stehen als Relationen im Spannungsfeld zwischen Identität und Diversität. Ein heuristisch produktives Verhältnis zwischen zwei Systemen erfordert ein gewisses Gleichgewicht zwischen Identischem und Differentem: Überwiegen die Unterschiede, so nimmt die Isomorphie immer vagere Konturen an und geht zuletzt ins Anisomorphe über, das keine gehaltvolle Applikation mehr zuläßt. Umgekehrt beruht die heuristische Fruchtbarkeit von Modellen gerade auf der relativen Andersartigkeit, der Differenz *in* der Identität, die den Kreis des Bekannten erweitert und zu Innovationen anregt.

Auch die Zone produktiver Affinität, die sich zwischen der Systematik und ihrer Heuristik einerseits und der Historie andererseits bilden mag, wird durch jenes Gleichgewicht bedingt. Über diese Generalbestimmung hinaus lassen sich jedoch hinsichtlich des kritischen oder des optimalen Affinitätsgrades keine generellen Aussagen machen. Die Werte differieren hier je nach der Eigenart der einzelnen Disziplinen – in diesem Falle der Spezialsystematiken und der ihnen zugeordneten Spezialhistorien – in weiten Grenzen ganz erheblich. So wird beispielsweise der Anthropologe oder Kulturmorphologe weitreichende Schlüsse aus prähistorischen Siedlungsfunden ziehen können, die für den Urbanisten, der allenfalls einige Jahrhunderte zurückgreifen kann, völlig irrelevant sind. Man wird selbst innerhalb einer Spezialdisziplin nach einzelnen Fragestellungen und Themenbereichen differenzieren müssen.

Dabei ist jedoch die Zuordnung von Historie und Systematik durch folgenden Zug allgemein charakterisierbar. Das hermeneutisch produktive Affinitätsfeld ist innerhalb der Systematik stets auf aktuelle *Schwerpunkte* der Forschung bezogen und dadurch definiert. Stagnierende oder unzeitgemäße Bereiche der Systematik pflegen keine spezifische Heuristik zu entwickeln und daher u.a. auch keine Resultate der Historie zu rezipieren. Mit der Verschiebung der Interessenschwerpunkte und der Richtung der Forschungsintensität ändert sich daher auch der Schwerpunkt heuristischer Valenz der Historie. So wird beispielsweise eine psychosomatisch orientierte Medizin ein anderes medizinhistorisches Vorfeld erzeugen als die Medizin in der

Epoche der Zellularpathologie. Das heuristisch virulente Potential der Historie ist jeweils primär Pendant zu Forschungsschwerpunkten der Systematik, aber damit nicht auch schon zu Schwerpunkten von deren praktischer oder technischer Anwendung, es sei denn akzidentiellerweise. Nur soweit die Interessenlagen der systematischen Forschung und der Praxis bzw. der technischen Produktion kongruieren, ist auch die heuristische Leistung der Historie – mittelbar und sekundär – auf aktuelle Zentren der Praxis oder Produktion beziehbar.

Die Stellung des Historisch-Individuellen und die Chancen seiner Transponibilität liegen damit auf der Hand: Das Einzelne und Individuelle steht zunächst in Wechselbeziehung mit der Generalisierungsleistung des Historikers und wird die zu bildenden historischen Idealtypen auf dem Wege der Anreicherung – sei es durch statistische Häufung, sei es durch die Schlüsselfunktion einzelner Daten – unvermeidlich mitprägen. Es wird dann aber vermöge der Isomorphie der Systeme, d.h. der durch einen übergeordneten Typus (‹Ison›) gestifteten typologischen Verwandtschaft zwischen gegenwärtigen und vergangenen Systemen, mittelbar in den Transformationsprozeß eingehen können.[53] Dabei kann die Systematik im Bedarfsfall die historische Erfahrungsbasis zusätzlich ausweiten, indem sie in gezieltem Rückgriff historische Randbedingungen aufarbeitet und für die Präzisierung systematischer Theorien nutzbar macht. Lediglich der Grenzfall des schlechthin Einmaligen, das sich keiner Typologisierung fügt, bleibt – vorläufig – auch intransponibel und kann szientifisch nicht weiter wirken. Doch abgesehen davon, daß es für diesen Fall auch intrasystematische Parallelen gibt, muß angesichts eines solchen transformationellen Defizits zwischen Historie und Systematik beachtet werden, daß bereits die Historie selbst inmitten einer unvergleichlich viel größeren Komplexität selektiv reduzierend wirksam ist.

In der Auffächerung verschiedener historischer Leistungsformen[54]

53 Zum Unterschied zwischen epochal (und kulturell) beschränkten Typen mittlerer Reichweite und *durchlaufenden* Typen, die Isomorphie und Analogie stiften und dadurch Vergangenheit und Gegenwart miteinander vermitteln, Verf., 1974, 87.

54 Falsifikation, Bewährung, Entlastung, Überwindung von Engpässen, Erweiterung, Trendforschung, terminologische oder methodische Hilfestellung, Relativierung des gegenwärtigen Systems von der Vorgeschichte oder Relativierung vergangener Systeme von ihrem Umkreis aus, Totalprospekt der bisher aufgetretenen Möglichkeiten usw.

spiegelt sich die historische Erfahrung der Systematischen Wissenschaften in ihrer vielfältigen Gliederung. Den einzelnen Typen detailliert nachzugehen, sie zu beschreiben und – nach bestimmten systematischen Fragestellungen gesondert – zu analysieren, wird eine Aufgabe künftiger Wissenschaftstheorie sein. Hier sei festgehalten, daß sich die aufgeführten Kooperationsformen nur im Rahmen und unter der Voraussetzung einer konsequenten Mediatisierung und multilateralen Exhaustion von Historie – durch Spezialhistorien auf die einschlägigen Systematiken hin – voll entfalten können, denen gegenläufig die kategoriale Blickschärfung und theoretische Aufhöhung der Historie, aber auch die planmäßige Nachkontrolle historischer Erfahrung an der Komplexität des Historischen entspricht.

5. *Mehrwissen und hermeneutischer Zirkel*

Die im vorigen skizzierte Theorie historischer Erfahrung (C 3 und 4) setzt durchweg eine realistische Auffassung der Wirklichkeit voraus. Die Argumente dafür sind schon einleitend (A I) entwickelt und im folgenden allmählich weiter entfaltet worden (Beweis- und Erfüllungsdilemma, Graduierungsargument, Selbstanwendung; als Spezialform davon: Form- und Argumentationsdilemma).

Gegenüber dem Realismus hat man zumal eine instrumentalistische Deutung der Forschung geltend gemacht, die sich der Alternative von Realismus und Antirealismus entzieht. Sie läßt nur die *trial-and-error*-Prüfung zu, ohne auf Wahrheitswerte Anspruch zu machen. Falsifizierte Theorien sind allein aus pragmatischen Gründen aufzugeben, ohne daß damit Folgerungen über ihren Status verbunden würden. Freilich sind auch erklärte Interpretationisten[55] mit einer solchen Herabstimmung der Ansprüche nicht einverstanden, weil es Theorien gibt, die als solche gar keiner pragmatischen Bewertung unterliegen. Generell ist der Interpretationismus nicht dadurch zu konservieren, daß man ihn durchweg instrumentalistisch erklärt. Dabei ist zu beachten, daß der Instrumentalismus primär für die Naturwissenschaften vorgeschlagen worden ist, daß aber die Geistes- und insbesondere die historischen Wissenschaften auf Grund der kulturellen und anthropogenen Struktur ihrer Gegenstände dem Instrumentalismus nur sehr bedingt zugänglich sind. Die Gegenstände stehen dem Betrachter in diesem Falle gleichsam zu nahe, als

55 H. Putnam, 1982, 237ff., 245f.

daß in einem instrumentalistischen Verfahren über ihre Existenz oder Nichtexistenz befunden werden könnte.[56]

Eine andere Art der Alternative zum Realismus liegt in der Psychologisierung des Besserverstehens vor (J. Simon), die sich aller weiteren ontologischen und epistemologischen Explikationen enthält. Immerhin ist damit die Vorstellung des Fortschreitens verbunden, auch wenn der Fortschritt dabei nur als «Meinung» ausgegeben wird. Man könnte diesem Reduktionismus durch den Verweis auf das Beweisdilemma begegnen, doch läßt sich die Terminologie durch den Rückgriff auf den neutraleren Begriff des ‹Mehrwissens› objektivieren. Das ‹Mehrwissen› hat wie das Besserwissen den Vorzug, eine (relative) Verhältnisbestimmung, aber kein Ziel anzubieten wie die Approximation. Außerdem ist ein ‹Mehrwissen› noch anspruchsloser, aber bestimmter als ein Besserwissen, und es schließt den Vergleich mit einem Wenigerwissen nicht aus. Ein solches Wenigerwissen liegt allerdings auf einem anderen Niveau als das Mehrwissen, weil es sich in der Regel auf Detailfragen der vergangenen Epoche bezieht, die den Späteren auf Grund der fragmentarischen oder verkürzenden Berichterstattung verschlossen sind. Wohl aber wird der Spätere auf Grund des Zeitenabstands ‹mehr› über die Nachwirkung und die Folgen wissen und daher auch den Gesamtablauf kompetenter verstehen und beurteilen können als der Zeitgenosse. Aber auch seine Kenntnis des Umfeldes reicht vermutlich weiter, als der Autor oder sein (erstes) Publikum es zu überschauen vermochte (Kontext, Umwelt, Parallelen u. dgl.).

Mehrwissen bezieht sich im übrigen auf die Differenz zwischen dem *status quo* und dem *status ante*. Darin liegt jedoch mitnichten, daß der Abstand vom Kontext her eingefärbt oder gar bestimmt ist. Anders ausgedrückt: Das Transkontextuelle kann allenfalls, muß aber nicht vom Kontext abhängig sein. Mehr ist dem Interpretationismus auf Grund des Beweisdilemmas und des Graduierungsarguments nicht zu konzedieren. Das Mehrwissen ist also prinzipiell kein interpretiertes, sondern ein realistisches Mehrwissen. Das schließt verschiedene Perspektiven und Aspekte nicht aus, unter denen die Vergangenheit in der Gegenwart erscheinen kann. Entscheidend bleibt aber, daß sie sich zu einem einheitlichen und nur vorläufig widerspruchsvollen Mehrwissen zusammenfügen. Das Mehrwissen schließt die Vergangenheit – oder ein zeitgenössisches Parallelsystem – im wesentlichen ein,

56 Vgl. oben S. 94 Anm. 62, zu Vico.

bringt aber mit der Distanz ein Plus hinzu, das den vergangenen oder zeitgleichen Gegenstand verdeutlicht und in seinen Konsequenzen überschaubar macht. Im Vergleich mit ihm ist es das allein rationalisierbare Moment. Der anderweitige Kontext bleibt daneben vage und unbestimmt. Insbesondere ist dadurch dem dogmatischen Kontextualismus, der nicht verändert, sondern trennen soll, der Boden entzogen. Das Inklusionsverhältnis kann eben keinen Gegensatz begründen.

Das Ganze des Geschichts- und Weltzusammenhangs ist allerdings ungreifbar und damit ein absoluter Maßstab nicht zu fassen. Es wäre aber ein Trugschluß, daraus nicht auf bloße Partikularität, sondern auf Interpretativität des Zusammenhangs zu schließen. Die näherliegende Erklärung wäre damit übersprungen und unter die *petitio principii* einer totalen Interpretativität gebracht. Im übrigen ist die Beweisnot gerade hier einschlägig, wo die Aufdeckung des Ganzen – auch in der Retrospektive – als Lösungsmodus definitiv ausgeschlossen werden kann. Die skeptische Version des Beweisdilemmas ist daher in diesem Zusammenhang unausweichlich.

Das Paradeargument für den Interpretationismus ist die Endlichkeit und Geschichtlichkeit auch der Gegenwart, die in den geschichtlichen Ablauf einzubeziehen sei und dann nichts mehr vor anderen Epochen voraushabe. Sie liefert demnach nicht, wie der Historismus annahm, den notwendigen absoluten Maßstab. Indessen ist durch die Endlichkeit weder Interpretativität zu sichern noch sind Konkurrenzlösungen wie die Approximativität wiederlegungsdefinit auszuschließen. Auch aus der Partikularität der Gegenwart sind also keine überbordenden Schlüsse zu ziehen. Insbesondere ist eine Unterscheidung festzuhalten:[57] Die Gegenwart stellt sich in der Retrospektive als Teil der Geschichte dar, in ihrer Aktualität aber eher als über- und außergeschichtlich. Diese zweifache Perspektive muß bereits in die Definition der Gegenwart eingehen. Gewiß ist die gegenwärtige Epoche von einer *möglichen* Zukunft her noch einmal relativierbar, aber nicht in demselben Maße wie von einer definitiv zurückgelassenen und erforschbaren Vergangenheit aus. Die Zukunft ist mit anderen Worten sogar in ihrer Existenz zu vage, um die Selbstgewißheit einer Gegenwart in Frage zu stellen. Dies gilt auch für eine erhoffte weitere Approximation in der Zukunft. Kategorial ist jedenfalls diese «eschatologische» Sicht der Gegenwart von der zur Vergangenheit gewordenen abzuheben.

57 Vgl. Th. S. Seebohm oben S. 20 Anm. 12.

Hier ist es auch angemessen, kritisch auf den *hermeneutischen Zirkel* in der verschärften, von Hegel herkommenden Fassung bei Heidegger und Gadamer einzugehen (Subjekt-Objekt- anstelle oder neben dem Objekt-Objekt-Verhältnis = Teil-Ganzes). Dieser Zirkel setzt bei Heidegger die Endlichkeit, Relativität und Interpretativität des Eigenstandortes voraus. Während bei Hegel die Subjekt-Objekt-Dialektik noch im Absoluten aufgefangen war, ist sie bei Heidegger und Gadamer verendlicht und scheinbar jeder Objektivierung enthoben. Insbesondere wirkt nicht nur das Subjekt auf das Objekt (und seinen internen Objekt-Objekt-Zirkel), sondern auch das Objekt auf das Subjekt zurück und modifiziert es zum wenigsten in seinem Selbstverständnis.

Die Annahme einer solchen Wechselseitigkeit ist aber fragwürdig. Es gibt viele Fälle, wo der Gegenstand auf die Situation des Subjekts nicht erkennbar zurückwirkt und daher auch keine Einstellungsveränderung hervorruft. Es besteht also keine Ebenbürtigkeit zwischen Subjekt und Objekt. Wenn man die «Dialektik» zwischen Vergangenheit und Gegenwart – und entsprechend verschiedener Gegenwartsformen untereinander – nicht metaphorisch verstehen will, ist das Mehrwissen, das die Gegenwart gegenüber der Vergangenheit voraushat, nicht noch einmal interpretationistisch relativierbar. Das Mehrwissen ist vielmehr der am besten beglaubigte Sachverhalt des interepochalen und -kulturellen Verhältnisses, von dem andere Eigenschaften und Folgerungen – etwa Zirkelverhältnisse – abgeleitet werden können. Es macht daher wenig Sinn, die Relation zu*un*gunsten des Mehrwissens umzukehren und es von anderen, weniger gesicherten Annahmen abhängen zu lassen.

Unbeweisbar ist zunächst ein zusätzlicher Zirkel zwischen Subjekt und Objekt, der über das Mehrwissen hinaus in einen Antirealismus hineinführt. Was gelegentlich als Zirkel verstanden wird, ist das allmähliche Fortschreiten nach Art des *trial-and-error*-Verfahrens, das aber keinen antirealistischen Zuwachs abwirft. Es bewegt sich vielmehr innerhalb des Mehrwissens, das es berichtigend weiter ausbaut. Diese Beschreibung zumal des wissenschaftlichen Vorgehens ist darum dem Gedanken der Approximation untergeordnet. (Die Infinitheit des von den Philosophischen Hermeneutikern gemeinten Zirkels ist hingegen nicht approximativ, sondern ins Unendliche offen vorgestellt.)

Zum andern ist auch der Zeitenabstand, auf den sich die Hermeneutiker berufen, durch das Mehrwissen schon hinreichend besetzt und bedarf keiner antirealistischen Überhöhung. Das Mehrwissen liefert die konkrete inhaltliche Ausfüllung des Zeitenabstands, indem es den weiteren Fortgang der Geschichte verarbeitet. Es gelangt dadurch oft zu anderen Resultaten als der *status ante*, aber nicht durch eine apriorisch vorgezeichnete Uminterpretation, sondern durch einen quasi-subtraktiven Vergleich zwischen alter und neuer Sichtweise.

Der Begriff des Mehrwissens richtet sich gegen eine Isolierung des Vorverständnisses, gegen den Kontextualismus und in der Folge auch gegen den Interpretationismus und Antirealismus, sofern es die Kontinuität der Bezugnahme unterstreicht. Gewiß schreitet das Mehrwissen selber fort, aber die Selbstexplikation der Sache ist nicht notwendig in einem kognitiv erheblichen Sinn subjektbestimmt und standortgebunden. Wir müssen daher Fälle in Rechnung stellen, wo der Interpret einen privilegierten Zugang zur Wahrheit des Zeichensystems haben mag, auch wenn wir dies nicht sicher wissen können. Auch die Rückwirkung jedes Verstehens auf das Selbstverständnis ist nicht notwendig gegeben. Das Subjekt des Interpreten wird nur dann erkennbar kognitiv relevant, wenn mehrere konkurrierende Auffassungen auftreten, ohne daß eine davon ausgezeichnet und ohne daß sie miteinander synthetisiert werden könnten. Nur in diesem Falle bestimmt die Perspektive des Interpreten vermutlich das Zirkelgeschehen mit. Im ersten Fall dagegen kann der Interpret in dem Maße von sich absehen – und andere von ihm –, wie er einen adäquaten Zugang zum Zeichensinn zu besitzen glaubt.[58] Die antirealistische Deutung des Zeitenabstands – oder der Distanz zu einem fremden Kultursystem – erweist sich damit wiederum als Möglichkeitsspekulation,[59] die der Beweisbarkeit ermangelt und nur als *eine* unter anderen Möglichkeiten in Erwägung zu ziehen ist.[60]

Das Mehrwissen stellt sich sowohl in historischer wie in systematischer Perspektive dar. In erster Linie ist es das Mehrwissen des Historikers, der Vergangenes aus der Sicht der Gegenwart detailliert, neu und vollständig erklärt und es in weitere Perspektiven rückt. Soweit

58 Vgl. oben S. 41.

59 Vgl. oben S. 56–58.

60 J. Grondin macht auf eine Textänderung in der fünften Auflage von W.M. (WW 1, 304) aufmerksam: Der Zeitenabstand ist nicht immer, sondern nur «oft» von Einfluß auf die Hermeneutik. Im übrigen differenziert Grondin treffend zwischen der Heideggerschen und der Gadamerschen Version des Zirkels (2002, 46–50).

es nicht internen Korrekturen unterliegt oder sich durch Ausfälle entzieht, ist das Wissen der Vergangenheit im Mehrwissen der Gegenwart aufgehoben enthalten. Es ist also nicht gerechtfertigt, den *status ante* und den *status quo* prinzipiell gegeneinander auszuspielen oder voneinander zu isolieren. Für beide Optionen reichen die Begründungen nicht aus; beide sind daher auch Alternativen ausgesetzt.

Auf der anderen Seite ist die systematische Perspektive schon definitionsgemäß für die Gegenwart repräsentativ. Das zugehörige Mehrwissen gegenüber der Geschichte oder gegenüber Fremdkulturen ist allerdings weniger detailliert abgehoben als das des Historikers oder Kulturforschers und fordert durch seinen mitunter eigenwilligen Umgang mit den Befunden öfters zu kritischen Korrekturen heraus. Darin liegt wiederum keine Anerkennung des Interpretationismus, weil solche Eingriffe der Intention nach bewußt erfolgen und über ihre Revidierbarkeit grundsätzlich Einvernehmen besteht.

D. Interpretation in Kultur und Geschichte

1. Zwischenbilanz

Die bisher eingenommene Position sei noch einmal zusammenfassend wiederholt.

Interpretation erfolgt entweder realistisch oder antirealistisch, d. h. mit einer Verschiebung von Inhalt und Qualität der Urteile im Erkennenden. Eine solche zweite, antirealistische Beziehung kann entweder bewußt oder unbewußt sein. Sie ist in der Regel und normalerweise unbewußt, weil der Erkennende sie so auffaßt, als seien die Gegenstände realistisch. Er reflektiert also nicht auf den in einem Schein-Realismus verborgenen Antirealismus. Dies wird erst der (Meta-)Theoretiker tun, der auf einer zweiten Stufe der Relation den lebensweltlich Erkennenden hinterfragt und den ihm unbewußten Antirealismus aufdeckt. Der (Meta-)Theoretiker wird dadurch freilich zum Realisten, denn er weiß ja, was und wie der Erkennende auf der ersten Stufe uminterpretiert hat. Er kennt also den originären, vorinterpretativen Sachverhalt. Pointiert formuliert: Entweder wissen wir, *was* wir interpretieren, oder wir wissen gar nicht, *daß* wir interpretieren. Dies trifft für die eigene wie für irgendeine fremde oder vergangene Position zu, die wir als interpretierte durchschauen.[1]

Allerdings muß sich der Theoretiker nicht der Einsicht in diesen Sachverhalt anschließen, sondern kann fortfahren, ihn progressiv auf

1 Ganz ausschalten läßt sich der Realismus nur scheinbar durch – angenommene – infinite Interpretationsketten, die den Antirealismus definitorisch fixieren. Doch von bestimmten, nicht universalisierbaren Bereichen abgesehen ist diese Annahme – eine *petitio principii* – nicht kontrollierbar und fällt zuletzt unter die Skepsis. – Immerhin ist genauer zu unterscheiden zwischen der Selbstaufhebung des Interpretationismus durch den Versuch, die Andersartigkeit der Interpretation darzulegen und eben damit zur Selbigkeit und Gleichheit des Interpretandums zurückzukehren, und der weitergehenden, gerade angesprochenen Möglichkeit, daß das derart Eruierte nicht selbst ein Reales, sondern ein Interpretament früherer Interpretationsvorgänge ist.

seine Konsequenzen hin weiter zu interpretieren. Dies ist freilich kein unbewußter, sondern ein voll bewußter Antirealismus. Das bedeutet: Ein primärer Realismus wird in einen sekundären Antirealismus hinein weitergedacht. Erkenntnistheoretisch ist das trivial, denn damit wird lediglich der Vorgang einer sich intern differenzierenden Erkenntnis beschrieben, die die Grenze zu einem andersartigen Seins- und Erkenntnisbereich nicht überschreitet. Für die Probleme einer Erkenntnistheorie läuft dieser Ansatz darum leer. Man kann das so formulieren, daß der (Meta-)Theoretiker wie der lebensweltlich oder wissenschaftlich Erkennende zuletzt «Realist» ist und daß er demgemäß auch seine von ihm vorgeschlagenen Abweichungen und Derivate in einem «realistischen» Horizont sieht.[2]

Nichtsdestoweniger kann man gegebenenfalls beiden – dem lebensweltlich (wissenschaftlich) und vollends dem philosophisch Erkennenden – Möglichkeitserwägungen darüber zuschreiben, daß der angenommene Realismus nur vorläufig sei. Solche Vermutungen führen aber mitnichten zu einem Wissen oder zur Beweisbarkeit. Das dafür notwendige Bekanntsein mit dem vermuteten (und antirealistisch aufgefaßten) Gegenstand würde nämlich zum Realismus zurückführen und ist darum *per definitionem* auszuschließen. Für die Ansätze zum Antirealismus bietet sich deshalb allenfalls eine skeptische Unentscheidbarkeit an, die wiederum erkenntnistheoretisch schwach bleibt und nicht ins Zentrum der Probleme hineinführt. Das trifft auch für den weiteren Fall zu, daß man nur auf die (faktische) Bedingtheit anderer Positionen – und *per analogiam* auch der eigenen – abhebt und damit das strenge Beweisdilemma vermeidet. Man kehrt damit zwar nicht zum Realismus zurück wie beim Beweis, bleibt aber gleichwohl bei einer skeptischen Lösung stehen, die sich grundsätzlich nicht vom skeptischen Horn des Beweisdilemmas unterscheidet. Bedingtheit und Voraussetzungshaftigkeit können nämlich ebensosehr erkenntnis- und wahrheitsfördernd wie erkenntnis- und wahrheitshemmend oder aber neutral gesehen werden, sind also ambivalent (oder trivalent). Diese Mehrdeutigkeit ist unentscheidbar, für andere Positionen und daher indirekt auch für die eigene. Man kommt also auch auf diesem Wege so wenig

2 Dies gilt auch dann, wenn das Interpretandum durch die Interpretation näher bestimmt werden soll. *Daß* das Interpretandum unbestimmt ist, unterliegt bereits der dilemmatischen Beweisstruktur, und selbst dann sind die Aspekthaftigkeit oder die Fallibilität als Alternativen in Erwägung zu ziehen. Das Resultat bleibt also skeptisch oder es überschreitet die realistische Grundposition nicht.

über die Urteilsenthaltung hinaus wie bei den bisher beschriebenen Falltypen. Demgemäß ist auch die Kontextbedingtheit des Erkennens zu relativieren.

Die Alternative, die sich damit für den Interpretationismus abzeichnet, ist fatal: Die Position des Antirealismus ist allenfalls in problematischer Form haltbar, während der – unreflektierte oder reflektierte – Realismus assertorisch voll zu Buche schlägt. Das betrifft die verschiedenen Versionen der Interpretationsphilosophie ebenso wie die antirealistische Philosophische Hermeneutik. Insbesondere läßt sich der herkömmliche Realitäts- und Wahrheitsbegriff nicht durch einen selbst problematischen Begriff von Antirealismus substituieren, sondern bestenfalls in kritisches Licht rücken. Der Anspruch, die Erkenntnistheorie von Grund auf zu reformieren, erweist sich dadurch als zu hoch gegriffen. Im einzelnen bedeutet der Verzicht auf die konstitutive Rolle des unbewußten Interpretierens, daß eine dadurch blockierte Graduierung und ein Fortschreiten des Erkennens nicht mehr ausgeschlossen werden können.

Im übrigen sind von diesen Klärungen nicht nur die *intentione recta* vollzogenen Interpretationen betroffen, sondern auch die nur *intentione obliqua* zugänglichen Rahmenbestimmungen der Horizonte und Vorverständnisse: Auch sie sind – beispielsweise bei Husserl[3] – der Disjunktion von Erkennbarem und Nichterkennbarem unterworfen und können demgemäß in die eben entwickelten typischen Unterscheidungen eingeordnet werden.[4] Die Hypothese, der Antirealismus sei nicht in den Realismus zurückholbar, ist also in den entscheidenden Punkten unbegründet.

Die moderne Erkenntnistheorie versteht sich als mediale, wobei die Medien an die Stelle des Bewußtseins (der mentalistischen Subjektivität) getreten sind. Indessen hat man oft unbeachtet gelassen, daß die Vermittlung durch Medien nicht nur abschwächen, sondern

3 Vgl. Husserl, Analysen zur Passiven Synthesis 72 («bewußt»), Krisis, 146, 152, 167 («bewußt», «mitbewußt»). Auch die extrapolierten Leervorstellungen sind konkret besetzt (Cart. Meditationen 83). Die Horizonte sind im übrigen in kontinuierlichen Übergängen graduiert; das (Nicht)Wissen kann deshalb proportioniert zu- oder abnehmen (vgl. oben S. 62. Anm. 7). Der präzisierende Rückgang in der Horizontfolge ist daher bei dem Nichthermeneutiker Husserl ein Regreß und keine Progression.

4 Vgl. dazu F. Fellmann, 1998, 32. – Ihre Korrigierbarkeit ist wiederum durch eine Reihe von Argumenten (Graduierungs- und Beweisdilemma) vor antirealistischen Deutungen geschützt.

auch verstärken kann. Empirische Beispiele sind geeignet, dies nach der Analogie zu erschließen (Fernrohr, Mikroskop, Teleskop, Brillen u. dgl.). Wenn die Medien aber in ihrer Wirkung generell ambivalent sind, wird man sie insgesamt als neutral in bezug auf das Mediierte begreifen müssen: sie können einerseits ungleich, andererseits aber auch – zumindest im Grenzfall – adäquat repräsentieren. Weiteres läßt sich über die Mediensysteme im einzelnen nicht sagen oder gar beweisen, doch bleibt diese Typologie festzuhalten. Natürlich sind dabei auch kombinierte oder alternierende Verhältnisse in Rechnung zu stellen.

Ähnliches trifft aber auch für die Typen der Subjektivität zu, die die Medien in Anspruch nimmt. So läßt sich über ihre Reichweite nichts im voraus präjudizieren: etwa über ihre Beschränktheit und Endlichkeit im Kontrast zu einem hypothetischen *intellectus divinus*[5] oder über die (Nicht-)Ergänzbarkeit von Aspekten der Wirklichkeit oder über die Grenzen ihrer internen Rangunterschiede. Entsprechendes gilt jedoch in gleicher Weise für die in den Medien greifbare oder sie übersteigende Welt. Typologisch sollte jedenfalls zwischen Gegenständlichem, Transobjektivem und Transintelligiblem (noch nicht oder überhaupt nicht Erkennbarem)[6] unterschieden werden, einerlei, ob es Nichtgegenständliches «gibt» oder ob es sogar beweisfähig ist. Selbst über den medialen Charakter der Medien als solcher sind keine sicheren Aussagen möglich, etwa ob und inwieweit sie sich von der Welt unterscheiden oder nicht. In allen diesen Fragen ist zunächst einmal die Diagnose der Unentscheidbarkeit angezeigt, einerlei, wie man im weiteren Fortgang nach internen Plausibilitäten gewichten wird. Die Fragen der Erkenntnistheorie beginnen jedenfalls heute erst

5 Die seit Putnam (vgl. Wittgenstein, Philosophische Untersuchungen § 426) oft wiederholte Abwehr einer «Sicht aus Gottes Augen», die *e contrario* die menschliche Sichtweise herabstufen soll, ist für die frühe Neuzeit gewiß nützlich gewesen. Heute rechnet kaum noch jemand in der Philosophie mit einer solchen hypothetischen Alternative. Die Grundeinstellung des Wissenschaftlers (und des Durchschnittsmenschen) ist inzwischen die des konzentrischen Weiterausgreifens in der Welt, bei dem sich herausstellt, wie weit man kommt. (Die Absolutheit spielt nur als sekundärer Gesichtspunkt eine Rolle.) – Putnams Bild vom Gottesauge wird mit Recht abgelehnt von M. Devitt, 1991[2], 233, 300 (die physische Welt ist uns jeweils normal zugänglich auch ohne die – cartesische? – Hypothese eines *intellectus divinus*). Vgl. Devitt, 1991, 129, und jetzt M. J. Murray, 2002, bes. 92 ff. – Die Gegenthese von der logischen Dreiwertigkeit des Gottes vertritt jetzt M. Dummett, 2005, 110 ff.

6 Nach Nicolai Hartmann, Metaphysik der Erkenntnis, 1965[4].

nach der Statuierung von Perspektivität und Medialität, müssen dann aber auch das ganze Spektrum möglicher Alternativen ausmessen.

Festzuhalten ist im vorliegenden Zusammenhang die mögliche Neutralität oder gar Adäquatheit des Mediums. (Dabei ist es gleichgültig, ob eine bewußte oder unbewußte Bezugnahme vorliegt. Auch kann das Spezifikum der modernen Medientheorie, daß die Erkenntnisvermögen und -mittel zu den Zeichen gerechnet werden, hier vernachlässigt werden.) Insbesondere ist aus realistischer Sicht die kritische Frage zu stellen, ob und inwieweit die im Bereich der Medien aufscheinenden Aspekte auch in den Sachen selber vorgezeichnet sind. Ferner können in der Regel auch Aspekte rangiert werden, wobei gegebenenfalls mit einer richtigen Zuordnung zu rechnen ist. Das mereologische Argument, es gebe viele mögliche Einteilungen, ist nicht stichhaltig, denn die möglichen Gesichtspunkte der Einteilung können korrigiert oder doch gewichtet werden (Graduierungsargument). Daß sie nur interpretativ seien, unterliegt den Einwänden des Beweisdilemmas.

Da wir aber nicht *wissen*, welche Anteile *unserem* Bestimmen und andererseits dem Bestimmtwerden durch die *Welt* (M. Seel)[7] zufallen, bleibt die Unterscheidung fragwürdig oder gar vordergründig.

Die Philosophische Hermeneutik ist in den vergangenen vier Jahrzehnten entweder radikalisiert worden[8] oder sie hat vor allem durch F. Fellmann eine sachbezogene Erweiterung erfahren. Fellmann läßt unter anderem die humanistische und existenzielle Aufmachung bei Gadamer fallen und fordert eine Ausdehnung des Zuständigkeitsbereichs auf alle Texte und Denkmäler der Historie und der Gegen-

7 M. Seel, 2002, meint mit seiner Formel, wir bestimmten als aspektgebundene Wesen das Unbestimmte der Welt (und von uns selbst), den *status quaestionis* zusammenzufassen (mit ausdrücklicher Anlehnung an Kant 165). Nach unserer Auffassung ist diese Sicht aber zu kantisch-idealistisch gewichtet und rekonstruiert – zugunsten einer direkten Synthese von Realismus und (moderatem) Konstruktivismus – eine mögliche Typologie von Alternativen nur unvollständig. Im übrigen ist der Pluralismus von Hinsichten – und damit der Seelsche Gesichtspunkt der Wahl – bekanntlich mehrdeutig (er kann sich beispielsweise auf Aspekte *oder* Interpretationen beziehen). Ferner ist Seels Angang ausschließlich am Modell der Naturwissenschaften orientiert, während die uns inhaltlich näherstehenden Geistes- und Geschichtswissenschaften, die geringere Spielräume für die Interpretation übriglassen (Vico-Axiom), nicht hinreichend beachtet und abgehoben werden.

8 Unter dem zusätzlichen Einfluß von Wittgenstein, Quine, Putnam und Dummett.

wart, die der Kompetenz der technischen Hermeneutik entspricht. In der Tat ist es nur historisch von der humanistischen Tradition her zu erklären, daß Gadamer die Philosophische Hermeneutik auf die Überlieferung «eminenter» Texte festzulegen sucht. Nichts spricht dagegen, jede Äußerung zum Gegenstand hermeneutischer und metahermeneutischer Behandlung zu machen, und der spätere Gadamer hat – darin Schleiermacher und Dilthey folgend – selbst auch schon das gesprochene Wort in seine Überlegungen einbezogen. Fellmann zieht die Grenzen jedoch noch einen Schritt weiter: Im Zeichen der Gleichbehandlung aller Texte fordert er die Erstellung von Computerprogrammen, die die für die Interpretation notwendigen Vorinformationen und Grundkenntnisse bereitstellen.[9] Diese Wendung der Hermeneutik klingt zwar ein wenig technologisch und rationalistisch, doch bietet sie dasjenige an, was wir für eine Operationalisierung der Hermeneutik tatsächlich und in erster Linie tun können.

Fellmann ist also grundsätzlich recht zu geben, obschon der Übergang von den Grundsatzfragen zur technischen Anwendung etwas unvermittelt erfolgt. Das wissenschaftliche Objektivitätsideal, dem Fellmann in der Nachfolge Diltheys anhängt, müßte zunächst in direkter Auseinandersetzung mit Gadamer verteidigt und gerechtfertigt werden. Zum andern wären die elementaren Probleme der Struktur und Interrelation des Wissenstransfers in Umrissen zu skizzieren, um für die Fragestellung der Informatik und Kybernetik eine theoretische Basis zu gewinnen.

2. *Entfaltung der realistischen Position*

A) Die heute zu beobachtende pragmatische Wende in der Hermeneutik findet nicht nur im materialen Substrat ihren Niederschlag. Sie führt zu einer vorläufigen Entnormierung und zur Emanzipation von Zwecken, wie sie bei Gadamer humanistisch, ästhetisch oder existenziell stillschweigend vorausgesetzt waren. Das bedeutet nicht schlechthin Zweck- oder gar Sinnfreiheit, sondern die formale Disponibilität für verschiedene und möglicherweise auch untereinander konfligierende Zwecke und Zielsetzungen. So werden hermeneutische Inhalte in den interpretierenden Wissenschaften von bestimm-

9 Vgl. F. Fellmann, 1999/5, 110–119; ders., 1998, 15–37. Vgl. schon von dems., 1991 und neuerdings 2002, 97–116. – Allerdings wäre die Grenzlinie zwischen einer Philosophischen und einer technischen Hermeneutik immer wieder neu zu verdeutlichen.

ten Zwecken abgekoppelt und, soweit möglich, als «zweckfrei» behandelt. Eben dadurch werden sie multifunktionell verwendbar. Es kann daher auch zu einer Vertauschung zwischen Mitteln und Zwecken kommen, das heißt Mittel können zu Zwecken aufsteigen oder Zwecke zu Mitteln herabsinken, aber auch zu einem Zweckpluralismus der Interpretamente. Insbesondere ist der Großteil des Erfaßten zunächst als *Information* zu werten, ohne den Anspruch auf (Selbst-)Zweckhaftigkeit damit zu verbinden.

Im übrigen entspricht der Multivalenz und Anschlußfähigkeit der hermeneutischen Inhalte eine Unabsehbarkeit künftiger Verwendung, wobei Kombinationen, bewußte Abänderungen oder Weiterbildungen jeweils zur Disposition stehen. Insbesondere können dieselben Resultate gleichzeitig auf verschiedenen Ebenen und in wechselndem Kontext zur Geltung kommen. Diese Art genereller Formalisierung des Hermeneutischen wendet den nach innen gekehrten Antirealismus der gegenwärtigen Philosophischen Hermeneutik gleichsam nach außen: Es wird nichts unbewußt umgedeutet, sondern es wird bewußt und verantwortlich mit den erschlossenen Resultaten der Geschichte und fremder Kulturen umgegangen. Sie werden nicht unter der Hand – und unkontrollierbar – adaptiert, sondern ihre Auswertung und Indienstnahme erfolgt gezielt, in der Abhebung von Alternativen und nach Möglichkeit rational begründet.[10]

Ernstzunehmende Grenzen dieser Betrachtungsweise scheinen sich nur dort abzuzeichnen, wo Rahmenvorstellungen ins Spiel kommen, die unsere Interpretationen *a tergo* prägen und die daher auf der ersten Ebene der Interpretation scheinbar nicht «gewählt» werden können. Demgegenüber ist noch einmal die Beweislage geltend zu machen: Solche Horizonte auch vorrationaler Art sind uns entweder zugänglich oder entzogen. Mit dem, was uns entzogen ist und bleibt, kann und braucht nicht gerechnet zu werden, weil es sich im Nirgendwo einer obskuren Metaphysik verliert. Alle konkreten Horizonte sind aber *per definitionem* uns oder anderen zugänglich (gewesen) und können daher grundsätzlich nachvollzogen werden. Wie alle anderen Interpretamente sind sie vor der antirealistischen

10 Damit wird die hermeneutische Erfahrung gewiß auf einen Grad von Wissenschaftlichkeit hin gelesen, dem nicht jeder Erfahrungstyp, etwa lebensweltlicher oder ideologischer Art, zu entsprechen vermag. Dennoch ist damit derjenige Teil hermeneutischer Erfahrung herausgehoben, der das hermeneutische Verhältnis in seiner explizitesten Form zur Geltung bringt und der damit auch exemplarisch wirken kann.

Verdächtigung zum mindesten durch das Beweisdilemma geschützt (was Irrtümer und Korrekturen im Einzelfall nicht ausschließt).

B) Daß die hier entwickelte Sicht alle Verfahren szientifischer Auswertung und Verarbeitung *a potiori* einschließt, ist im vorigen gezeigt worden.[11] Die Mehrschichtigkeit und Multivalenz des Hermeneutischen, die gleichzeitig sowohl qualitative wie graduelle Unterschiede der Rezeption ermöglicht, muß jedoch durch eine – dazu querstehende – zweite Betrachtungsweise ergänzt und erweitert werden. Neben die Formalisierung der Sachbezüge tritt – gleichsam in der Tiefendimension – die indirekt vermittelte und abgestufte Rezeption hermeneutischer Inhalte. In Kultur und Geschichte können verschiedene Disziplinen einander zuarbeiten oder geradewegs «hintereinandergeschaltet» werden. Es ergibt sich dann eine Fortwirkung hermeneutischer Erfahrung über eine Reihe von Instanzen oder Stufen der Kultur- oder Geschichtswissenschaft hin, für die im vorangegangenen Kapitel Beispiele vorgelegt worden sind.[12] Natürlich muß dabei auch die Kombination mit vorwissenschaftlicher Erfahrung in Erwägung gezogen werden. Dennoch zeichnen sich hier Dependenzverhältnisse ab – etwa zwischen Spezialhistorie, Allgemeinhistorie und den verschiedenen Instanzen Systematischer Wissenschaft –, die nicht antirealistisch-konstruktivistisch, sondern durchweg objektiv aufzufassen sind. Die Vielseitigkeit der Auswertung und Verarbeitung wird damit nicht in Frage gestellt, wohl aber kontrollierbar und überschaubar gehalten. Wie in der ersten Dimension der formalen Austauschbarkeit und Vieldeutigkeit sind auch in dieser Tiefendimension Querverbindungen und (zusätzliche) Rückgänge zur hermeneutischen Primärerfahrung möglich. Man kann deshalb vom Ideal einer multilateralen Exhaustion sprechen. Es besagt, daß jede wissenschaftliche Disziplin jede mögliche Subsidiarleistung erbringen und umgekehrt auch jede mögliche Zubringerleistung entgegennehmen sollte. Auch unter realistischen Grundannahmen kann dies nur approximativ gelten, weil der Wandel geschichtlicher Konstellationen immer wieder Neuansätze erforderlich macht. Die Vermitteltheit kultureller und historischer Erfahrung ist aber mit der fortschreitenden Spezialisierung unvermeidlich geworden und wird voraussichtlich noch weiter zunehmen.

11 Vgl. oben S. 51.
12 Vgl. oben S. 127f.

C) Eine weitere, dritte Dimension hermeneutischer Erfahrung erschließt sich durch die Tiefenschichtung einzelner Interpretanda. Als Schlüsselwort bietet sich dafür der Begriff der Sekundäranalyse an, der sich zunächst (in den empirischen Sozialwissenschaften) auf eine Neuauswertung des Materials unter veränderten Gesichtspunkten bezieht. Diese elementare Form der Sekundäranalyse ist bereits mit dem Mehrwissen im Fortschreiten der Wissenschaft gegeben, denn es rückt neue Gesichtspunkte und Verfahren ins Blickfeld, die die tradierte Überlieferung auch ohne Veränderungen oder Eingriffe zu speziellen Aussagen nötigen. Vollends trifft dies für den erweiterten Sinn des Terminus ‹Sekundäranalyse› zu, wenn die *prima-facie*-Bedeutung hinterfragt und vom Autor nicht intendierte hermeneutische Gehalte ans Licht gehoben werden. Ein solches Herantragen von aktuellen Fragestellungen an andersartige vergangene oder fremdkulturelle Verhältnisse ist auch das Verfahren vieler Spezialdisziplinen, seien es nun Spezialhistorien oder spezialisierte Forschungsrichtungen im Blick auf fremde Kulturen. Solche über den Autorensinn hinausführenden Themen betreffen die bewußten (aber nicht artikulierten) und unbewußten Bedingungen des Autors, die historischen Voraussetzungen und den kulturellen Umkreis, die möglichen Adressaten und Rezipienten und schließlich die Strukturen von Sprache, Zeichen, den materialen oder formalen Bezügen, die – wie in der *poésie pure* – einen inhaltlichen Sinn vermissen lassen. Sie sind alle Gegenstände der hermeneutischen Bemühung, ohne sich auf die Autorenintention zu beziehen. Sie sind aber auch nicht antirealistisch aufzufassen, sondern unterliegen in allen Fällen einer regressiven und reproduktiven Hermeneutik, die auf Vorgegebenes referiert, einerlei, ob dies erst hier und jetzt ins Bewußtsein getreten oder schon damals von Dritten ausgemacht worden ist (möglicherweise mit graduellen Unterschieden). Immerhin sind diese Interpretamente zum größeren Teil dort und damals noch nicht Gegenstände von hermeneutischer Erfahrung gewesen. Sie werden erst dann zu Erfahrungen, wenn sie durch hermeneutische Interpretationen erschlossen sind. Damit reduziert sich auch die Tragweite der Boeckhschen Formel von der ‹Erkenntnis des Erkannten› als des Gegenstandes der Hermeneutik oder von Collingwoods ‹Logik von Frage und Antwort›, wonach wir einen Text dann verstehen, wenn wir die Frage verstehen, auf die er die Antwort ist. Diese Bestimmungen sind von der Autorenintention her gesehen richtig und nützlich, erschöpfen aber damit die Reichweite des Hermeneutischen keineswegs. Dennoch wäre es verkehrt, ins Gegenextrem zu verfallen und sie dem Realismus der hermeneutischen Betrachtungsweise zu entziehen. Nur soviel ist damit gesagt: daß sie die (explizite) Autorenintention übersteigen.

Die Sekundäranalyse begegnet primär als Mittel der hermeneutischen Wissenschaften, hat aber auch in den Systematischen (dogmatischen) Disziplinen ihren Platz. Neben der Um- und Eindeutung der *prima-facie*-Bedeutung sind es gerade die weiterreichenden, durch Sekundäranalyse erschlossenen Sinnformen, die die Gegenwartswissenschaften zur einholenden Rezeption herausfordern.

3. Historisch-kulturologische und systematische Perspektive

Die Komplexheit und funktionelle Plurivalenz, die Vernetzung verschiedener hermeneutischer Instanzen und die durch Sekundär- und Tertiäranalysen erschlossene Mehrschichtigkeit der Interpretanda reichen aus, um die scheinbar nur durch eine Theorie antirealistischer Um- und Andersdeutung erklärbare Fortwirkung von Kultur und Geschichte objektiv einsehbar zu machen. Hinzu treten Analogie- und Isomorphieverhältnisse, die zwischen Gemeinsamem und Differentem beliebig vermitteln. Sie werden regressiv (Hermeneutik) und progressiv (Systematik) in Anspruch genommen.

Die in früheren Abschnitten wiederholt geltend gemachte Unterscheidung zwischen Hermeneutischen und Systematischen Wissenschaften soll indessen jetzt etwas genauer beleuchtet werden. Die bisherige Diskussion scheint allenthalben darin fehlzugreifen, daß sie die kategoriale Andersheit einer *wissenschaftlichen* Rezeption von Geschichte gegenüber einer vorwissenschaftlichen nicht ernst genug nimmt. Wissenschaft *von* Kunst, Wissenschaft von und über Literatur kann nicht in der gleichen Weise zur Auswirkung gelangen wie Kunst oder Literatur selber. Hier ist eine Reflexionsebene kontrollierter analytischer Rationalität erreicht, die nicht einfach in vorwissenschaftliche Rezeption zurückgeleitet und wieder in ungebrochene Begegnungen umgesetzt werden kann. Wo dies versucht wird, gehen die meisten wissenschaftlich erarbeiteten Differenzierungen, geht die spezifisch szientifische Präzisionsleistung folgenlos wieder verloren. Die Resultate von Wissenschaft sind vielmehr so lange wie möglich auf der erreichten Reflexionsebene zu halten und *wissenschaftsimmanent* weiterzuverarbeiten. Diese innerszientifische, interdisziplinäre Fortwirkung wissenschaftlicher Resultate sei im folgenden die *mediatisierende* genannt – im Unterschied zu jeder Art direkter, unvermittelter Rückwirkung auf ein öffentliches Publikum. Mediatisierung setzt die Funktionalisierung der einzelnen Wissenschaften in der Interdependenz eines Wissenschaftssystems voraus. Sie leistet in der Konsequenz genau das, was die spezifisch wissenschaftlichen Qualitäten rechtfertigt: nämlich die Relevanz des *Details* – und zwar die *gezielte* Relevanz. Außerhalb szientifischer Auswertungszusammenhänge kommt solche Relevanz höchstens in Ausnahmefällen zur Geltung. Nehmen wir den landläufigen Bildungsbegriff, auf den die historischen Wissenschaften bisher überwiegend bezogen waren: Die wissenschaftliche Methode bleibt hier im Grunde *ineffizient*, weil die Resultate nur gleichsam im monumentalen *alfresco*-Stil rezipiert werden können, in dem die Unterschiede weitgehend verschwimmen. Die Detailforschung dringt also gar nicht bis zum öffentlichen Bewußtsein durch. Dies bedeutet aber: Wissenschaft, die dergestalt unvermittelt wirken will, hebt in einem wesentlichen Punkte ihren eigenen Begriff auf. – Ebenso einschneidend ist ein zweiter Mangel: die Kontingenz der Streuung, die willkürliche Beliebigkeit der Vermittlung an irgendwelche Adressaten, mit ganz zufälligen Zuordnungen bestimmter Inhalte und bestimmter Empfänger, bei denen eine mögliche effiziente Zuordnung meist verfehlt wird. Bei der Pädagogik kommt zusätzlich ein drittes Manko ins Spiel: Der Kanon des Vermittelten und Vermittelbaren ist von vornherein beschränkt. Der Großteil historischer Gehalte bleibt daher schon materialiter außerhalb des Gesichtskreises. Nicht besser steht es mit der Formalbildung durch wissenschaftliche *Methode*, wie sie der deutschen Universität seit Humboldt als Ideal vorschwebte: Sie desavouiert die Gegenstände und Resultate von Wissenschaft selbst, indem sie sie zum Vehikel formaler Schulung degradiert. In der Konsequenz läge die Reduktion aller Wissenschaften auf eine einzige, die diesen Zweck am besten erfüllt.

Die Mediatisierung wissenschaftlicher Resultate ist um so notwendiger, als der wachsenden Verwissenschaftlichung der modernen Lebenswelt ein komplementärer Abbau des überlieferten Bildungsbegriffs entspricht. Die hermeneutischen Wissenschaften sind demgemäß aus der Verflechtung mit dem Bildungsbegriff zu lösen und vom Wissenschaftszusammenhang her neu zu motivieren. Sie enden dann nicht mehr blind im toten Meer eines kontingenten öffentlichen Bildungswissens, sondern gelangen zu einer optimalen Auswirkung ihrer Resultate:

1. Die Auswertung erfolgt der Idee nach systematisch und vollständig.
2. Sie erfolgt *detailliert*, d.h. unter Wahrung der wissenschaftlichen Präzisionsleistung.
3. Sie erfolgt *gezielt*, d.h. so, daß die Resultate an der *richtigen Stelle* des interdisziplinären Zusammenhangs zur Geltung kommen und relevant werden.
4. Sie erfolgt im Blick auf das *Ganze* des Wissens, d.h. unter einer durch die Totalität der Erfahrungssumme vermittelten *Kontrolle* und ferner nach dem Prinzip der Verhältnismäßigkeit.

Erst unter dieser Voraussetzung, daß die Resultate der Hermeneutik zunächst mediatisiert auf dem Niveau von Wissenschaft *bleiben*, läßt sich eine ganze Anzahl konkreter Leistungen der Hermeneutik für ein gegenwärtiges Wissenschaftssystem und vermittels seiner auch für die Gestaltung der gegenwärtigen Lebenswelt als sinnvoll ins Auge fassen. – Den *systematischen Wissenschaften*, die die Verarbeitung und Vermittlung von Resultaten der Hermeneutik übernehmen, fällt hier eine Schlüsselfunktion zu. Dabei zeichnet sich ein Wissenschaftssystem ab, das nicht nach Medien und Interessen des Erkennens gegliedert ist, sondern pragmatisch nach *Funktionen* und *Regionen*.

Es empfiehlt sich, als oberste Dichotomie die Zweiteilung von *systematischen* und *hermeneutischen* Wissenschaften anzusetzen. Die *systematischen* repräsentieren den jeweils geltenden Wissensstand bezüglich eines Phänomenbereichs. Sie verfahren *synchronisch*, indem sie den Struktur- und Funktionszusammenhang des Phänomenbereichs erforschen. Z.B. ist die Medizin definiert als der Inbegriff des gegenwärtigen Wissens um den menschlichen Organismus und die ihm gewidmeten Veranstaltungen. Die *historischen* Wissenschaften unter den hermeneutischen verfahren demgegenüber *diachronisch*, indem sie entweder Längsschnitte durch die Geschichte ziehen oder auch relativ-synchron historische Querschnitte bearbeiten, z.B. die Medizingeschichte insgesamt oder speziell die Erforschung der Hippokratik. Im übrigen beschränkt sich die Historie nicht auf die Geschichte der Menschen: Auch die Natur«*geschichte*» in Gestalt der Kosmogonie, Geogonie, historischen Geographie, Paläontologie und Paläobiologie bis hin zur Phylogenetik des Menschen gehört hierher, denn sie beschreibt einen Weltzustand, der nicht mehr der gegenwärtige ist. Es gibt also nicht nur *systematische* Geisteswissenschaften, sondern auch *historische* Naturwissenschaften.

Die *Systematik* läßt sich folgendermaßen weiter unterteilen:

I. Gruppe: Die *Naturwissenschaften*, zusammen mit den Technologien (den technischen Wissenschaften), aber ohne die historischen Naturwissenschaften.

II. Gruppe: Die *Sozialwissenschaften* (Soziologie, Politikwissenschaft, Jurisprudenz, Wirtschafts-, Finanz- und Verwaltungswissenschaft).

III. Gruppe: Die *Medienwissenschaften* (Linguistik, Hermeneutik, Kommunikationswissenschaft, Rhetorik-Theorie u. dgl.).

IV. Gruppe: Die übrigen *Humanwissenschaften* (empirische Anthropologie mit Ethnologie, Psychologie und Pädagogik, ferner die Kulturanthropologie mit den systematischen Kunstwissenschaften wie Poeseologie, Musikologie usw., aber auch etwa die allgemeine Religionswissenschaft).

V. Gruppe: Die *Philosophie* als Überwissenschaft, nämlich als allgemeine Wissenschaftstheorie, sei es als *philosophy of science* oder philosophische Hermeneutik; ferner gehören hierher Ontologie, Logik, auch die Mathematik wäre wohl hierher zu stellen; weiter die philosophische Anthropologie mit praktischer Philosophie und Ethik; schließlich die Ästhetik. –

Alles dies sind systematische, *nicht* historische Wissenschaften. Sie sind hier deshalb aufgezählt, um zu zeigen, wie viele systematische Geisteswissenschaften es neben und außer den Sozialwissenschaften schon gibt, die sich z.T. in jüngster Zeit aus den entsprechenden Zweigen der Historie auskristallisiert haben oder gerade im Begriff sind, dies zu tun. Z.B. ist die Hermeneutik eine *systematische* Wissenschaft, an der andere Wissenschaften ebenso partizipieren wie an der Logik.

Die Bedeutung der systematischen Wissenschaften, deren Ausbildung im geisteswissenschaftlichen Bereich durch den Strukturalismus wesentlich gefördert worden ist, für die historischen liegt auf der Hand: *Sie* arbeiten an den aktuellen Phänomenen und Problemen der jeweiligen Gegenwart. Sie operieren an der Frontlinie der jeweiligen *Praxis* und *Technik* und üben dort regulierend und stabilisierend Einfluß und Kontrolle aus. Sie können daher, soweit sie Resultate der Historie in sich aufgenommen haben,[13] die Historie

13 Beim Titel «historisch-hermeneutische Wissenschaften» ist zu beachten, daß sich die beiden Glieder nur überschneiden: Es gibt hermeneutische Wissenschaften, die nicht historisch, und historische Wissenschaften – die Disziplinen der Natur-«geschichte» –, die nicht eigentlich hermeneutisch verfahren.

mit der Praxis und Technik vermitteln – und zwar in der vorhin skizzierten Form des optimalen Effekts: nach den Prinzipien der gezielten Steuerung, der detaillierten Präzision sowie der Gesamtkontrolle und der Verhältnismäßigkeit – das letzte vom Ganzen der Wissenschaft wie der Gesellschaft her gesehen. Diese Vermittlung ist der entscheidende letzte Schritt des Mediatisierungsprozesses. Für das Verhältnis der Science- und Technologie-Historie zu den Naturwissenschaften und Technologien ist er unmittelbar einleuchtend. Auch der Einfluß der Sozialwissenschaften ist schon jetzt groß genug, um die Vermittlung mitzuleisten. Die Bedeutung systematischer Medien- und Humanwissenschaften wird in dem Maße anwachsen, wie ihr Aufbau weiter fortschreitet. Auch für sie gilt, daß die Formulierung oder Veränderung von Theorien zum mindesten auf lange Sicht auch Veränderungen der – theoriebedingten oder theoriekonformen – Verhaltensmuster hervorruft, und zwar um so mehr, je weiter und schneller die Szientifizierung der modernen Lebenswelt fortschreitet.[14]

Die Zuordnung von systematischen und hermeneutischen Wissenschaften bestimmt sich demgemäß dadurch, daß die hermeneutischen den systematischen attachiert und affiliert sind – und zwar im ganzen wie im einzelnen. Die Führung liegt bei der Systematik: thematisch, theoretisch, kategorial, schließlich in der praktischen und technischen Auswirkung. Freilich ist das Verhältnis selten so eindeutig wie im Fall der Medizin und Medizingeschichte, wo die zweite nachträglich aus der ersten herausgesponnen worden ist. Meist steht das Ordnungsprinzip der Historie zu dem der Systematik quer, d.h. eine einzige historische Wissenschaft erfüllt gleichzeitig ganz verschiedene Zubringerfunktionen für mehrere Systematiken. Die meisten Kulturwissenschaften und Philologien, die am traditionellen Volksgeist-Modell orientiert sind, sind zuständig sowohl für die Geschichte der Natur- wie der Sozialwissenschaften, der Medien- wie der Humanwissenschaften und endlich auch der Philosophie. Das Volksgeist-Modell ist auch künftig beizubehalten, wenngleich nur aus arbeitstechnischen und heuristischen Gründen, also als Mit-

14 Daß auch zahlreiche systematische Wissenschaften nicht an der Frontlinie zur Praxis und Technik stehen, besagt lediglich, daß auch sie einer Mediatisierung unterliegen: Die Kategorie der Mediatisierung bezieht sich nicht etwa nur auf das Verhältnis der historischen und hermeneutischen zu den systematischen, sondern umfassender auch auf das der systematischen Wissenschaften untereinander.

tel, nicht als Selbstzweck – es geht nicht mehr um «die Griechen» oder «den deutschen Nationalcharakter»! Für die *Auswertung* sind jedoch die Resultate solcher Wissenschaften aufzugliedern und nach systematischen Gesichtspunkten neu zu bündeln. Nur unter einem bestimmten Aspekt wird auch das Kulturganze als solches noch thematisiert, nämlich unter dem der Kulturmorphologie. Dies ist eine systematische Disziplin, zu der die einzelnen Kulturwissenschaften hermeneutische Beiträge leisten können.

Analoges wie für die Philologien trifft für die Geschichtswissenschaft im engeren Sinn zu: Sie ist zuständig für die Sozialwissenschaften, zumal für die Institutionenlehre,[15] darüber hinaus aber als Motivationswissenschaft auch für die Psychologie, und dadurch ferner mittelbar auch für die Anthropologie. – Ein weiteres Beispiel: Die Literaturgeschichte im engeren Sinn ist zuständig für die Poeseologie und zuletzt für die Ästhetik, aber auch für Psychologie und Anthropologie; ferner für die Linguistik – sämtlich systematische Wissenschaften! (Ansätze zur Erweiterung der alten Poetik auf eine systematische Literaturbetrachtung hin liegen übrigens nicht nur in strukturalistischer Form, sondern auch in der Komparatistik vor.)

Im Unterschied zum 19. Jahrhundert kann die diachrone Dimension heute keinen Eigenwert mehr beanspruchen. Ihr Stellenwert ist relativ auf den jeweiligen Auswertungszusammenhang, d.h. ihre Inhalte sind in letzter Instanz auf die Ebene der Synchronie zu projizieren und ins Systematische zurückzunehmen. Erst damit hören sie auf, nach Malraux' Wort Bestandteile eines «imaginären Museums» zu sein.

Mit der Relativierung des epistemologischen Antirealismus wird auch dessen Verkopplung mit der Normenkontinuität aufgelöst. Da die historischen Wissenschaften im Unterschied zur originären Kulturentwicklung die Distanz und Andersartigkeit der Vergangenheit herausarbeiten, unterbrechen sie die Normenkontinuität sogar. Sie liefern dann nur noch Informationen über vergangene Normen- und Wertsysteme, ohne selber Zielvorgaben zu vermitteln und «aneignende» Sinnstiftung zu betreiben. Wertbezug und Bedeutsamkeit in den historischen Wissenschaften bleiben innerhistorisch, ohne je der Gegenwart Normen vorschreiben zu können. Dies ist auch deshalb ausgeschlossen, weil dafür heute andere, zur jeweiligen Gegenwart gehörige Wissenschaften zuständig sind. Über die Wahrheits- und

15 Dazu W. Mommsen, 1972².

Geltungsfragen können naturgemäß nur die dafür kompetenten *systematischen Disziplinen* befinden, die sich an der Frontlinie der aktuellen Forschung bewegen und daraus ihre Sachkompetenz beziehen. Prototypisch zeigt sich dies am Verhältnis der Spezialhistorien zu den zugehörigen systematischen Disziplinen – kein Mediziner würde beispielsweise heute noch nach den Vorschriften Galens heilen und lehren wollen und nicht gemäß dem Forschungsstand von 2007 –, doch auch die Allgemeinhistorie wird sich (von Teilen der Zeitgeschichte abgesehen) schwerlich die Kompetenzen der Sozialwissenschaften anmaßen oder sie ignorieren.[16] Auch dann, wenn Informationen über vergangene Epochen in der Gegenwart aktualisiert und einstige Modelle reaktiviert werden können, entscheidet darüber nicht die Historie, sondern die zuständige in der Gegenwartsforschung engagierte systematische Fachdisziplin. Etwaige Appropriationen sind also nicht Angelegenheit der Historie, sondern der systematischen Sachforschung. Die Historie kann in der Gegenwart nur ausnahmsweise direkt, sonst aber lediglich *mediatisiert* auf dem Wege über die etablierten systematischen Disziplinen zur Auswirkung gelangen. Zumindest ist die Historie gehalten, sich zum herrschenden Forschungsstand ins Verhältnis zu setzen, ohne zu versuchen, an ihm vorbei Erkenntnisse, Einsichten, Theorien, Werte und Normen der Vergangenheit für die Gegenwart – die Öffentlichkeit wie den Einzelnen – zu propagieren. Diese Art der Zuordnung und Kooperation setzt voraus, daß die Historie so objektiv und realistisch wie möglich verfährt, um den verschiedensten Interessenlagen gegenwärtiger Systematik gleichermaßen effizient vor- und zuarbeiten zu können. Nur so bietet sich die Gewähr dafür, daß historische Einsichten multivalent disponibel bleiben, an der jeweils geeigneten Stelle eingesetzt werden und einen echten Erkenntniszuwachs versprechen, ohne von vornherein zur zirkulären Selbstbestätigung zu geraten.[17] Gadamer

16 Speziell zum Verhältnis der Philosophiehistorie zur Philosophie vgl. Verf., Funktions- und Reflexionsmöglichkeiten der Philosophiehistorie. Vorschläge zu ihrer wissenschaftstheoretischen Ortsbestimmung, 1985, 67–95.

17 Ausführlicher dazu Verf., Zur Ortsbestimmung der historischen Wissenschaften, 1974, bes. 80ff., 89; sowie ders., Thesen zur philosophischen Hermeneutik, 1993/1, 181. – Umgekehrt fällt die Orientierung der systematischen Wissenschaften über ihren objektiven Bedarf und ihre Rezeptionskapazität historischer Erfahrung sowie über deren Optimierungsmöglichkeiten in ihre eigene methodische Kompetenz, in genereller Hinsicht auch in die einer heuristisch ponderierten Wissenschaftstheorie.

hat – wiederum im Blick auf humanistische Modelle und das Übergewicht der Historie im neunzehnten Jahrhundert – es versäumt, die systematische neben der historischen Instanz zur Geltung zu bringen und damit die Historie in verschiedener Weise überlastet. Infolgedessen blieb auch die Verteilung der beiderseitigen Aufgaben und ihr interdisziplinäres Zusammenspiel unanalysiert.[18] Sache der Historie ist die Ermittlung der historischen Richtigkeit, Sache der systematischen Disziplinen die der theoretischen Sachwahrheit sowie der normativen und praktischen Geltung.

Natürlich unterliegt die Systematik selbst der Geschichtlichkeit und ist in beständiger Wandlung begriffen; wie umgekehrt jeder Wandel sich in objektiv-systematischem Rahmen und an systematischen Substraten vollzieht. Die Systematik von heute sinkt im geschichtlichen Fortgang zum Gegenstand historischer System*theorie* herab. Dies hindert nicht, daß die *jeweilige* Systematik Bezugspunkt für die *jeweils* zugehörige historische Forschung sein kann. Die Vielzahl historischer Standorte und Deutungen stellt also für die Systematik und ihr Verhältnis zur Historie kein unüberwindliches Problem dar.

Im konkreten Forschungsvollzug besteht zwischen Historie und Systematik ein kompliziertes Verhältnis wechselseitigen Austauschs, das nicht dialektisch genug gedacht werden kann. Gewiß gibt die gegenwärtige Systematik der Historie Fragestellungen, Begriffe und Kategorien vor. Aber die historische Materie hat ihr eigenes Schwergewicht, speziell bei vergangenen Dogmatiken von eigener Terminologie. Die Historie gelangt dadurch zu eigener Begriffsbildung, die – zusammen mit dem historischen Material rezipiert – zuletzt auf die Begrifflichkeit der Systematik modifizierend zurückwirken kann. Im übrigen vermag die Systematik an der Historie Kritik zu üben, wenn ihre Begriffe und Methoden rückständig sind. Umgekehrt kann die Historie die Systematik auf Grund falscher historischer Voraussetzungen kritisieren, nicht aber in den eigentlich systematischen Fragen, die allein auf der Ebene der Systematik selbst diskutiert und

18 Dazu Näheres Verf., a.a.O., 1993/1, 180 ff. sowie ders., Grundsätzliches zur Kooperation zwischen historischen und systematischen Wissenschaften, 1978, 321–344. – Symptomatisch für die Konfusion der Instanzen ist Gadamers Präferenz für Hegels ‹Integration› der Geschichte gegenüber Schleiermachers ‹Rekonstruktion› (W. M., 2. Aufl., 158 ff.), bei der zuwenig bedacht wird, daß Hegel die Geschichte natürlich als Systematiker und nicht als Historiker – so Gadamer – integriert.

entschieden werden können. Wo systematische Wissenschaften noch fehlen, können die einschlägigen historischen Disziplinen systematische Funktionen provisorisch mitübernehmen. Umgekehrt mag eine junge Technologie wie die Kybernetik ihre eigene Geschichte zunächst mitbetreuen.

Der in der Diskussion gelegentlich vertretene Einwand, die Unterscheidung hermeneutischer und systematischer Disziplinen sei deshalb unausgewiesen, weil beide Wissenschaftsgruppen miteinander nicht hinreichend korrespondieren, läßt sich in der Tat unterlaufen, indem man disziplinäre Entitäten zu *Blickrichtungen* und *Perspektiven* formalisiert. Mag beispielsweise in den Kulturwissenschaften die systematische, in den Naturwissenschaften die hermeneutische Seite institutionell unterrepräsentiert sein, so bleibt doch festzuhalten, daß Fragen der Wahrheit, der Geltung und der Normativität keine hermeneutischen, sondern systematische Fragen sind, die auch nur aus systematischer Kompetenz heraus entschieden werden können. Auch sind hermeneutisch-historische Fragen mit systematischen Problemstellungen nicht zu verwechseln, weil die von ihnen repräsentierten Themen an die Geltungsansprüche und an die Lösungskapazität der systematischen nicht heranreichen. Die systematische (dogmatische) Fragerichtung impliziert also als solche keine historische und die historische (hermeneutische) als solche keine systematische Kompetenz. Personen und Institutionen können zwar beide Kompetenzen verbinden, aber daraus folgt nicht, daß beide gleichwertig oder auch nur verträglich sind. Die Frage nach der Richtigkeit ist keine Wahrheitsfrage und umgekehrt. An dieser Unterscheidung läßt sich nichts abdingen, auch wenn die Anhänger der in der Realität vertretenen Instanzen mitunter nach beiden Richtungen zu votieren scheinen und dabei die notwendigen Distinktionen vermissen lassen. Wie sehr auch die beiden Hinsichten einander überschneiden mögen, das Schwergewicht ist so verschieden, daß es irreführend wäre, sie zu einer einzigen, unübersichtlichen Perspektive zu verschmelzen. Eine solche Fixierung der *beiden* Hinsichten bleibt also auch dann festzuhalten, wenn die Symmetrie zwischen Hermeneutik und Gegenwartswissenschaft nicht völlig hergestellt werden kann oder wenn sich vorläufig kein Anwärter für einschlägige Disziplinen namhaft machen läßt.

Durch diese Unterscheidung ist die Hermeneutik zunächst von der Aufgabe entlastet, darüber zu entscheiden, was wahr oder für uns relevant ist und in welchem Grade. Umgekehrt ist sie durch ihr neutrales, nur regressives, aber vielseitig disponibles Verstehen in die Lage versetzt, Informationen zu vermitteln an verschiedene systematische Disziplinen, ihre verschiedenen Schulen und an verschiedene Phasen ihrer Entwicklung. Die Systematik zieht daraus verschiedentlich Nutzen. Typen der Neuinterpretation und Auswertung hermeneutischer Erfahrung durch systematische Fächer sind beispielsweise: Sie in einen neuen *Kontext* zu rücken, was sich oft allein durch den Zeitenabstand einstellt, der mit einem Mehr an Sinn auch ein Mehr an Verstehen (Mehrwissen) ermöglicht. Oder durch eine Art der *Induktion*, wenn die Ergebnisse hermeneutischer Interpretation miteinander und mit den Resultaten zeitgenössischer Forschung verglichen werden. Eine andere Möglichkeit besteht darin, *Analogien* auszuziehen, indem man hermeneutisch erschlossene Phänomene als heuristische Modelle für analoge oder isomorphe Konzeptionen benutzt. Im übrigen sind auch Gegensätze, Negationen oder auch bloße Fehlanzeigen relevant.

Systematische Wissenschaften verfahren im Prinzip nicht weniger realistisch als die Hermeneutik, doch ist bei der Aufbereitung, Auswertung und Verarbeitung des hermeneutischen Materials gerade das erlaubt, ja oft geboten, was der Hermeneutik untersagt ist: die Einmengung eigener Standpunkte und Interessen in mehr als erkenntnisleitender und heuristischer Funktion. Der Systematiker muß und soll auf die eigene, vielfach interdisziplinär determinierte Forschungs- und Interessenlage hin auswählen, differenzieren, abkürzen und zusammenfassen, und er soll obendrein dem Material neue Dimensionen abgewinnen, indem er es auf ganz andersartige Problemfelder überträgt. Der Systematiker kann nicht umhin, die Belange der Gegenwart unverstellt zu artikulieren und so die Geschichte und Kultur appropriierend umzudeuten und progressiv weiterzuinterpretieren. Mag es sich dabei faktisch oft nur um graduelle Unterschiede zur Hermeneutik hin handeln, die Art, wie etwa die Historie den naturwüchsigen Zugriff der Systematik auf die Geschichte in der Regel zu korrigieren pflegt, setzt eine weitergehende Lizenz und einen freieren interpretatorischen Umgang des Systematikers mit der Vergangenheit voraus.

Die Systematik kann aber der Hermeneutik nicht nur eine subsidiäre Zubringer- und Präsentationsfunktion zubilligen, die den eigenen Zugriff auf die Materie ermöglicht und bestätigt, sondern sie muß sich gegebenenfalls auch einer kritischen Kontrolle ihrer Deutungen aussetzen. Viel kommt dabei auf eine ausgewogene Synthese zwischen einem Mehrverstehen im großen und einem Ebensogutverstehen im kleinen an (das die Hermeneutik vermitteln kann).[19]

Von ihren grundlegenden Leistungen abgesehen vermag die Hermeneutik nur limitierend zu wirken. Ihr Einspruch kann aber kruzial werden, wenn bestimmte Grenzwerte tangiert oder gar überschritten werden. Natürlich können Ergebnisse der hermeneutischen Wissenschaften je nach Größenordnung und – in weiten Grenzen schwankendem – Relevanzgrad vernachlässigt werden, doch besteht der Preis dafür in einer in ihren Folgen nicht absehbaren Zirkularität der Selbstaffirmation, die auf längere Sicht nicht einmal im Interesse der Systematik selber liegt. Die Authentizität und die Präzisionsleistung der Hermeneutik schlagen also tendenziell auf die systematischen Ansätze ebenso durch wie die in der Gegenwart wurzelnden empirischen Erfahrungen, die die Systematiken Hand in Hand damit machen. Jene können oft vernachlässigt werden, geraten aber manchmal zum Prüfstein und Kriterium und gelegentlich sogar zum Veto der Theorienbildung. Diese Rollen können sich verändern und modifizieren, doch ist mit ihnen allen virtuell immer zu rechnen.

4. *Kooperation der Perspektiven*

Die damit beschriebene Dissoziierung der beiden Perspektiven rückt also vielerlei zurecht: Die Wissenschaft der Geschichte und der Fremdkultur wird von der Überbürdung mit unqualifizierten Leistungen entlastet, die statt dessen in den Auswertungszusammenhang der systematischen Perspektive verlagert werden. Das scheinbar Gleichzeitige wird gleichsam entzerrt und in ein Sukzessions- und Stufenverhältnis überführt.

Die Aufhebung der Perspektivenkonfusion und die Entflechtung der Funktionen eröffnet nicht nur Spielräume für eine effizientere Rollenverteilung und Kooperation, sondern zeigt auch Wege auf, die in die Richtung eines sich selbst vollbringenden und transzendierenden Historismus führen. Die Wissenschaft von Geschichte und Kultur kann ihrer angestammten Intention auf einen ansichseienden

19 Ein Mehrwissen bezüglich der Vergangenheit und der Fremdkultur kommt beiden zu: dem Hermeneuten durch die Einordnung in größere Zusammenhänge und Abläufe, die in der Retrospektive manches deutlicher erscheinen lassen (aber nicht mit Gegenwartsinteressen verwechselt werden dürfen); dem Systematiker durch neue Sachwahrheiten, an denen gemessen frühere Annahmen und Verfahren antiquiert wirken.

Gegenstand mit einem besseren Gewissen, wenngleich nicht unkritisch, nachgeben, als wenn sie sich von vornherein der Verstrickung in eine ausweglose Perspektivenflucht ausliefert, bei der die szientifische Präzisionsleistung weitgehend leerläuft. Andererseits ist der Gegenwartsgebundenheit durch die genuinen Zugangsweisen der systematischen Blickrichtung in vollem Umfang Rechnung getragen.

Im pluralistischen Perspektivenmodell sind die Methodenkonflikte entschärft, die mit der Anhäufung heterogener Aufgaben in der hermeneutischen Sehweise selbst zwangsläufig gegeben waren. Die systematische Sicht vermag unverstellt die Belange der Gegenwart zu artikulieren, während die Hermeneutik, von den Anforderungen letztinstanzlicher Aneignung und Verarbeitung dispensiert, die für sie wesentlichen autonomen Freiräume entsystematisierter Objektivität ausmessen und in sachadäquater Methodik detailliert entfalten kann.

Die im vorigen aufgewiesene, mehrschichtige Variabilität der objektiven Hermeneutik (A – B – C) ist im übrigen in der Lage, in Verbindung mit der Finalisierung der systematischen Perspektive eine Mannigfaltigkeit zu erzeugen, die der einer ungebunden flottierenden hermeneutischen Instanz nahezu gleichkommt.

Es genügt freilich nicht, die Trennbarkeit der hermeneutischen und der systematischen Perspektive nur bis zu einer gewissen Grenze zuzulassen, denn dies würde einer weitergehenden Relativierung der Hermeneutik Vorschub leisten.[20] Tatsächlich sind jedoch die vermuteten unbewußten Voraussetzungen nicht aufweisbar, auch nicht indirekt durch Analogieschlüsse, die von aufgedeckten vergangenen Angleichungen auf die Gegenwart hin gezogen werden. Auch solche Angleichungen sind nämlich – in einer Verschiebung der Fragestellung – nur im Vergleich mit dem realen Interpretandum als Interpretamente identifizierbar, und sie führen bei Rückschlüssen auf die Gegenwart entweder gleichfalls zur Realität oder bleiben im Schatten skeptischer Undurchsichtigkeit. Noch weniger ist gewonnen, wenn anstelle des Beweises auf der (schwächeren) Bedingtheit vergangener und gegenwärtiger Interpretationen insistiert wird. Solche nicht näher qualifizierten Bedingtheiten und Voraussetzungshaftigkeiten sind nämlich, wie erläutert,[21] ambivalent, weil sie Erkenntnis entweder

20 Gadamers Verteilung der Aufgaben an die einzelwissenschaftliche (technische) Hermeneutik und an die Philosophische Hermeneutik, die der Wissenschaft einen gewissen Spielraum gewährt («kontrolliert»), weist gerade in diese Richtung.

21 Vgl. oben S. 146.

fördern oder hemmen oder auch neutral sein können. Der strikt beweisende und der bloß konstatierende Weg sind daher beide untauglich, um einen hermeneutischen Relativismus zu stützen. Sie führen entweder in den Realismus oder in die Skepsis.

Hier zeichnet sich demgegenüber eine kritische Theorie der Geisteswissenschaften ab, die an die Stelle der üblichen Entgegensetzung von (hermeneutischer) Adaptation oder aber von Indifferenz gegenüber Kultur und Geschichte einer weitausgreifenden, vielfach vermittelten Rezeption Raum gibt. Es zeigt sich, daß Kultur- und Geschichtsforschung auch und gerade dann Nutzen abwerfen, wenn sie tendenziell objektiv prozedieren, und daß sich in der Objektivität keineswegs ein latenter Antihistorismus verbirgt. Mag die Geschichtsneutralität im neunzehnten und frühen zwanzigsten Jahrhundert den damals herrschenden Historismus wie ein Schatten begleitet haben, charakteristisch ist dies für den Historismus selbst, d. h. die Aufgeschlossenheit für Geschichte und Kultur, nicht. Das Überwechseln ins Gegenextrem der Ideologisierung, d. h. in den ästhetisch-existentiell gelesenen Humanismus, vernachlässigt den Großteil der Tradition zugunsten «eminenter» Zeichensysteme und ist daher nicht als wirkungsvolles Remedium zu betrachten. Gegenüber der Eliminierung oder der selektiven Emporstilisierung der Geisteswissenschaften ist eine zwischen beiden mitteninne liegende Lösung ins Auge zu fassen, die prinzipiell alles in mediatisierter Aufgliederung, mit innovatorischer Perspektive, aber auch mit objektiv kontrollierter und korrigierender Rückkopplung, an die Gegenwart und die eigene Kultur vermittelt. Es geht also weder um ein Surrogat und Pendant religiösen Glaubens noch um eine Abkopplung der Tradition, d. h. nicht um ein schlichtes ‹Ja› oder ‹Nein›, sondern um ein behutsames, mannigfache Instanzen durchlaufendes Ingebrauchnehmen einer vielschichtigen Überlieferung. Es kann auch kein ernstzunehmender Einwand gegen eine mediatisierte, gebrochene Rezeption sein, sie sei nicht innerlich angeeignet oder «unexistentiell». Solche Rezeptionsformen sind lediglich Grenzfälle in einem unübersehbaren Spektrum verschiedenster Möglichkeiten der Übernahme und Verarbeitung.

Der weitere Einwand, ein solcher Umgang mit Geschichte und Kultur sei aber rationalistisch, ja intellektualistisch belastet und drohe beide zu instrumentalisieren, verkennt, daß das szientifische Verhältnis das expliziteste und ausgezeichnete ist und daß hinter diesen Standard nicht ohne Not zurückgegangen werden kann.

Bereits die anthropologisch fundamentalste Form lebensweltlicher

Interpretation, die intersubjektive Kommunikation, läßt Unterschiede zwischen Rezeption und Bewertung erkennen, und sie zeigt ein Gefälle von Stufen und Polaritäten zwischen Verstehen, Nichtverstehen und Besserverstehen, das jeweils eine Graduierung der Verhältnisse voraussetzt. (Dazu gehört auch der Konsens, der mindestens eine partielle Übereinstimmung der Teilhabenden impliziert.) Natürlich stellt die Individualität einen Problemfall dar; doch untersteht er entweder dem strengen Zwang zum Aufweis oder – so in der Normalität des Alltags – er bleibt von vornherein im Zwielicht der Unsicherheit und Skepsis. (Das gleiche gilt in verschärftem Maß für die Selbstdeutung.) Einerlei, ob wir die andern von uns oder umgekehrt uns selbst von andern her interpretieren oder beides zugleich stattfindet, fest steht, daß beide Pole unterschieden werden können und daß wir mit zunehmender Bewußtheit auch verschieden damit umgehen.

Interpretative oder (regelgeleitete) hermeneutische Erfahrung setzt voraus, daß aus Geschichte und Kultur *gelernt* werden kann. Dieses Lernen aus der Tradition ist in sehr weiter Bedeutung zu fassen. Es tritt an die Stelle der normativen Implikationen, die man der Geschichte und Kultur seit jeher zugeschrieben hat, die aber mit der Abhebung der systematischen Perspektive an diese zurückgefallen sind. Für die bekannte Formel von der *historia* als *magistra vitae* ist unter diesen Voraussetzungen kein Raum mehr.[22] Daß Geschichts- und Kulturwissenschaften so zu wirken scheinen, ist ein Reflex der Option gegenwärtiger Systematik, hinter deren Wahlakte nicht zurückgegangen werden kann. Modellverhältnisse sind ohne ein solches Mehrwissen der Gegenwart nicht zu statuieren, und auch das im engeren Sinn Vorbildliche wie das Klassische, Normative und Verbindliche sind nur aus gegenwärtigen Präferenzen heraus erklärbar oder doch dadurch wesentlich mitbestimmt.

Interpretative und hermeneutische Erfahrungen werden von der systematischen Perspektive aus gezogen und weiterverarbeitet. Solche Sukzessionen können virtuell ins Unendliche laufen, wobei auch die späteren Phasen als hermeneutische Erfahrungen zu klassifizieren sind. Im Unterschied zur Gadamerschen Wirkungsgeschichte ist diese Fortwirkung jedoch von bewußtem Charakter: Sie blickt auf die Resultate der Kultur- und Geschichtswissenschaft oder auf frühere und unmittelbar vorangehende Rezeptionsphasen der Systematik zurück.

22 Vgl. R. Koselleck, 1967, 196–219; und auf der anderen Seite: H. U. Wehler, 1988, 11–18, ferner E. Keßler, 1981, 11–33.

Die jeweils systematische Instanz interpretiert die überkommenen Erfahrungen neu, indem sie sie im Lichte ihrer eigenen Perspektiven und Zwecke aufbereitet und evaluiert. Die hermeneutische Erfahrung ist insofern mehrdeutig, als sie entweder in regressiver oder in progressiver Richtung und im zweiten Fall in der Regel mit zeitgenössischen Erfahrungen kombiniert – ersten, zweiten oder n-ten Grades – entwickelt wird.

Die kulturologisch-historische Erfahrung ist stets realistisch intendiert, während die zeitgenössische Verarbeitung zunächst der Definition des Antirealismus zu genügen scheint, ‹anders› zu interpretieren als jene. Doch trifft dies für die Falltypen des Mehrwissens, das bereits durch den Zeitenabstand hergestellt wird, und für das induktive Vergleichen, das Ergebnisse historischer und kulturologischer Forschung untereinander und mit dem Eigenstandort konfrontiert, nicht wirklich zu. Aber selbst die innovative Veränderung des Materials entzieht sich der Definition eines unbewußten Antirealismus insofern, als sie bewußt die Entscheidung gegen eine Tradition trifft, die selbst noch mehr oder weniger präsent ist. Dies gilt beispielsweise für die Analogie, bei der hermeneutisch erschlossene Phänomene als Modelle für analoge oder isomorphe Konzeptionen in Gebrauch genommen werden. Im übrigen setzen der kritische und der innovative Gebrauch hermeneutischer Erfahrung einen bestimmten analogen Rahmen voraus (unter Einschluß von Gegensätzen, Negationen oder auch von bloßen Fehlanzeigen). Auch der sekundäranalytische Zugriff, der Überkommenes unter Sachgesichtspunkten auf bis dahin unbeachtete Merkmale hin ausinterpretiert, steht weniger im Zeichen des Antirealismus als eines detektorischen Realismus, der im übrigen voll rechenschaftspflichtig ist.

Unter dem Vorbehalt der Fallibilität dürfen wir annehmen, daß Geschichte und Kultur sich zunächst in der originären Form durchhalten und von uns ebenso verstanden werden wie von den kompetenten Zeitgenossen. Dies bedeutet keine Subjektivierung des Verstehens – sei es im Autoren- oder im Rezipientensinn –, sondern die Erfassung der Bedeutungsgehalte der anderen Epoche oder Kultur, die wir in unserer Gegenwart annähernd adäquat nachvollziehen. Was wir schon in der Phase der historisch-kulturologischen Erfassung hinzutun, ist das Mehrwissen, zu dem uns die Distanz zwischen Eigenem und Fremdem befähigt. Es betrifft den zusätzlichen Gehalt, der sich aus der Erforschung des Umkreises, der Zwischenglieder und der zugehörigen gegenwärtigen Situation ergibt.

Dieser zusätzliche Bedeutungsgehalt, der über die Autoren- und Rezipientenauffassung von dort und damals und die ihr entsprechende Bedeutung hinaus zu einer historisch-kulturellen Gesamtbedeutung führt, ist aber in keiner Weise mit der bewußten Uminterpretation aus der systematischen Perspektive gleichzusetzen, die das historisch-kulturologische Material oft nur als limitierend behandelt und sonst ganz eigene Wege geht. Sie läßt das historisch-kulturologisch Eruierbare deutlich hinter sich und ist zuweilen nur sehr locker damit verbunden (z. B. in modernen Technologien). Beide Perspektiven stehen grundsätzlich quer zueinander, auch wenn und soweit die systematische Perspektive auf der historisch-kulturologischen aufbauen mag. Insbesondere besitzt die Gegenwart ein solches Eigengewicht, daß sie nicht einfach als Fortsetzung und Appendix der Geschichte behandelt werden kann. Diese Sicht des neunzehnten Jahrhunderts ist auf Grund des autonomen Status zeitgenössischer Erfahrungswelten nicht mehr zeitgemäß.

Die wechselseitige Anpassung und Synthetisierung der beiden Perspektiven hat Verkürzungen auf beiden Seiten zur Folge, die der Intention jeder der beiden Sichtweisen zuwiderlaufen: Die Zirkularität der Selbstbestätigung verstellt die uneingeschränkte Anerkennung des Anderen und des damit dargebotenen Erfahrungspotentials, und die Relativierung der Gegenwartsperspektive versagt dem damit bisher verbundenen Fortschrittsgedanken auch die subjektive Glaubwürdigkeit. Bedenkt man aber, daß der Ansatz der Philosophischen Hermeneutik primär von der vermeintlichen Überwindung der Geschichtsneutralität und eines Oberflächenhistorismus motiviert war, dann sind die dagegen ins Feld geführten Hypothesen gewiß ein zu schwaches Vehikel für eine Neuorientierung.

5. Die Frage des Primats der Interpretationen – unentscheidbar?

Die Interpretationsphilosophie ist auf dem Wege der Philosophischen Hermeneutik weiter vorangeschritten und hat die Unterscheidung verschiedener Perspektiven vollends hinter sich gelassen. Die von der Hermeneutik für die Geisteswissenschaften propagierte Struktur wird hier auf die Wirklichkeit – auch der Naturwissenschaften – explizit übertragen und damit eine Art von Konsequenz erreicht, die freilich mit einem jetzt ganz anders motivierten Realitätsverlust erkauft wird. Die dilemmatischen Einwände gegen eine solche Theorienbildung brauchen hier nicht wiederholt zu werden.[23] Der Interpretationismus, der jedem Realismus abgeschworen hat, beginnt selbst ortlos zu werden, weil seine Basiserfahrungen von der Übermacht des Antirealismus erdrückt und aufgezehrt werden.

Der Interpretationismus ist ein abgeschwächter, ein Semi-Idealismus. Er hat als solcher einen schwierigeren Stand in der Erkenntnistheorie als ein reiner Idealismus. Während der reine Idealismus keine oder nur begrenzte Probleme aufwirft, sucht der Internismus zwischen Realismus und Antirealismus zu vermitteln – eine heikle Aufgabe, bei deren Lösung ein glatter Ausgleich kaum möglich ist. Statt dessen wird man zwischen den Fällen der Über- oder der Unterordnung wählen müssen. Hatte Gadamer sich in seinem abschließenden Sprachkapitel schon dem Primat des Antirealismus angenähert, so setzen die Interpretationsphilosophen die Akzente recht klar, am deutlichsten G. Abel, der auf der Ableitung und Erklärung der Adäquationswahrheit aus der Interpretationswahrheit besteht.

Indessen ist, zumindest gemessen an der Tradition, die Frage der Beweislast nicht wirklich gelöst. Für eine so komplexe Theorie wie die Interpretationsphilosophie kann es strenggenommen von vornherein keine eindeutige Lösung geben. Es gibt nur – negativ gewendet – Grade der Plausibilität. Bringt man den hergebrachten Unterschied zwischen dem An-sich-Früheren und dem Für-uns-Früheren ins Spiel, so zeigt sich, daß der Interpretationismus sich die Leistung, zum An-sich-Früheren zu gelangen, gar nicht mehr zutraut. Wenn man überhaupt unterscheidet, dann ist das An-sich in das Für-uns ebenso zurückgenommen wie hier viele andere Gegensätze und Polaritäten der Tradition explizit oder implizit aufgehoben erscheinen.

Tatsächlich ist in dieser Grundfrage über eine skeptische Einstellung gar nicht hinauszukommen. Der einschlägige Skeptizismus kann deshalb nicht etwa dem Interpretationismus untergeordnet werden, sondern er beherrscht den Interpretationismus in jedem Fall und *per definitionem*.

23 Vgl. oben S. 62–64 und S. 68f., 88f.

E. Inwieweit ist der Interpretationismus «kritische» Philosophie?

1. Transzendentale Argumente?

P. F. Strawson hat in seinen beiden ersten Büchern die Diskussion um «transzendentale Argumente» neu entfacht.[1] Identität (mit Re-Identifizierung), Einheit, Ursache und Wechselseitigkeit sollten wie bei Kant unabdingbare Erkenntnisbedingungen sein, die nicht ohne Selbstwiderspruch preisgegeben werden können. Zwar sind solche transzendentalen Argumente bei Strawson primär regressiv und nicht progressiv-konstituierend verstanden wie bei Kant; sie bleiben damit hinter den Ansprüchen Kants – die Erkenntniskategorien sind bei Kant zugleich Kategorien der Wirklichkeit – zurück. Zumal die skeptischen Einwände von Stroud haben die Tragweite des Ansatzes noch weiter gemindert und Strawson selbst zu einer weitgehenden Zurücknahme seiner – zunächst objektiv intendierten – Ansprüche genötigt (1985).[2]

Die gegenwärtige Diskussionslage ist dadurch gekennzeichnet, daß man die «Transzendentalität» solcher Argumente, d.h. ihren apriorischen Status im Hinblick auf die Begründung von Erfahrung, nicht mehr rechtfertigen zu können meint. Der Titel ‹transzendental› ist damit strenggenommen überflüssig geworden, und es bleiben nur Argumente übrig, die in ihrer Geltung beliebig weit reichen und die man daher neutraler und besser ‹kategoriale Vorgaben› (der Erkenntnis) nennen könnte. Sie haben nur subjektive Tragweite (wobei es hier dahingestellt bleiben soll, ob Kant sein Ziel einer Vermittlung von Subjekt und Objekt selbst erreicht hat).[3]

Die Interpretationsphilosophie setzt diese Situation voraus und baut sie weiter aus. Solche Vorgaben sind natürlich auch für den Interpreten notwendig, und bei Abel nehmen sie beispielsweise auf

1 P. F. Strawson, 1972; ders., 1981.

2 P. F. Strawson, 1985.

3 Zur aporetischen Situation der Kant-Diskussion Th. Grundmann 1993, 225–237; vgl. ders. 2004, 44–75. Ähnlich R. Bittner, 1974, 1524ff., bes. 1537f.

der ersten (dem kantischen Ansatz entsprechenden) und der zweiten Ebene seines Stufenbaus einen ausgedehnten Raum ein. Dennoch reichen sie in keinem Fall an die Apriorität des kantischen Vorbildes heran. Interpretativ heißt, «was auch anders sein kann».[4] Alternativenlosigkeit gehört also nicht mehr zu den Merkmalen solcher Kategorien. Vielmehr ist Beliebigkeit und Austauschbarkeit für solche Vorgaben konstitutiv. Noch mehr: Solche Hinsichten bilden nicht etwa nur ein bestimmtes «System subjektiver Meinungen», sondern sind prinzipiell jederzeit veränderlich oder miteinander kombinierbar, synthetisierbar und differenzierbar. Es herrscht m.a.W. eine nur vorübergehend begrenzte, unübersehbare Variabilität der Gesichtspunkte. Aus einheitsstiftenden «Argumenten» ist hier eine offene Topik geworden, deren Regeln selbst wieder interpretativ ausgelegt werden müssen. Sie trifft für Welt-, Fremd- und Selbstverhältnisse gleichermaßen und ohne Ausnahme zu. Insofern könnte man sie in einem formalen Sinn weiterhin ‹transzendental› nennen, doch ist damit im Unterschied zu Kant nichts über die Quantität und Qualität ihrer Geltung ausgesagt, sondern lediglich über die vielfältige Funktionalität solcher subjektiver Kategorien als solcher, die, wie erklärt, nicht ein für allemal abgeschlossen und fixierbar ist.

Man könnte versucht sein, die unendlichfache Interpretativität dadurch zu limitieren, daß man infinitesimale Differenziale, die keinen interpretativen Anschluß ermöglichen, als Kriterium der Exterminierung geltend macht. Doch ist auch dieses Kriterium nicht fixierbar. Man müßte denn auf den Menschen als das *animal (meta-)hermeneuticum* zurückkommen, um alles, was unterhalb seiner hermeneutischen Kompetenz liegt, theoretisch auszuschließen. Man könnte sogar so weit gehen zu formulieren, daß kategoriale Vorgaben unter anderem die Funktion haben, solche infinitesimalen Verhältnisse zu exkludieren. Dennoch bliebe eine derartige Grenzziehung, wie die kategorialen Vorgaben selbst, subjektiv und würde nicht zu einer – wie auch immer beschaffenen – objektiven Gegenständlichkeit führen. Als transzendentale Generalkategorie bleibt die *Andersheit* übrig, die sich je nach Kontext verschieden darstellen kann und die die Einheit und Identität der kantischen Tradition ablösen soll.

In der Interpretationsphilosophie überwiegen wie bei Kant die unbewußten Interpretationen. Bei Simon, Lenk und insbesondere Gadamer ist eine solche vorbewußte Ausdeutung der Phänomene hand-

4 G. Abel, 1992, 504; ders., 1999a, 65f.

greiflich. Aber auch bei Abel[5] ist die organisierende Komponente des Interpreten (Zerlegen, Synthetisieren, Klassifizieren, Subsumieren, Abstrahieren, Verkürzen, Erweitern u. dgl.) nur sekundär gegenüber der primären Zuweisung von Raum- und Zeitstellen mit der «Lokalisierung» von Objekten und Ereignissen (Kant) und ihrer Individuation und Identifikation (Strawson), die sich vorbewußt vollziehen.

Hier erhebt sich jedoch die in der Interpretationsphilosophie nicht thematisierte oder vorzeitig abgewehrte Frage, mit welchem Rechtsgrund dabei von «*Interpretation*» die Rede sein kann, ohne daß das ‹Was› und sogar das ‹Daß› des Interpretandums zur Debatte gestellt worden wäre. Die Auskunft, diese Frage sei nicht erlaubt oder doch nicht zu beantworten, unterschlägt den Unterschied des Interpretationismus zum Idealismus hin und verkürzt den Interpretationismus um eine entscheidende Dimension. Zumindest der Metatheoretiker ist, wie wir sahen, gehalten, sich dieser Frage zu stellen und danach – je nachdem, ob die Antwort affirmativ (realistisch) oder skeptisch ausfällt – seine Theorie des Interpretationismus zu formulieren. Der Interpretationist gesteht den Überstieg selber dadurch ein, daß er unbegrenzt viele Vor-Stufen der eigenen Interpretation anzugeben weiß, über deren Existenz und antirealistische Verfaßtheit er orientiert zu sein beansprucht (Abel nach Goodman; Simon, auch Lenk, in der Sache auch Gadamer). Die Hinterfragung des Interpretaments wird in diesem Argumentationsgang handgreiflich.[6]

Dabei kann von einer zweifachen Richtung des Interpretierens ausgegangen werden: Einmal gegenüber anderen, auf dem gleichen Niveau wie wir selbst situierten Interpreten, die in der Sprachgemeinschaft, im Konsens oder kolloquial mit uns verbunden sind. Hier ist interpretationistisch wie bereits beim Selbstverhältnis mit einer Andersheit des Verstehens und Interpretierens zu rechnen. Dieser schon bei Gadamer diagnostizierte Falltyp[7] ist jetzt zweitens zu ergänzen durch den entsprechenden sachlichen «vertikalen» Typus des Verhältnisses zwischen Interpret und Interpretandum. Auch hier wird der Interpretationist ganz analog zum intersubjektiven Verhältnis eine indirekte, antirealistische Relation annehmen, die die gemeinte Sache anders erscheinen läßt. Interpretation heißt, wie erinnerlich,

5 G. Abel, 1999a, 212.

6 Der Unterschied zwischen Interpretation ‹als› und Interpretation ‹von› kann dabei vernachlässigt werden.

7 H.-G. Gadamer, Schriften zur Hermeneutik II, 1993/1994, die Beiträge 11 bis 16, 146–215.

im Interpretationismus die starke, progressive und produktive Deutung, die die Sache anders wendet und die damit zur regressiven und reproduktiven Interpretation im Gegensatz steht (mit dem zusätzlichen Gegensatz von Vielheit und Einheit).[8] Die vermutete Identität ist wie zwischen Subjekten so auch zwischen Subjekten und Sachen progressiv variabel und zugleich «nicht (realistisch) explizierbar».[9]

Es ist aber ein Trugschluß, daß der epistemische Zugang zur Sache Interpretativität einschließt. Epistemische Vermittlung bedeutet keinen Verzicht auf die Möglichkeit einhelliger Bezugnahme. Das heißt: Eine Interpretation kann zutreffen, auch können beispielsweise mehrere Interpretationen auf verschiedene Aspekte der Sache beziehbar sein. Die starke Interpretation kann also nicht als transzendental einsichtig gemacht werden, denn sie erlaubt nicht, diese beiden Falltypen auszuschließen.

Eine solche beweis- oder erfüllungsdilemmatische Überlegung kann nach dem Graduierungsargument weiter spezialisiert werden: Es können mehrere Lösungen die Sache zwar nicht treffen, aber ihr in verschiedenem Grade nahekommen, womit auch der Grundsatz der Gleichwertigkeit der Interpretationen problematisiert wird. Dies hat beispielsweise Auswirkungen auf die «Mereologie», d.h. die beliebige Teilung und Einteilung von Substraten, von denen keine vor den übrigen zu bevorzugen sei. Ob dies so ist und auch künftig so bleiben wird, ist jedoch eine offene Frage, der man mit skeptischer Reserve gegenübertreten sollte. Auch jetzt scheinbar gleichwertige und unentscheidbare Alternativen sind gegen Revisionen im Detail und im Kontext nicht gefeit. Es ist daher ganz unbegründbar, die Gleichwertigkeit von Interpretationen auf die Zukunft zu überschreiben und eine spätere Klärung der Rangverhältnisse nicht in Rechnung zu stellen. Momentaufnahmen dürfen jedenfalls nicht dogmatisiert und mit Endgültigkeitscharakter ausgestattet werden.

Übrig bleibt für den Theoretiker eine nicht überwindbare Skepsis, wenn man sich nicht auf der pragmatischen Ebene vorläufig für eine realistische Lösung entscheidet, die freilich vielfältiger Erprobung und Bewährung ausgesetzt ist. Auch eine gegebenenfalls konstatierbare Äquivalenz darf jedenfalls nicht als Indiz für die prinzipielle interpretationsphilosophische und hermeneutische Gleichwertigkeit in Anspruch genommen und damit unzulässig verallgemeinert werden.

8 Vgl. oben S. 61 f.
9 Vgl. unten S. 181 Anm. 23.

2. *Ableitung der ‹Realität› und andere Paradoxien*

Die beweisdilemmatische Rehabilitierung von Deutungsgraden läßt im übrigen die Umkehrung der traditionellen Priorität zwischen Antirealismus und Realismus bei den Interpretationsphilosophen als bedenklich erscheinen. Als ‹realistisch› sollen dort einige Phänomene gelten, für die bestimmte übergeordnete kategoriale Vorgaben interpretativer Herkunft zutreffen. Ein Zurück hinter die Interpretativität ist ausgeschlossen, lediglich der Weg vorwärts zur abgeleiteten Realität ist gangbar. Das Beweis- oder Erfüllungsdilemma durchbricht jedoch diese Konstruktion. Unter bestimmten Konstellationen kann ein (abgeleiteterweise) als realistisch Angesprochenes tatsächlich realistisch sein, wenn es gewisse kategoriale Vorgaben erfüllt, deren Wirklichkeitsbezug selbst noch zur Debatte steht. Wie diese Vorgaben selber können auch die von ihnen umfaßten Einzelfälle Aspekte der Realität repräsentieren, zu denen überdies das spezifizierende Moment der Graduierung nach dem Mehr oder Weniger hinzutritt. Maßgebende Beispiele dafür sind die Kulturen und die Sprachen, deren Deutung als Aspekte ebenso plausibel zu machen ist wie ihr Status als Interpretationen, und die meist zusätzlich gegeneinander abgestuft sind.

So wie die Identität, Einheit oder Ganzheit im Einzelfall traditionellerweise richtig sein oder doch als zutreffende Annäherung verstanden werden kann, so ist auch die Re-Identifikation nicht dogmatisch als interpretativ und zuletzt fiktiv zu qualifizieren. Teilidentitäten genügen bereits, um Kontinuität zu gewährleisten (an die schlüssige Korrektur Derridas durch M. Frank sei erinnert).[10] Noch tiefer greift die beweisdilemmatische Analyse, die es als zweifelhaft erscheinen läßt, ob überhaupt eine Abweichung vorliegt.[11]

Gadamer zieht noch nicht die radikalen Folgerungen der Interpretationsphilosophen, die nicht nur die durchgehende Interpretativität (wie schon Gadamer im Sprachkapitel), sondern auch die Reflexivität (Selbstanwendung) von Interpretativität postulieren. Diese Refle-

10 M. Frank, 1989, 471–490.

11 Das gleiche gilt auch für die Statuierung von gleichbleibenden Horizonten und für Über-Horizonte, die mehrere Horizonte übergreifen und zusammenfassen mögen (vgl. oben S. 147 Anm. 3). Dabei überall Alterität zu argwöhnen, die die Ganzheiten interpretativ aushöhlt, empfiehlt sich aufgrund der beweisdilemmatisch geschwächten Argumentationsbasis nicht. (Gewiß trifft das gleiche auch für Differenzen zu, die nicht gegenläufig dazu vereinheitlicht werden sollten.)

xion ist *ad infinitum* interpretativ, wodurch sich Überlagerungsphänomene einstellen, die die Verhältnisse unübersichtlich machen. Eben deshalb hat Lenk die Einzelwissenschaften von der Interpretativität ausgenommen («vorläufig»), während Abel die Selbstanwendung der Interpretationsphilosophie grundsätzlich bejaht, aber ihrem infiniten Vollzug aus den gleichen Gründen ausweicht.[12] Die Interpretations-*praxis*, die Abel als Gegenargument ins Feld führt, kann aber gleichfalls mehrfach geschichtet sein und schließt vollends den notwendigen Regreß des Theoretikers nicht aus.

In diesen Zusammenhang gehört auch das bisher schon mehrfach gestreifte,[13] aber nunmehr prinzipiell zu behandelnde Darstellungs- und Argumentationsdilemma. Außer einem indirekten Hinweis bei Simon[14] ist es von den Interpretationsphilosophen offenbar gar nicht bemerkt worden. Wenn alles nur *intentione obliqua* erfaßbar ist, warum entwickeln dann die Interpretationisten ihre Argumente und ihre Darstellung auf allen Ebenen *intentione recta*? Gewiß nicht, um Andersdenkende von der Richtigkeit ihrer These zu überzeugen, denn dazu bedürfte es gewisser Brückenprinzipien, die den Übergang von der ‹alten› zur ‹neuen› Betrachtungsweise nahelegen und erleichtern. Das Problem erscheint in der Tat nicht beachtet, geschweige daß ihm auch nur in hinleitender Weise Rechnung getragen wäre. Die Durchführung bleibt schlicht rätselhaft.

Zugleich zeichnet sich damit eine Grenze des Interpretationismus ab, die die Alternative eines Nicht-Interpretativen greifbar macht und als plausibler erscheinen läßt. Die Hypothek, die der Interpretationismus in Kauf nimmt, ist zuletzt doch größer als der Gewinn, den die radikale Wendung der Philosophie abwirft. Die Ausweglosigkeit der All-Interpretation zeigt sich zunächst in der künstlichen Naivität der Darstellung, die durchweg traditionellen Mustern folgt und Interpretatives fast immer nur von außen deskribiert, ohne die Konsequenzen der Selbstanwendung explizit zu machen. Zu Ungereimtheiten der Präsentation treten Lücken der Argumentation und der (angewandten) Logik, die dem veränderten Status nicht Rechnung trägt und weder durch eine grundsätzliche Revision der Verfahrensweise noch durch Beispiele die zugunsten des Interpretationismus verschobene Situation zu erkennen gibt. Das Resultat ist eine Beschreibung inter-

12 G. Abel, 1996a, 275 ff.

13 Vgl. oben S. 60 Anm. 3, S. 88 f., S. 202.

14 J. Simon: s. oben S. 80 mit Anm. 32.

pretativer Verhältnisse *ab externo* und aus der Distanz, die die beanspruchte Wandlung des Wahrheitsbegriffs performativ dementiert.

Das hier gemeinte Argumentationsdilemma ist eine spezielle Form der Selbstanwendung, die, wie schon beim selektiven Gebrauch im allgemeinen, so auch in der Form der Darlegung und Argumentation signifikativ unterlassen wird. Darin deutet sich zum Mindesten an, daß der Primat des Antirealismus bisher nicht wirklich durchgesetzt ist und entsprechende Ansprüche nicht eingelöst sind. – Abels Entwurf hat zweifellos den Vorzug, daß er die dritte Ebene als Operationsbasis seines Unternehmens auszeichnet.[15] Würde man auch seine Darstellungs- und Argumentationsform an dieser Stelle verorten, dann wäre der Fehler vielleicht zu beheben. Doch hat Abel einen solchen Zusammenhang nicht explizit gemacht, und ihn *ex post* zur Geltung zu bringen, ist immer mißlich.

3. *Kritische Philosophie?*

Die Interpretationsphilosophie hat zunehmend die Nähe zu Kant gesucht (Putnam, Lenk, Abel). Aber schon Gadamers Konzeption einer *Philosophischen* Hermeneutik intendiert den generellen Anschluß an die transzendentale Wendung Kants,[16] in der Sache vermittelt durch Dilthey und den frühen Heidegger. Freilich zeigt die teilweise gleichgerichtete Kulturphilosophie Cassirers,[17] deren Grundlagen noch neukantianisch sind, welche systematischen Voraussetzungen eine solche Deszendenz impliziert. Sie sind bei Gadamer wie bei den Interpretationsphilosophen entfallen. Damit ist aber auch die Inanspruchnahme des berühmten Modells zumindest problematisch geworden. Während Kant noch eine «Metaphysik von der Metaphysik»[18] im

15 G. Abel, 1996a, 279ff.

16 Explizit im Vorwort zur zweiten Auflage von W. M., XXII.

17 Vgl. oben S. 1 Anm. 3. Cassirers neukantianischer Ansatz ist, was die Realismus-Frage angeht, radikaler als die meisten zeitgenössischen Interpretationsphilosophen, denn die Welt wird bei ihm ursprünglich «gesetzt». Gerade deshalb empfiehlt es sich zwar, Cassirer für die historische Erklärung heranzuziehen, ihn aber nicht als systematische Referenzfigur der Interpretationisten zu behandeln. (vgl. auch W. Flach, 1990, 298: «Mehr historisch als systematisch interessiert macht er (Cassirer) sich dabei nur wenig Gedanken über die Konsequenzen dieser Erweiterung ...»).

18 Brief Kants an M. Herz nach dem 11. 5. 1781, in: I. Kant, Briefwechsel, 1986[3], 195.

Auge hatte, setzen sich die Interpretationisten von der Metaphysik in einem unvergleichlich viel radikaleren Maße ab. Es bleibt daher zunächst zu prüfen, ob und inwieweit die Berufung auf Kant zu rechtfertigen ist. Immerhin bleibt schon bei Kant die Unterscheidung zwischen Subjekt- und Objektseite ungesichert: Wir können nicht zwischen den Subjekt- und den Objektanteilen definitiv trennen, weil Kategorien und Anschauungsformen mehr oder minder auch auf der Objektseite vorkommen können; alle «subjektiven» Formen sind *auch* «real» möglich (objektiver Raum u. a.).

Im nachfolgenden hermeneutischen Pluralismus wird die Zone der übereinzelwissenschaftlichen Bedingtheiten so weit formalisiert, daß nur die ‹Bedingtheit überhaupt› übrigbleibt oder, affirmativ gewendet, die Alterität (im Unterschied zur Identität). Auch hier ist die Grenze zwischen subjektbestimmter Hermeneutik und Realität nicht definitiv zu ziehen. Es kann nicht ausgeschlossen werden, daß bestimmte «Auswahlen» nur heuristische Funktion haben und demgemäß korrigierbar sind. Die Philosophische Hermeneutik wie die Interpretationsphilosophie nehmen damit wiederum den Status einer Möglichkeitserwägung an, die zur Skepsis herausfordert. Das gilt zunächst für beliebige Einzelfälle, sodann aber auch für die «philosophische» Dimension im Ganzen. Damit ist auch ein weiterer Unterschied zu Kant gegeben, bei dem der Satz subjektiver Formen unteilbar ist.

Die Interpretationsphilosophie hat ihrerseits – bei Lenk und Abel – Kant auch materialiter in ihre Theorie einbezogen und seine Kategorien als oberste Sphäre der Interpretativität in Anspruch genommen. Kant erscheint damit radikalisiert, und er wird zugleich – im Anschluß an Cassirer, Wittgenstein und Gadamer – ins Spezielle und Einzelne hinein weitergedacht.[19]

Simon hat bereits darauf hingewiesen, daß die Transzendentalphilosophie durch den Interpretationismus abgelöst und ersetzt sei. Allerdings stehen, wie die Diskussion der letzten Jahrzehnte gezeigt hat, «transzendentale Argumente» im klassischen Sinn nicht mehr zur Verfügung. Die kategorialen Vorgaben, von denen auch die Interpretationisten Gebrauch machen, haben mit Kant nur noch die Akzentuierung der Subjektseite gemeinsam. Von einem inhaltlichen Apriori ist hingegen nicht mehr die Rede. Die unendlichfache Vieldeutigkeit,

19 Über das damit verstärkt zutage tretende Beweisdilemma und andere, flankierende Gegenargumente ist im zweiten Kapitel gehandelt worden.

die auch die transzendentale Einheit der Apperzeption desavouiert, läßt dadurch eine Eindeutigkeit der Lösungen nicht mehr zu. Der Interpret gewährleistet weder intersubjektive Kontrolle noch auch Kontinuität in der Zeit. Mit dem Apriori ist ferner die Alternativenlosigkeit, die die klassische Transzendentalphilosophie auszeichnete, entfallen und die inhaltlichen Leistungen des transzendentalen Subjekts auf die Unbestimmtheit der Verstehensbedingungen und auf einen okkasionalistischen Kontextualismus zurückgenommen. Die Grenzmarke, die von Kant hin zum Interpretationismus überschritten wird, betrifft daher im Kern die Einheit selbst, die in eine unkontrollierbare Vielheit übergeht. Erst dieser Übergang – und analog der von der Identität zur Alterität – faßt den Unterschied zwischen einer wie immer auch modifizierten Metaphysik und einer Nicht-Mehr-Metaphysik zusammen.

Die Interpretationsphilosophie ist in der Tat in einem Grade «empirisch» orientiert, der die Heraushebung eines spezifisch Philosophischen im Sinne Kants nicht mehr hinreichend rechtfertigt. Es ist im Grunde eine Rückkehr zum Phänomenalismus Humes, der unter einem neuen Gesichtswinkel wiederholt und mit einer charakteristischen Vervielfältigung in Szene gesetzt wird. Daß dabei der Interpretationsbegriff in sich unklar wird und einige theorieimmanente Argumentationsschwächen unterlaufen, tritt erschwerend hinzu.

Die Eigenständigkeit der Philosophie im Sinne Kants ist bei den Interpretationisten selber fraglich geworden. Es empfiehlt sich deshalb nicht, der zumal kontinentalen Versuchung zu erliegen, den Interpretationismus als eine – oder gar die – Erfüllung Kants auszugeben. Die gegenwärtige Kontroverse zwischen Realismus und Antirealismus ist demgegenüber als eine interne Auseinandersetzung anzusehen, die zwar ihre historischen Wurzeln hat, aber von anerkannten Traditionen nicht getragen werden kann. Die Bezugsgröße zum Antirealismus ist deshalb nicht Kant und der Kantianismus, sondern der Realismus in der Vielzahl seiner Bedeutungen und Varianten. Gewiß ist die moderne Wendung zum «Erzeugungs»-Idealismus methodisch leitend, aber die Ersetzung von Einheit durch (unbegrenzte) Vielheit wiegt noch schwerer, weil sie den einst metaphysischen Rahmen sprengt und diesen Verlust an Bestimmtheit nicht wettmachen kann.

H. Putnam, der neben R. Rorty zum Gewährsmann der deutschen Interpretationsphilosophen geworden ist, repräsentiert nur einen Ausschnitt der Analytischen Philosophie, der das Gros der Analytiker nicht übersehen lassen sollte. Dem umstrittenen[20] ‹internen Realismus›, der tatsächlich ein Antirealismus ist, stehen verschiedene Formen des kritischen oder auch wissenschaftlichen Realismus gegenüber, deren Argumente sorgfältig abgewogen werden müssen. G. Abel hat dankenswerterweise die Gegenargumente Putnams (bis 1992) übersichtlich zusammengefaßt.[21] Dabei zeigt sich, daß die Mehrzahl von Putnams Argumenten durch das Beweisdilemma betroffen und daher nicht mehr einfachhin verwendbar ist.[22]

Die «grundbegriffliche Relativität», auf die sich die Interpretationisten weiterhin berufen, ist durch das Graduierungsargument, das die

20 Vgl. oben S. 61 Anm. 6.

21 G. Abel, 1992, 166f.

22 Putnams Modelltheorie von unendlich vielen, gleichwertigen Modellen (H. Putnam, Models and Reality, 1983, 1–25; ders., 1982, 54ff., 68ff., 105f.), die die deutschen Interpretationsphilosophen weitgehend übernehmen, schränkt sich durch mannigfache Voraussetzungen selbst ein: Putnam konzediert selber, daß starre Designatoren, die die Mehrzahl der von uns verwendeten Ausdrücke prägen, von der Modelltheorie nicht betroffen sind. (Vgl. H. Putnam in: A. Burri, Hilary Putnam, 1994, 184ff., dazu Burri, 1994, 153–155.) Ferner setzt die Modelltheorie eine Axiomatik formaler Sprachen voraus, deren Interpretationen die hier gemeinten Modelle sind. Andere Wissenschaften als die mathematischen und physikalischen, etwa die übrigen Naturwissenschaften oder die Sozial- und die Geisteswissenschaften, sind aber auf diesen Typus des Modells gar nicht festlegbar. (Vgl. die originäre Fassung des Arguments bei H. Poincaré, 1906, 168ff., 177. Der Satz von Löwenheim-Skolem – der zweite Beleg für die Modelltheorie – ist vollends mathematischer Art.) Zur unannehmbaren Verallgemeinerung des Skolemschen Arguments und seiner Übertragung auf die Semantik H. Putnam, 1983, 15–25. – Vgl. dagegen eine der letzten Äußerungen von Putnam in dem Originalbeitrag bei M. Willaschek 2000, 125–142, wo Putnam 131, 141f. von den Schlußfolgerungen des modelltheoretischen Arguments ausdrücklich abrückt. – Die Distanzierung des späteren vom mittleren Putnam läßt sich fixieren auf die John-Dewey-Lectures in Philosophy, 1999, mit der Hinwendung zum direkten Realismus, der im Anschluß an Austin (‹Sense and Sensibilia›) auf der Perzeption aufbaut und dem common sense nahesteht. «Gleichwertigkeit» der Interpretationen kann im übrigen in den Geisteswissenschaften durch eine spezifische Metatheorie oder durch zusätzliche graduierende Argumente in der Regel entscheidbar gemacht werden (vgl. dazu die Modelltheorien von Beth oder Kripke oder die konkurrierende Bewertungssemantik). Auch Quines Unterbestimmtheitstheorie der Bedeutung, an die Putnam anschließt, kann solche Differenzierungen nicht ausschließen. Im einzelnen vergleiche man W. Alstons Widerlegung des modelltheoretischen Arguments von Putnam oben S. 61.

(scheinbare) Gleichgewichtung von Grundbegriffen als (vorläufige) Ausnahme zu erkennen gibt, in Frage gestellt. Und die durchgängige Option für Interpretamente ist durch die Unterscheidung von Aspekten, die wiederum nur in Ausnahmefällen – bei Widersprüchen – zur Annahme von Interpretationen herausfordern, kontraindiziert.

Abels Hauptargument, die Relation von Interpretament und Interpretandum sei «nicht explizierbar»,[23] kann solche theoretischen Alternativen nicht ausräumen. Es würde auch nur zu einer skeptischen Version des Interpretationismus hinführen, die dem skeptischen Horn des Beweisdilemmas ziemlich genau entspricht. Die Ungleichbehandlung von *other minds* und der Sache selbst ist im übrigen wenig überzeugend. Würde man aber beide gleich behandeln, so würde man auf einen Solipsismus hinausgelangen, der sich einem Idealismus immer mehr annähern würde. Oder man würde das Interpretandum auf die Stufe der *other minds* heben und dadurch zum wenigsten einer theoretischen Thematisierung zugänglich machen (etwa mit der typologischen Unterscheidung zwischen Aspekten und Interpretationen).

Der Interpretationismus gibt sich als Umkehrung der Metaphysik, leistet aber tatsächlich nur deren Infragestellung durch einen wohldosierten Skeptizismus. Das Beweisdilemma zeigt in der Tat, daß der Status von Wissen («gerechtfertigte wahre Meinung») hier nicht zutrifft. Weder ist die Wahrheit der Meinung noch gar ihre – nichtzufällige – Rechtfertigung gegeben. Die vermeintliche Umkehrung der Metaphysik erweist sich als Art von Zirkularität,[24] bei der die Interpretativität bereits vorausgesetzt wird, ohne daß konkurrierende Hypothesen zusammenhängend auf ihren Wahrheitsanspruch geprüft würden.

Der partielle Skeptizismus, den der Interpretationismus gegenüber der Welt der Sachen übt, kann seinerseits noch einmal skeptisch hinterfragt werden, so, daß er die Interpretativität selber einbezieht. Diese Skepsis zweiter Ordnung gibt die interpretationistische Position erst vollständig wieder. Sie läuft wie im Falle Gadamers auf eine bloße Möglichkeitserwägung hinaus, die als solche verdienstvoll ist, aber nicht überzogen werden sollte.

Bereits die – nach Nietzsches und Heideggers Hinweisen – kontinentalen Anfänge des Interpretationismus bei Gadamer laufen insofern

23 G. Abel, 1999a, 46, 97, 263; ders., 1993, 21, 45, 58, 120, 131–133, 231, 418, 425, 447, 456; ders., 1988, 53, 54; ders., 1996a, 282.

24 Vgl. unten S. 201–206.

leer, als die humanistische Motivierung des Immer-wieder-Andersverstehens durch ein realistisches Mehrwissen weitgehend überflüssig gemacht wird. Zwar ist dieses Mehrwissen nicht so spektakulär wie die interpretationistische Lösung, weil es an einem unverstellten Hindurchreichen unseres Verstehens von Geschichte und Kultur festhält. Beide Konzeptionen dürfen nicht miteinander verwechselt werden: Die realistische Deutung läßt die Vor- und Mitwelt prinzipiell unabhängig und unbeeinflußt von zeitgenössischen Vor-urteilen, die erst der Systematiker ins Spiel bringen kann. Für den Historiker und Kulturwissenschaftler sind es lediglich Bruchteile des Zeitgenössischen, die er zu berücksichtigen vermag, nämlich solche, die direkt und explizit für offene Fragen der Historie oder Kulturwissenschaft verwendbar sind, z. B. Heuristisches, Falsifikationen oder Bestätigungen. Das Zeitgenössische und das für die Erklärung der Geschichte und Fremdkultur Relevante kongruieren also durchaus nicht und sind daher getrennt zu halten. Gadamers pauschaler Kontextualismus verwischt diese Grenzen bewußt. Auf die Beweisbedürftigkeit dieser Art von Einbeziehung von Geschichte und Fremdkultur war wiederholt hinzuweisen. Gadamer kann seine Hypothesen auch nur durch den Rückgriff auf ein (kollektives) Unbewußtes stützen, das uns *a tergo* bestimme und dadurch *per definitionem* nicht ins Bewußtsein trete. Doch ist diese Auskunft ebenso unplausibel wie der Kontextualismus bewußter Zustände, weil beide dem Erfüllungs- oder Beweisdilemma verfallen und schiere Möglichkeiten als wirklich ausgeben.

Andererseits war im vorigen zu zeigen, daß die differenzierte Vielfalt, Verzweigtheit und Kombinierbarkeit der realistischen Hermeneutik fast genau so weit reicht wie die der antirealistischen, wenn man einmal die mannigfachen Beziehungen zu verschiedenen Instanzen typologisch durchleuchtet und durchspielt. Die vermittelnde Funktion des Analogiebegriffs kann ferner durchweg vorausgesetzt werden. Seine kaum zu überschätzende Leistungsfähigkeit steht ganz auf dem Boden des Realismus.[25]

Die Philosophische Hermeneutik Gadamers macht also nicht nur einige uneinlösbare Voraussetzungen, sondern leistet auch pragmatisch nicht soviel, wie sie vor dem Hintergrund einer nicht hinreichend analysierten Wissenschaftstradition vorgibt. Auf den Punkt gebracht, bleibt im Leistungsvergleich nur soviel übrig: Der Neubeginn wird bei Gadamer in die Historie bzw. Kulturwissenschaft

25 Vgl. dazu oben S. 125 f. und S. 134–138.

selbst hineingenommen und besticht daher durch die Kompaktheit der Wirkung vor den schärfer differenzierenden Unterscheidungen der realistischen Position. In einem zweiten Anlauf hat Gadamer allerdings den Antirealismus schon mit der Sprache verknüpft.[26] Daß dieser Vorschlag aus anderen, sprachphilosophischen Gründen fragwürdig ist, war im vorigen darzutun.[27]

Auch vom Effizienzvergleich her gesehen ist also der Interpretationismus Gadamers entbehrlich. Er urgiert zwar das Moment des Schöpferischen und Innovatorischen, gelangt aber faktisch über die wohldifferenzierte Vielfalt des Realismus nicht hinaus. Insbesondere ist die unumgängliche Trennung zweier Perspektiven – der historisch-rezeptiven und der systematisch-dogmatischen – so grundsätzlich, daß daraus die tentative «Realisierung» der gesamten Szene erwächst. Das Zusammenwirken beider Perspektiven schafft für ein Panorama von Gesichtspunkten Raum, das durch einen forcierten Antirealismus nur scheinbar überboten werden kann.

26 H.-G. Gadamer, W.M., Teil III. – Die Interpretationsphilosophen tragen diesem erweiterten Ansatz Gadamers leider nicht genügend Rechnung, wenn sie Gadamer auf die Domäne der klassischen Hermeneutik zu beschränken suchen.

27 Vgl. oben S. 29.

F. Kunst als Bewährungsfeld des Antirealismus?

1. Ansichsein von Kunst?

Gadamer stellt vor die Neubewertung der Historie ein umfangreiches Kapitel über die Rolle der – produzierenden, reproduktiven und rezipierten – Kunst.[1] Er sucht darin zu zeigen, daß das Ansichsein des Kunstwerks eine Abstraktion des Historismus und andererseits des (subjektiven) ästhetischen Bewußtseins ist. Das Werk ist nach Gadamer jeweils viel konkreter in «seiner (Um-)Welt» verankert, von der es nur scheinbar abgelöst werden kann. Dies gilt auch noch für die Reprisen, die das Werk in seiner Wirkungsgeschichte erfährt: Etwas vom ursprünglichen Kontext und ein neuer, entsprechender Kontext sind erforderlich, um das Werk zum Sprechen zu bringen. Die Darstellung, in der sich die Sache in ihrer Welt manifestiert, setzt sich geradezu in die Reihe der Rezeptionen hinein fort. Die Wirkungsgeschichte gehört also zur jeweils erneuerten Präsenz des Werkes hinzu. Dazu tritt gegenüber dem szientifisch angehobenen Status der Geisteswissenschaften, die Gadamer im folgenden Hauptkapitel behandelt, der vorrationale, nicht ausschöpfbare Charakter des Kunstwerks. Er verweist auf ein Vor- und Unbewußtes, das rational und wissenschaftlich nicht eingeholt werden kann, und das auch darin sich als Modell der danach behandelten historischen Geisteswissenschaften empfiehlt. (Gadamer knüpft hier an die sogenannte Genieästhetik an.)

Gadamer zieht damit aus dem neuzeitlichen Nominalismus weitere Konsequenzen für eine individuelle Kontextualisierung und einen (starken) Interpretationismus des Kunstwerks (am Begriff des Werks hält Gadamer gegenüber neueren Auflösungsversuchen fest).

Indessen ist der Vorschlag, das Werk mit seiner Situation, Funktion und insbesondere seiner Präsentation (Inszenierung, Aufführung,

1 Gadamer, W. M., 1–161. Gadamer ist auf diese Thematik (Sitz im Leben, Situiertheit und Okkasionalität der Kunst) nur noch beiläufig zurückgekommen, z. B. in WW 8, 373 ff., bes. 376, 397–399.

Lokalisierung, Rezitation, Vortrag in Leseakten und dergleichen) im Sinne einer umfassenden ‹Darstellung› zusammenzusehen, ja damit gleichzusetzen, nicht unumstritten geblieben.[2] Gadamers «ästhetische Nichtunterscheidung»,[3] die derlei Qualifizierungen zu integrieren strebt, läßt sich gegenüber einer bloß historischen – und damit rational nachvollziehbaren – Erfassung nicht hinreichend abgrenzen. Aber auch die ‹Welt›, die zum Werk gehören soll, bleibt merkwürdig mehrdeutig und läßt sich durch beliebige Ausdehnung trivialisieren. Insbesondere ist es fraglich, ob man mit Gadamer ‹Darstellung› schlechthin meint oder ob irgendwo – und welche – Grenzen gezogen werden können.[4]

Hinzu kommt, daß der Begriff der ‹Darstellung› in der Tradition nicht individualisiert, sondern als Manifestation der Einzigkeit der ‹Idee› verstanden war (Platon, Hegel). Die Individualisierung, ja Okkasionalisierung steht in der Nachfolge Heideggers.[5] Auch die Zuordnung von Darstellung und (spezifizierter) ‹Welt› ist neueren Datums. Die Umkehrung des klassischen Mimesis-Begriffs bei Gadamer, die zu einem ‹Seinszuwachs› des Kunstwerks gegenüber der Realität führt, hat also nicht automatisch die Individualität des Werkes im Gefolge. Der Zusammenhang muß daher kritisch überprüft werden. Dabei ist wiederum die Frage maßgebend: was gehört notwendigerweise zum Kunstwerk und zu seiner Welt und wo ist die Grenze gegebenenfalls zu ziehen? Hier sind auch solche Interpretationen in Rechnung zu stellen, die Gadamer dem bloß ästhetischen Bewußtsein zuweisen möchte, nämlich diejenigen, die von der Kunstkritik als falsch und abwegig zurückgewiesen werden. Dabei wird allerdings der Interpretationsbegriff überhaupt fraglich; zum wenigsten gerät der verabschiedete Gedanke des Ansichseins von Kunst wieder in Reichweite. Daß derlei kritische Gesichtspunkte selbst Interpretamente seien, ist beweisdilemmatisch

2 Vgl. z.B. die Einwände bei O. Becker, 1962, 225 ff., bes. 229, 235, 236; bei D. Teichert, 2003, 193–217, bes. 210 ff. und bei G. Figal, 2006, 136–139.

3 Gadamer, W.M., XVI, 81 ff., 111, 132, 139, 146, 158, 160 f., 377, 451; WW 8, 85, 120, 141 und öfter.

4 Der grundsätzliche Zweifel, ob man Kunst durch Außerkünstlerisches wie den Kontext bestimmen könne, ist hier nicht zu erörtern. (Gadamers Forderung, daß Ästhetik in Hermeneutik aufgehen müsse, spiegelt diesen angenommenen Sachverhalt wider.)

5 M. Heidegger, 1960, 35 ff., 40 ff., 45 ff., 69 ff.

kontraindiziert und jedenfalls nicht widerlegungsdefinit plausibel zu machen.[6]

Eine alternierende, hier versuchsweise entwickelte Kunstdeutung faßt Kunst nicht als das gesteigerte Bild, sondern als *das Fiktionale* auf, das potenzierte («verdichtete») Wirklichkeit ist und daher für mehrere Deutungen Raum läßt. Es ist mit anderen Worten ein Mögliches neben dem Nur-Faktischen und insofern auch in höherem Grade multivalent. Dies heißt freilich nicht, daß es nicht normativ wäre, sowohl für den Produzenten wie für den Nachschaffenden und für den Rezeptor. Es hat vielmehr eine charakteristische Mittellage zwischen einer Infinität von Realisierungsweisen und der Einzigkeit einer bestimmten Auslegung. Die damit gemeinte Pluralität von Aspekten oder Hinsichten – auch Gadamer gebraucht diese Termini – ist von uns aus betrachtet endlich, aber nicht vorhersehbar. Es kommt vielmehr auf den Versuch und die Erprobung an. Sie können aber auch scheitern, und zwar in allen drei genannten Beziehungen des produktiven und reproduktiven Künstlers und des Rezipienten. Unbeschadet einer letzten Undurchdringlichkeit und Irrationalität des Kunstwerks[7] gibt es daher *Annäherungen* an den Gehalt des Kunstwerks, die sowohl verschiedene Aspekte wie auch verschiedene Grade der Realisierung betreffen – am augenfälligsten bei der Reproduktion, die in der Regel eine Rangierung durchaus erlaubt. Die Kunstkritik hebt darauf ab und macht so ein normatives Ansichsein des Werkes explizit. Die Kunstkritik funktioniert also nicht nur negativ, sondern auch affirmativ vergleichend, und sie folgt darin den Anstrengungen der reproduzierenden Künstler, den Inhalt des Werkes nach Möglichkeit auszuschöpfen. Unentscheidbare Bewertungen sind jedenfalls nicht die Regel.

Bezieht man diese Unterscheidungen mit ein, dann ist ohne die Annahme eines wie auch immer pluralisierten Ansichseins des Werkes nicht auszukommen. Die Konkretisierungen des ausübenden Künstlers sind eben nicht gleichwertig, ja sie gehorchen alle einer – wennschon mehrdeutigen – Norm, die sie mit verschiedenem Resultat zu erreichen suchen. Die Grenzlinie zwischen ‹besseren› und ‹schlech-

6 Ein weiterer Einwand entspringt der selbstreferentiellen Kunst der Postmoderne, die nicht auf eine Umkehrung des Mimesis-Gedankens zurückgeführt werden kann. – Vgl. im übrigen in der Kunst den fehlenden «Sinn» bei sinnlosen oder gar sinnwidrigen Fakturen.

7 Vgl. z. B. Th.W. Adorno, Ästhetische Theorie, 1970, 92 f., 179 ff.; Chr. Menke, 1991.

teren› Interpretationen mag dabei fließend sein – daß man zwischen den beiden Kategorien unterscheiden könne, ist aber kaum zu bezweifeln.

Zumal die Produktionsvorgänge eines Werkes lassen sich in verschiedener Weise mit der Vorstellung eines *Unbewußten* zusammenbringen. Der Autor überblickt beispielsweise nicht alles, sondern bleibt in seinem Bewußtsein auf Fragmentarisches oder sogar Äußerliches beschränkt. Das auf seiner Seite zu vermutende Unbewußte darf jedoch nicht überschätzt werden. Es steht in mehreren Hinsichten dem Nachvollzug durch Andere und Dritte offen, ist also nicht schlechthin, sondern nur für bestimmte Betrachter unbewußt (z.B. Biographie, Umwelt, Struktur- und Formanalyse, Fortwirkung, Rekonstruktion des Erwartungshorizonts)[8]. Über das Konstatierbare und Rekonstruierbare hinaus weitere Schichten des Unbewußten zu postulieren ist wiederum beweisdilemmatisch kontraindiziert und führt in der Regel zu einem skeptischen Resultat. Für die großen traditionellen Theorien des Unbewußten fehlt auch im Bereich der Kunst die Beglaubigung, die für eine konstruktive Theorie nötig ist. Sosehr also das ‹Werk an sich› rätselhaft und nicht rational nachvollziehbar bleiben mag, sowenig läßt es sich mit einem noch weniger greifbaren Unbewußten – einem «Asyl der Unwissenheit»! – der «Wirkungsgeschichte», der «Horizonte» und der Endlichkeit verknüpfen. Auch der Spiel-Charakter der Kunst trifft zwar für den Involvierten zu, nicht jedoch für den externen Analysten und Historiker, der die Voraussetzungen und Regeln des Spiels weithin zu überblicken vermag.

2. *Geschichte und Historie in der Kunst*

Die Fortwirkung in der Geschichte und die Einholung von Kunst ist, wie gezeigt, nach Gadamer nur durch eine ähnliche Okkasionalisierung des Umkreises möglich wie in der Vergangenheit, wobei sich alte und neue Motive durchdringen. Die Neuvergegenwärtigung von Kunst ist daher, ganz ebenso wie nachher in den historischen Geisteswissenschaften, antirealistisch aufgefaßt. Auch wenn der Terminus

8 Wie es mit der «Einbehaltung» der Tradition im Kunstwerk bestellt ist, zeigt ein Blick auf den ‹Oedipus Rex› des Sophokles: Das Stück wirkt im Theater auch heute durchschlagend, aber nicht weil die griechischen Götter noch präsent wären, sondern weil vorgeschichtliche Tabus (Inzest, Vatermord) zur Sprache kommen. Referenzpunkt sind also kulturanthropologische Sachverhalte, die die humanistische Tradition durchbrechen.

der Anwendung (Applikation) im Kunstkapitel noch nicht gebraucht wird, ist es doch angemessen, die später explizit gemachten Verhältnisse auf die Kunst und ihre Geschichte versuchsweise zu übertragen.[9] Gadamer zufolge «bestimmt sich» die Kunstrezeption je nach Situation und geschichtlichem Ort sozusagen spontan «neu». Der Rezipient weiß davon in der Regel nichts; das Wissen des Kunsthistorikers, des Kunstwissenschaftlers und auch des Ästhetikers bleibt teils äußerlich, teils ist es ebenso im Bannkreis des alles tragenden Unbewußten befangen. Rational aufklären läßt sich darum die Neusituierung der Kunstrezeption bei Gadamer grundsätzlich nicht.

Indessen liegen die beweisdilemmatischen Einwände gegen diese Konzeption auf der Hand. Der Rezipient, der Reproduzierende und der (theoretische) Interpret sind ohne Kenntnis von der antirealistischen Wendung ihrer Interpretation; sie glauben ja nach Gadamer, daß sie das Werk in seinem Ansichsein richtig interpretieren. Erst der Kunsthistoriker und Wissenschaftler sagt ihnen, daß es sich um eine andere Interpretation handelt; und erst der Metahermeneutiker sagt beiden, daß sie die Tragweite solchen Andersseins auf Grund nicht durchschauter unbewußter Bestimmungen gar nicht ermessen können. Eine solche Aussage ist aber nicht verifizierbar; sie kann über einen problematischen (oder skeptischen) Status nicht hinausgelangen.

Die konstatierbaren, von der Kunstwissenschaft und -historie aufgewiesenen Unterschiede sind dagegen im Prinzip zweifelsfrei gegeben, und sie sind selbstverständlich realistisch aufzufassen. Es bleibt nur ein letztes Argument übrig: Die wissenschaftsgeleiteten Stufen der Rezeption seien nicht wirklich spielbezogen, existentiell und auf die Veränderung der Lebensführung hin angelegt; lediglich die Lebenswelt und die – ihr gegenüber etwas angehobene – Welt kunstträchtiger Artefakte sei dadurch ausgezeichnet. Indessen versucht Gadamer andererseits, die historischen Geisteswissenschaften an die Lebenswelt anzunähern, und mindestens soviel ist sicher: Das historische Wissen kann auf die unmittelbare Rezeptionsbasis durchschlagen und sie entsprechend modifizieren. Daß Historisches und Okkasionelles nur schwer voneinander zu trennen sind, war schon im vorigen zu zeigen.[10]

9 Vgl. z.B. W.M., XVII, 121, 141 f., 154, 158, 437 f., 541; ferner 450 ff., 459, 463.

10 Vgl. oben S. 185.

Tatsächlich ist es ja die Aufgabe von Gadamers Kunstkapitel, auf die Anwendung (Applikation) auch der historischen Wissenschaften hinzuführen. Freilich vermengt Gadamer dabei historische und systematische Gesichtspunkte und verstellt so den Blick für das Rein-Historische. (Dies gilt übrigens auch für die Unterscheidung von programmatischer Kunsttheorie, Kunsthistorie und Kunstwissenschaft.)

Es ist aufschlußreich, daß die Kunst primär ein eigenes System bildet, das in der Gegenwart zentriert ist. In der Tat würde man gegebenenfalls die Kunst «dogmatisch» aufstrukturieren, analog zur Kunsttheorie und Kunstwissenschaft und parallel zur Lebenspraxis oder Moral der Praktischen Philosophie. Dies trifft insgesamt für jeden Bereich einer Kultur zu: Kultur ist normativ und reicht so weit wie ihre Gegenwärtigkeit. Die vergangene Kultur ist nicht mehr – oder in geringerem Maße – verbindlich und kann oft nur mit Hilfe der Historie rekonstruiert werden. Die ‹Anwendung› kommt also wie in anderen Kulturbereichen – etwa im Recht, der Theologie oder, noch näher, der Lebensführung – so auch in der Kunst grundsätzlich nur der Gegenwart zu.[11] Die geschichtliche Um- und Fortbildung geschieht entweder nur über die (rational reflektierte) Kunsthistorie oder ist heutzutage von der Kunsthistorie mindestens beeinflußt. Daraus folgt aber nicht, daß die Historie selbst antirealistisch verfährt. Das bedeutet, daß eine ‹Anwendung› nach Art der dogmatischen Disziplinen auch für die Kunsthistorie *nicht* zutrifft. Es handelt sich nämlich weder um die Entfaltung eines dogmatischen Bereichs noch etwa um die antirealistisch sich vollziehende Fortentwicklung der gelebten und rezipierten Kunst.

Eine solche vorwissenschaftliche Art der Rezeption wird jedoch in ihrer Andersartigkeit reflektiert von der Kunsthistorie, die die Kunstgeschichte tendenziell ebenso neutral behandelt wie der Rechtshistoriker das erloschene Recht. Nur deshalb kann der Kunst*geschichte* auch ein solcher Antirealismus zugesprochen werden, weil die Kunst*historie* ihn realistisch aufdeckt und durchschaut. Einerlei also, ob man die Verhältnisse von der gelebten Kunst oder von der Wissenschaft her betrachtet, es gibt keinen Grund, den Terminus ‹Anwenden› auf Beziehungen zur Vergangenheit auszudehnen.

Die betonte Parallelisierung von Kunst und Historie durch Gadamer[12] ist daher irreführend. Beide bewegen sich auf verschiedenen

11 Vgl. oben S. 115–117, 120.
12 Z.B. W.M., 438, 452 («Kunst und Geschichte»).

Ebenen und sind auch methodisch verschieden orientiert. Die historische Forschung – auch die Kunsthistorie – wendet nicht ‹dogmatisch› an wie die Kunst selbst, und die Wirkungsgeschichte der Kunst kann man, wie Gadamer selbst sieht, nicht mit dem Ausdruck ‹Anwenden› belegen. –

Noch stärkere Widersprüche treten zwischen den Teilen I/II und III von ‹Wahrheit und Methode› hervor. Die Verallgemeinerung des hermeneutischen Antirealismus auf Sprache (und Zeichen) überhaupt schwächt die bis dahin herausgearbeitete Sonderstellung von Kunst (Teil I) und Historie (Teil II) bis zur völligen Durchstreichung ab. Wenn alle Zeichen nur antirealistisch funktionieren, ist es unerfindlich, weshalb Kunst und Historie vor anderen Sinngebilden[13] ausgezeichnet werden sollen. Es sei denn, daß man graduelle Differenzen einführt (was Gadamer aber unterläßt). Vermutlich formuliert der dritte Teil eine spätere und radikalere Stufe der Entwicklung des Autors.[14] Sie sichert Gadamer zwar die Priorität vor der Interpretationsphilosophie, beschert ihm aber zugleich eine ärgerliche Dublettierung.

13 Vgl. W. M., 113 Anm. 2.

14 Anders deutet die Dublettierung soeben A. Wellmer, 2004, 440ff.: Jurisprudenz und Theologie sollen für das generelle Verstehen paradigmatisch sein, weil sie just das Potential einer kritischen Hermeneutik kupieren und dogmatisch verengen.

G. Die Inkonsistenz des Interpretationismus

1. Ein impliziter Realismus

Analysiert man die scheinbar fugenlos in sich geschlossene Theorie des Interpretationismus, dann stößt man bald auf realistische Implikationen, die nur mühsam mit dem herrschenden Antirealismus vermittelt werden können. Es bedarf zunächst einer sprachanalytischen Bedeutungsunterscheidung von Wort und Terminus der ‹Interpretation›, die gerade für die programmatisch «Interpretationsphilosophie» zubenannte Richtung dringend erforderlich ist. Dabei zeigt sich, daß ‹Interpretation› ohne die Unterscheidung von Interpretament und Interpretandum nicht auskommt. Eine solche formale Distinktion kann auch nicht wieder interpretativ unterlaufen werden, etwa durch Verkürzung des semiotischen Dreiecks von Zeichen-Bedeutung-Sache oder durch die schlechthinnige Gleichsetzung von Zeichen und Bedeutung (Inhalt). Wenn im Sinn der normalen Sprache von ‹Interpretation› die Rede ist, wird man zumindest auf der Theorieebene zwischen dem Interpretierten als Ausgangspunkt und dem Interpretierten als Resultat der Interpretation unterscheiden müssen. Wer dies ablehnt, verwirkt das Recht, sprachkonform und damit verständlich von ‹Interpretation› reden zu dürfen.

Die Unterscheidung von Interpretament und Interpretandum ist grundlegend für die bisher als Beweis- oder Erfüllungsdilemma behandelte Figur, die den Antirealismus der Interpretationsphilosophen in die Alternative von Realismus und Skepsis auflöst. Die als interpretativ identifizierten Verhältnisse sind daher auf der Theorieebene stets im Rahmen eines übergreifenden Realismus zu sehen. Widersprüche oder (vorläufig) unlösbare Falltypen sind als neutral oder gar – prospektiv – als in der Zukunft lösbar zu betrachten. Sie können aber nicht als Regelfälle, sondern müssen als Ausnahmen angesehen werden.

Mag auch die Lebenswelt antirealistisch verfaßt sein – *daß* sie es ist und welche Umwandlungen zwischen (realistischem) Interpretandum und Interpretament vorgenommen worden sind, kann nur der reflektierende Theoretiker – der Wissenschaftler oder der philosophische

Metatheoretiker – entscheiden, der das antirealistische Verhältnis konstatiert und zugleich auflöst.[1] Es gibt also keine antirealistische Theorie, weder auf der Seite der Lebenswelt, die die Verhältnisse nicht durchschaut und auch keine Theorie darüber entwickelt, noch auf der Seite des Theoretikers, der grundsätzlich die Relation überblickt und zu einer – überwiegend – realistischen,[2] zuweilen aber auch skeptischen Einschätzung gelangt. Eine interpretative oder hermeneutische Metatheorie konnte nur so lange angenommen werden, als man beide Instanzen, die lebensweltliche und die sie kritisch auflösende, miteinander verquickte und dem Kontaminat die Merkmale beider zugleich zuschrieb.

Im übrigen liegt die philosophische Beweistheorie heute zunehmend im argen. Evidenzen sind mehr gefragt, obwohl auch sie einer zusätzlichen Beweisführung nicht entraten sollten. Zumal ist das Bumerang-Argument zu beherzigen: Wer nicht widerlegt sein will, der kann auch nichts beweisen, d. h., für ihn bleiben zuletzt nur dezisionistische Akte und Appelle übrig. Der Interpretationismus macht es sich hier entschieden zu leicht, wenn er neben der fehlenden Begriffsanalyse auch die Zweiwertigkeit von ‹Interpretation› beiseite schiebt und durch Umkehrung neu anordnet: So wird die früher vorherrschende Bedeutung des Regresses subordiniert, obwohl sie bei der Behandlung von Unklarem die maßgebende bleibt.[3] Noch wichtiger ist die Funktion der Gleichheit und Identität, die zwischen verkürzendem und überschießendem Progreß anzusetzen ist und die auch kategorial herauszuheben wäre.

Auf der anderen Seite sind Widersprüche zu verzeichnen: Das Bivalenzprinzip (die vollständige Disjunktion zwischen Wahr und Falsch) wird mit der neueren Metamathematik geleugnet, um für den

1 Die Pointe liegt in der Selbstwiderlegung des dogmatischen Interpretationismus: Der Nachweis, daß ‹anders› interpretiert worden ist, zeigt gerade, was richtigerweise hätte interpretiert werden können und müssen. Das Andersinterpretieren verliert so jedenfalls an Gewicht und rückt in die zweite und abgeleitete Position.

2 Gegenüber dem (unreflektierten) Realismus der Lebenswelt kann dies ein Realismus zweiten Grades heißen.

3 Das Beispiel von der Wolke, die nicht progressiv eingeordnet, sondern zunächst regressiv erklärt werden muß, ist dafür aufschlußreich. – Hierher gehört auch der Umschlag von einem progressiven in ein vorgängiges regressives Interpretieren, wenn nämlich das Interpretandum noch nicht hinreichend klar ist (wie andererseits die mögliche Umkehrung eines reproduktiven in ein produktives Interpretieren, wenn sich der Regreß erschöpft zu haben scheint).

interpretativen Pluralismus Raum zu gewinnen. Trotzdem benutzt Abel das Bivalenzprinzip für einen indirekten Beweis der Interpretativität, indem er das Korrespondenzverhältnis für nicht explizierbar erklärt und daraus auf die Interpretativität schließt.[4] Der Beweis ist aber nicht schlüssig, weil so verschiedene Alternativen übersprungen werden: Man kann die mediale Vermittlung der Erkenntnisrelation durchaus anerkennen, ohne deshalb auf die Einzigkeit der Zuordnung zugunsten einer ihrerseits nicht explizierbaren Vielheit und Infinitheit von Lösungen zu verzichten.[5]

Das Beweis- oder Erfüllungsdilemma führt zum Realismus zurück. Damit wird nicht nur die unbewußte, sondern auch die sie gegebenenfalls reflektierende bewußte Interpretation marginalisiert, denn sie betreibt nur eine weitere Spezifizierung des schon Bekannten, nicht seine grundsätzliche Umdeutung. Das Interpretandum wird nicht durch neue Inhalte substituiert, sondern bleibt im Vergleich erhalten und erfährt nur eine zusätzliche Modifikation. Der Interpretationismus ist dadurch erkenntnistheoretisch sehr weitgehend herabgestuft und verliert seine Rolle als Nachfolgedisziplin der klassischen Erkenntnistheorie.

Die dilemmatische Struktur läßt sich auch nicht durch die Berufung auf vergangene, inzwischen aufgedeckte Interpretationsverhältnisse unterlaufen. Daß es sich nämlich um Interpretationsverhältnisse gehandelt hat, ist wiederum nur durch den Rückgang zum Interpretandum einsichtig zu machen. Damit kann das Resultat nur wieder die Alternative von Realismus oder Skepsis sein. Ein Fortschritt über diese Alternative hinaus ist also in der Gegenwart nicht möglich.

Das Beweisdilemma läßt sich aber auch nicht dadurch außerkraftsetzen, daß man wie Abel Zeichen und Fakten identisch zu setzen

4 G. Abel, 1993, 21, 58f., 133, 418f., 425, 456f.; ders., 1999a, 46f., 263; vgl. ders., 1988b, 52–54.

5 Auch die starke Zeichenrelation kann einzigartig sein, oder eine perspektivische Pluralität aspekthaft. Der Zeichencharakter ist selbst vieldeutig. Auch wenn wir den Abbildgedanken fallenlassen – oder nur als Grenzfall behandeln – bietet das symbolische Verhältnis so viele Typen von Zuordnungen, daß der Antirealismus (und gar der gleichwertige!) durch nicht ausschließbare Alternativen relativiert wird: Die Interpretation kann regressiv oder progressiv und beidemale sowohl einheitlich wie vielheitlich sein (auch das Beweisdilemma kann gegebenenfalls differenzieren wie auch unifizieren!). Aspekte, oder auch andere Pluralitäten, stehen im übrigen der Graduierung (und dadurch der Hierarchisierung) offen.

versucht.[6] Die Interpretationsphilosophie verfolgt die Tendenz, transeunte (metaphysische) Verhältnisse durch immanente zu ersetzen. Was jedoch an die Stelle der Korrespondenz tritt – die Kohärenz der Auffassungen untereinander – hat seine eigene Korrespondenz:[7] Der Pluralismus von Auffassungen ist nur dadurch plausibel zu machen, daß man jedes einzelne Verhältnis zwischen Interpretation und Vor-Interpretation als ein Verhältnis zwischen Interpretament und Interpretandum und dadurch im Sinne des Beweisdilemmas versteht. Die von den Interpretationsphilosophen selber angenommene Kette von Interpretationsakten macht also manifest, daß die Relation zwischen Interpretament und Interpretandum wirklich besteht und daß das Interpretationsdilemma gerade in der Abfolge der Interpretationen seinen rechtmäßigen Ort hat.[8]

Überblickt man die Interpretationsphilosophie im ganzen, so fällt auf, daß der Theoriestatus zuweilen defizitär ist. So fehlt nicht nur die eigentliche Beweistheorie, sondern auch eine Selbstbegründung idealistischen Typs, die den eigenen Standpunkt hinreichend reflektiert. Bei Abel kommt dies in der Weigerung zum Ausdruck, die Gesamttheorie noch einmal zum Thema zu machen,[9] so daß sie wie eine Beschreibung von außen und auf Abruf anmutet. Zwar hat die Selbstanwendung bei den Interpretationsphilosophen ihren Ort, doch muß dabei genauer unterschieden werden: Sie dient zunächst

6 G. Abel, 2004, 386f. (mit der Tendenz, daß die Welt «in den Zeichen mitpräsent» ist, aber doch mit der Abwehr des «semiotischen Fehlschlusses», der beide schlechterdings identifiziert).

7 Die Wahrheitskriterien sind nur scheinbar immanent und autark, denn zwischen den Gliedern und Teilhabern des Kohärenz- und Konsensverhältnisses taucht der Korrespondenzbegriff in anderer Gestalt wieder auf. Die Nachfolger Wittgensteins haben dies nur deshalb übersehen, weil Wittgenstein mit der Betonung der Sprachgemeinschaft und dem zugehörigen Anti-Privat-Sprachen-Argument auch die Erkenntnisprobleme des Fremdseelischen neutralisiert zu haben meinte. Wenn man dagegen in der kontinentalen Tradition das Individuelle der Interpretation hervorhebt, tritt der Antirealismus auch inter-(und intra-)subjektiv auf und tendiert zu einem Solipsismus hin, der eine geschlossene Theorienbildung erschwert. – Man kann dies mit Fumerton, 2002, Ch.5 auch so ausdrücken, daß Kohärenzgesichtspunkte mit der eigentlichen Korrespondenz nichts zu tun haben und sie daher auch nicht ersetzen können.

8 Daß es sich dabei jeweils nur um Interpretationsverhältnisse ohne das *fundamentum inconcussum* der Realität handelt, hebt den formalen Charakter des Beweisdilemmas nicht auf.

9 G. Abel, 1996a, 279f. (gegen Löhrer).

der (antidogmatischen) Selbstrelativierung sowie der formalen Abstufung von Interpretationsregionen. Doch wird der komplexere Fall nicht erwogen, daß Interpretationsperspektiven einander unkontrolliert überlagern und im Endeffekt so beeinträchtigen könnten, daß die Unterschiede verwischt werden und die Interpretationen sich gegenseitig aufheben. Die Theorie verfällt dann einer prekären Art von Undurchsichtigkeit. Dies zeigt sich schon bei der rückwärts in die Historie angenommenen Interpretabilität aller Glieder, die ebenso großzügig in Anspruch genommen wird wie sie empirisch unkontrollierbar ist. Die Anordnung nach sechs oder drei Hauptstufen der Interpretation bleibt abstrakt und schließt zahlreiche ungeordnete Querverbindungen keineswegs aus, deren Resultante zu ermitteln höchst schwierig, wenn nicht gar ganz unmöglich ist.[10]

Das Argument von der Selbstanwendung offenbart also Schwächen der Interpretationsphilosophie, die indirekt auf die Undurchführbarkeit der antirealistischen Option hindeuten.

Erst recht trifft dies für das Dilemma von der Darstellung und Argumentation zu, das unreflektiert stehengelassen und auch keiner Erklärung zugeführt wird. Dabei wird mit der traditionellen Logik unversehens auch das Bivalenzprinzip übernommen, das zur expliziten Axiomatik der Interpretationsphilosophie im Widerspruch steht. Die *realistischen Implikationen* zeigen sich hier neben dem Beweis-(Erfüllungs-)Dilemma innerhalb der Interpretationsphilosophie am deutlichsten. Trotz aller selbstgewissen Programmatik ist es der Interpretationsphilosophie offenbar nicht gelungen, eine konsistente Theorie zu entwickeln, die den Realismus definitiv ausschließt.

Für Abels Theoriebildung ist vor allem die erste, kategoriale Stufe von Belang, die inhaltlich an Kant anschließt, ihn aber interpretativ pluralisiert.[11] Ein solcher folgenschwerer Schritt, an dem die nachfolgende Theoriekonstruktion hängt, ist freilich erläuterungsbedürftig. Wenn die allgemeinsten Kategorien ersetz- und austauschbar sein sollen, so würde man gerne Näheres über ihre Konstitution als Interpretationskonstrukte erfahren, um sie in ihrer Kontingenz zu hintergreifen. Dies führt zu Fragen nach der Relation von Interpretament und Interpretandum, ohne die der Interpretationsstatus nicht gedacht

10 Lenk hat es deshalb vorgezogen, die naturwissenschaftliche Begründung des Interpretationismus realistisch stehenzulassen, zum Nachteil für die innere Konsistenz seiner Theorienbildung. Ähnliche Motive sind bei Abels Theorieabstinenz zu vermuten. Vgl. oben S. 176.

11 G. Abel, z.B. 1999a, 30f., 136.

und verstanden werden kann. Abel sieht aber bezeichnenderweise keine solche Erklärung vor, läßt also den Terminus ‹Interpretation› in der Schwebe. Die These von der umgekehrten Positionierung der Wahr-Falsch-Disjunktion, die abgeleitet erst auf der dritten Stufe erscheint, wird dadurch allerdings nicht plausibler. Sie und ihre Voraussetzung, die Interpretativität der ersten Stufe, erscheinen hier als *petitiones principii.*

J. Simon stellt die skeptische Methode in den Dienst des Interpretationismus, indem er sich für die Reichweite von Bedeutungen auf das gegenwärtige ‹Jetzt› zurückzieht.[12] Was darüber hinausführt, ist vom Denken nur interpretiert (was nicht ausschließt, daß auch die Wahrnehmung bereits interpretiert sein soll). Simon weiß nun freilich wie H. Lenk, daß das Antiprivatsprachenargument Wittgensteins einer solchen Individualisierung und Okkasionalisierung strenggenommen widerspricht. Doch auch wenn man lieber der kontinentalen Tradition des Individuellen folgt, kann man beide Traditionen insofern miteinander versöhnen, als sich unterhalb der sozialen Ebene weitere Differenzierungen annehmen lassen. Der soziale Rahmen sorgt dann dafür, daß sie nicht isoliert bleiben, und – so darf man ergänzen – der *weitere* soziale Rahmen wird noch den engeren übergreifen oder, anders gewendet, die mehr generelle Bedeutung wird die partikuläre mit umfassen. Es kommt nur darauf an, die Bedeutungen «hierarchisch» zu sehen, um eine Entsprechung zwischen Geltungsradius und Allgemeinheit der Bedeutung herzustellen.

Simon bemerkt nun richtig, daß ein Angehöriger der Lebenswelt die weitergehende Bedeutung unbewußt «interpretiert» und an die eigene Bedeutung angleicht. Daß dies auf der Reflexionsebene zur Skepsis führt, muß aber davon abgehoben werden. Dann stellt sich jedoch das Verhältnis insgesamt als ein Beweisdilemma dar, bei dem der Grad der Einheit der Bedeutungen auf der Reflexionsebene erst festgestellt werden oder andernfalls der Skepsis ausgesetzt bleiben muß. – Die Nicht-Identität der Bedeutungen ist also entgegen den Aufstellungen Simons nicht von vornherein garantiert. Das Beweis- oder Erfüllungsdilemma hält eine realistische Lösung bereit, zumal dann, wenn man die Abstraktionshöhe der Bedeutung voll im Auge behält. Das zweite Horn des Dilemmas, nämlich die realistische Erfassung des Interpretandums, ist mithin gegen den isolierenden Interpretationismus und den in seinem Gefolge überzogenen Skeptizismus

12 J. Simon, 1989, 74, 87ff., 151ff., 251f.

festzuhalten.[13] Simons Skeptizismus muß sich daher eine Ergänzung und Erweiterung im Sinne des komplettierten Begriffs von ‹Interpretation› gefallen lassen.

H. Lenks zentrales Konzept ist das des «Interpretationskonstrukts», das auch andere Interpretationsphilosophen übernommen haben (z.B. Abel). Gemeint ist damit, daß alle Bedeutungen aus überschießendem und seligiertem oder aus einfacherem Material konstruiert, d.h. durch aktive Tätigkeit des Interpreten erstellt sind. Die zunächst plausible Hypothese unterliegt indessen dem Beweisdilemma: Entweder ist der Hintergrund, das Interpretandum, realistisch bekannt oder die gesamte Konfiguration bleibt undurchsichtig, so sehr, daß auch der Eingriff selber erst zur Frage steht. (Man könnte einwenden, daß der Hintergrund seinerseits *ad infinitum* interpretiert sei, doch würde das Problem dadurch nur verschoben.) Soviel gilt jedenfalls für die Reflexionsebene; für die Primärebene kann sogar der erste Eindruck realistisch aufgenommen werden. Daß tatsächlich ein Konstrukt vorliegt, lehrt erst die Reflexion, die zunächst skeptisch und dann in bezug auf das Interpretandum zunehmend realistisch reagiert. Gegebenenfalls bleibt der Hintergrund, ob bewußt oder unbewußt, unausgeleuchtet und tritt nur teilweise ins Bewußtsein. Dennoch bleibt das Interpretandum vom Interpretament unterscheidbar und gewährleistet dadurch eine angemessene Wiedergabe des Begriffs der Interpretation. Selektion oder weitere Ausfüllungen sind natürlich möglich und in der Regel auch verwirklicht: nur sind sie entweder in genetischer Perspektive realistisch aufzufassen, oder sie sind gar nicht als solche konstatierbar (d.h. sie bleiben unbewußt). Der Fehler liegt auch hier wieder in der Verquickung der Primärebene und der Reflexionsebene: Die unbewußte Einstellung wird auf die Reflexionsstufe übertragen und dadurch das Hybrid eines «Interpretationskonstrukts» erzeugt, das den Eindruck eines durch unbewußte Interpretation konstruierten Gebildes suggeriert. Tatsächlich ist die Sehweise Lenks vorzugsweise von der Reflexionsstufe her bestimmt. Nur so ist die sich zwischen Interpretament und Interpretandum abspielende Interpretation überhaupt identifizierbar, und nur so kann von einem «Konstrukt» die Rede sein.

Freilich wird die Reflexionsebene nicht völlig entfaltet, sondern

13 Gegen Simons Theorie der Subjektivität, sie sei substanzlos und infiniter Prozeß, sind gleichfalls beweisdilemmatische Einwände angezeigt, ebenso gegen seinen Satz, Erkennen erzeuge am Objekt Veränderungen, der zirkulär bleibt.

auf der Stufe der ersten, nichtreflektierten Erfahrung festgehalten: Das Interpretandum wird für undurchschaubar erklärt, obwohl erst seine Thematisierung die Rede von einem interpretativen Konstrukt rechtfertigt. Darin verbirgt sich ein Rest der Lebenswelt, der sich jedoch mit dem in der Hauptsache eingenommenen Reflexionsstandpunkt nicht verträgt. Gewiß bleibt es offen, wieweit der Reflektierende in der Durchleuchtung des Sachverhalts voranschreitet. Dennoch steht es fest, daß er das realistisch erschließbare Interpretandum in Umrissen erfaßt, um überhaupt zur Diagnose einer Interpretation zu kommen. Der Standpunkt der Lebenswelt bietet jedenfalls weder für Skepsis noch für reflektierten Realismus einen Anhalt, wenn man nicht geradezu einen Realismus «ersten» von einem Realismus «zweiten» Grades unterscheiden will. Das Beweisdilemma tritt daher erst mit dem Reflexionsmodell hervor, und zwar so, daß sich zuerst eine skeptische Einstellung zur Lebenswelt ausbildet, die aber möglicherweise später in eine – in sich abgestufte – Erfassung des Interpretandums übergeht.[14]

Interpretieren ist ein vieldeutiger Begriff. Greift man mit der Interpretationsphilosophie das progressive, produktiv konstruierende Interpretieren als die grundlegende Form heraus, dann ist darauf zu achten, daß der Gesamtprozeß des Erkennens nicht abgebrochen oder verkürzt wird. Was die Interpretationsphilosophie beim bewußten und beim unbewußten Interpretieren schildert, ist eine Phase des Erkenntnisprozesses, die abstrakt isoliert und nicht weiter analysiert wird. Sie ist zunächst nach rückwärts zu verlängern, und zwar in der Bestimmung des unbewußten Interpretierens, das sich phänomenologisch gar nicht als Interpretieren versteht und erst durch die (bewußte) Reflexion *als* Interpretieren erfaßt werden kann. Ohne einen solchen reflexiven Akt kann von Interpretation daher keine Rede sein.

Der reflexive Akt ist indessen keineswegs eindeutig. Er bedarf einer mehrfachen Spezifizierung in abgestufte Phasen des Bewußtseins hinein, die von einer skeptischen Grundhaltung (gegenüber der *intentio recta* des Sichverhaltens zur Sache) zu immer weitergehender Bewußtheit führen. Am Ende steht eine Präsenz des Interpretandums, die weder mit der (unbewußten) Ausgangslage noch mit der Vielfalt seiner Manifestationen, sondern mit dem Interpretandum selbst und

14 Nur wenige Reflektierende werden zu einer Analyse des Interpretandums vordringen, während andere ihnen nachreden oder einfach bei einer skeptischen Grundeinstellung stehenbleiben.

gegebenenfalls mit seinen Aspekten zu tun hat. Weitere Reflexionsschritte, die diesen Befund auf derselben Ebene relativieren könnten, sind nicht denkbar, weil sie dem Begriff der Interpretation selbst zuwiderliefen: Es kann nicht etwas als interpretativ qualifiziert werden, wenn nicht zugleich gezeigt wird, wovon es Interpretament ist. Interpretandum und Interpretament gehören zusammen, ohne daß das Interpretandum unversehens vom Interpretament verdrängt und ersetzt werden könnte. Diesem übergreifenden Sachverhalt nicht Rechnung getragen zu haben, ist ein schwerwiegendes Versäumnis des Interpretationismus. Er widerspricht damit dem von der Umgangssprache her nahegelegten Sinn von «Interpretation». Der Versuch, demgegenüber eine neue Bedeutung zu installieren, wonach Interpretamente sich auf ein grundsätzlich unbekanntes Interpretandum beziehen sollen, führt deshalb in die Irre, weil der Ausdruck «Interpretation» dadurch jeden Sinn verliert und sozusagen leerläuft.

Das bisher sogenannte Beweis- und Erfüllungsdilemma ist damit weiter ausgeführt und in die Abfolge seiner Schritte hinein verfolgt worden. Die (progressive) Interpretation kann entweder in der Skepsis stehenbleiben oder sie in Richtung auf ein realistisches Resultat überschreiten, wobei der Wahrheits- und Gewißheitsgehalt verschiedene Grade annehmen mögen.[15]

Das interpretationistische Verständnis von Interpretation faßt Interpretieren als ein «Verändern» des Interpretandums auf. Soweit das Interpretandum im Blick bleibt – und dafür haben wir soeben plädiert –, ist ein Vergleich zwischen Interpretandum und Interpretament grundsätzlich möglich. Es ist eine terminologische Frage, ob man ein solches Weiterinterpretieren des Interpretandums im strengen Sinne als antirealistisch verstehen kann. Gewiß trifft die Definition des Antirealismus, daß durch die Interpretation etwas Neues hinzutritt, auch bei solchen bewußt vergleichenden Interpretationen zu. Auf der anderen Seite ist die Wahrheitsfrage ebenso für das Interpretandum wie für die Interpretamente gültig, wenn auch in einem verschiedenen Sinne: Sie ist einerseits durch den Regreß zum Interpretandum (der bei der regressiven Interpretation allein übrigbleibt), und andererseits durch die Progression zu den Interpretamenten bestimmt. Hier genügt es festzuhalten, daß das antirealistische Moment nicht ohne ein realistisches Moment auskommt, und daß Einheit und

15 Zur Abstufung der Relation Interpretandum – Interpretamente in verschiedene Grade vgl. oben S. 60 Anm. 3b).

Vielheit mit der Re- oder Progression der Interpretation zunächst nichts zu tun haben (auch rein regressive Interpretationen können zu einer Vielheit hinführen).

Das Interpretationsverhältnis ist gerade für die bewußt vorgenommene Interpretation vom Interpretandum her genauer zu bestimmen. (Für die unbewußte liegt eine Interpretation ja nur mittelbar vor, nämlich als eine vom Reflektierenden aufgedeckte und überhaupt erst wahrgenommene.) Wie sehr man auch immer die Interpretamente antirealistisch einordnen kann – der Aspektcharakter der Interpretamente bietet eine Alternative –, der *Vergleich* zwischen Interpretandum und Interpretamenten ist selber realistisch qualifiziert. Durch die Kenntnis des Interpretandums wird auch das «Anderssein» der Interpretamente abgeschwächt zu einem Anderssein von einem *bekannten* Anderen, d.h., die Relation zwischen beiden wird nachvollziehbar und verliert an Irrationalität. Auch das Weiter- und Fortinterpretieren steht also nicht frei im Raum, sondern ist kraft der beim Wort genommenen Verbindlichkeit des Interpretierens *von* etwas und *als* etwas referentiell bis zu einem gewissen Grade festgelegt. Auch dies ist ein dem Interpretationsakt selbst notwendig einwohnender realistischer Bezug, der weder durch nachfolgende Reflexionen noch durch lebensweltlich eingekleidete Kupierungen eingeholt oder aufgehoben werden kann. «Interpretieren» ist eben kein idealistisches «Setzen», obwohl die Interpretationsphilosophen gelegentlich um eine Annäherung beider Begriffe bemüht sind.

Der *implizite Realismus* der Interpretationsphilosophie zeigt deutlich, daß ihr Anspruch, das traditionelle Verhältnis zwischen regressiver und progressiver Interpretation umzukehren, überzogen ist. Der Welt- und Selbstbezug *ist* allerdings erweitert worden, dergestalt, daß an die Stelle rein realistischer Methode ein *mixtum compositum* aus realistischen und antirealistischen Momenten getreten ist. Es steht im einzelnen genauerer kritischer Analyse offen, die aber hier hinter den grundsätzlichen Klärungen zurücktreten muß.[16]

16 Zu den Aporien des Kontextarguments vgl. oben S. 74–77, 85. Soviel ist jedenfalls festzuhalten: Die bisher entwickelte strukturelle Analyse, die sich auf den Begriff der Interpretation bezieht und das Beweis- oder Erfüllungsdilemma weiter ausführt, zeigt zwar Parallelen zur realen Regression, darf aber nicht damit verwechselt werden. Tatsächlich entspricht der realen Regression die progressive Interpretation, die sich vom Interpretandum entfernt und ein eigenes Gepräge annimmt. Daß und inwieweit dies der Fall ist, ist aber Sache der Vergewisserung am Interpretandum, die logisch *vorhergehen* muß.

2. *Die Zirkelhaftigkeit des Interpretationismus*

Die kritische Rede vom Zirkel der Interpretationsphilosophie meint dies, daß die Interpretationsphilosophen nach Gadamer die problematische Auffassung vertreten, der Antirealismus könne autark sich selbst begründen.[17] Man kann darin eine Variante des Arguments von der (strittigen) Selbstbezüglichkeit sehen. Der implizite Realismus, der im vorigen für die Interpretationsphilosophie nachzuweisen war,[18] hat bereits zu einer Widerlegung dieser Ansichten beigetragen. Es sind im folgenden weitere Argumente notiert, die in die gleiche Richtung weisen.

Die Beweislast ist offensichtlich zu groß, als daß die Interpretationisten sie überzeugend bewältigen könnten. Sie würde erfüllt sein, wenn die Vertreter des Interpretationismus zeigen könnten, daß sich der Antirealismus ohne Rest aus sich selbst erklärt. In dieser Absicht wird zumal der lebensweltliche, aber auch der wissenschaftliche Realismus dem Antirealismus untergeordnet und als ein Derivat jeder autonomen Funktion entkleidet. In einer solchen Umkehrung traditioneller Hierarchien (Sein-Schein u.ä.) liegt in der Tat die revolutionäre Sprengkraft, die den Antirealismus insgesamt und insbesondere den Interpretationismus auszeichnet.

Zunächst ist eine naheliegende Parallele auszuschalten. Die metamathematische Grundlagendiskussion hat seit längerem gezeigt, daß mathematische Systeme nicht aus sich selbst begründet werden können und daher argumentativ ungeschlossen bleiben.[19] Dieser Unvollständigkeitssatz hat jedoch mit dem hier verhandelten Problem des Interpretationismus nichts zu tun, weil die zur Komplettierung notwendigen Sätze hier bekannt und von der Interpretationsphilosophie, wenngleich untergeordnet, auch thematisiert sind (Realismus). Die Unvollständigkeit der interpretationistischen Theorie hat also im Unterschied zur metamathematischen Systembildung keine grundsätzliche, sondern eine beschränkte und durchaus behebbare Bedeutung.

Im übrigen hat die heute durchweg akzeptierte mediale Vermitt-

17 Der Zirkel liegt im Unterschied zur *petitio principii* bei solchen Beweisfehlern vor, die sich nicht auf eine unbewiesene Prämisse beziehen, sondern die fragliche These selbst für den Beweis in Anspruch nehmen.

18 Vgl. oben S. 191–200.

19 K. Gödel, 1931, 175–198. Dazu W. Stegmüller, 1973³, bes. 36–43, 94, 98.

lung des Erkenntnisvorgangs keine direkten Folgen für die Pluralität der Gegenstände. Es besteht begrifflich gesehen kein Zusammenhang zwischen einem Zeichensystem und der Vielfalt von Bedeutungen einer Sache. Zwar ist der Falltyp einer Zuordnung von vielen Bedeutungen zu einer Zeichenart durchaus möglich, aber ebenso die umgekehrte Zuordnung von *einer* Bedeutung zu vielerlei Zeichen (und ebenso die Zuordnung von einem Zeichentyp zu einer Bedeutung und von vielen Zeichen zu vielen Bedeutungen). Das Verhältnis ist also, was die Pluralität von Bedeutungen angeht, durchweg neutral.

Demgegenüber ist die Grundthese des Interpretationismus, daß «Anderes anders interpretiert» wird, ohne den Gegenbegriff des Anderen, nämlich «Dasselbe», nicht vollziehbar. Ohne die konzeptuelle Präsenz des Identischen, Einen, Gleichen ist das Andere, die Vielheit und Ungleichheit nicht denkbar. Die Korrelate verweisen also aufeinander. Hinzu kommt, daß die Konstatierung des «Anderen» selbst realistisch verstanden werden muß.

Natürlich kann man versuchen, die affirmativen Gegenbegriffe ihrerseits zu relativieren, indem man ihnen nur eine bezügliche, abgeleitete Bedeutung zuspricht. Doch steht dem zweierlei im Wege: Einmal das Dilemma der Argumentation und der Darstellung, das traditionell orientiert und als solches nicht relativierbar ist; und zweitens das Beweisdilemma, das sich insofern gegen einen solchen Regreß wendet, als es entweder (realistisch) zu Ende gegangen werden kann oder aber in der (skeptischen) Schwebe gehalten werden muß.

Allerdings ist es zweckmäßig, den Begriff der «Einheit» in sich abzustufen. Er bezeichnet nicht nur die eine (richtige) Lösung, sondern auch die Approximierung darauf hin und ferner auch eine Differenzierung nach mehreren Graden, Ebenen und Aspekten, die insgesamt die Einheit repräsentieren, ohne einem unvermittelten Pluralismus Vorschub zu leisten. Solche Hinsichten sind – auch in ihren Beziehungen zueinander – realistisch zugänglich.

Grundsätzlich kann man behaupten, daß der generelle Beweis für den Antirealismus stets auf einen Realismus hinführt, und daß andererseits die Reflexionsbewegung, auf die sich der Interpretationismus stützt, jedenfalls in die Richtung eines Realismus weist. Die Selbstgenügsamkeit des Interpretationismus ist dadurch von vornherein unplausibel geworden. Die antirealistische Position kann sich nicht entfalten, weil ihr der notwendige Gegenhalt fehlt. Sie kreist zirkulär in sich selbst, ohne irgendwo festen Fuß zu fassen. Maßgebend ist dafür die Figur der Selbstexplikation, auf die hin sich die interpretationistische Argumentation zuspitzt.[20]

Die hier zugrunde gelegte erweiterte Bedeutung des Interpretandums hat im übrigen die Konsequenz, daß Grade und Aspekte auf die – vermeintlich gleichwertigen – Mehrfachlösungen des sogenannten *Konventionalismus* bezogen werden können. Mag auch ein *experimentum crucis* nicht ohne weiteres möglich sein, die Abstufung ist gewiß bei einem großen Teil der Fälle festzustellen (auch wenn sich die Konstellationen mit der Zeit wandeln).[21]

Eine andere Argumentationslücke zeigt sich beim interpretierenden Subjekt. Daß der Titel «Interpretation» außer dem Interpretament und dem Interpretandum einen Interpreten voraussetzt, kann nicht ohne Not bestritten werden. Natürlich wird der Interpretationist darauf bestehen, daß das Subjekt wie alles andere so auch sich selbst nur interpretierend vergegenwärtigt. Übrig bleibt nur das *Faktum* des interpretierten (und interpretierenden) Subjekts, das sich von den übrigen Interpretanda insofern nicht nennenswert unterscheidet. Einerlei, ob man den Interpreten personal oder impersonal auffaßt, seine Existenz ist notwendig realistisch gegeben und kann nicht in einem infiniten Regreß als antirealistisch unterstellt werden. Überdies ist das Subjekt bei den Interpretationsphilosophen als produktiv interpretierendes näher bestimmt, was nicht selbstverständlich ist, sondern eine positive Eigenschaft markiert. Tatsächlich bewegt sich eine solche Option bereits auf einen realistischen Fundamentalismus zu, der auch bei Simons Bestimmung des Subjekts als «infinite Bewegung» durchschlägt. Alternativen dazu sind nämlich denkbar, auch wenn sich die Trennung von «Ich» und «Denken» seit Lichtenberg und Nietzsche mehr und mehr empfohlen hat. In der Tat kommt auf

20 Der an Hand des *principle of charity* vorgeführte Projektionismus belegt dies auch im einzelnen.

21 Auf der anderen Seite sind damit Voraussetzungen für eine vergleichende Bewertung von Kulturen, Sprachen oder Literaturen gegeben. Dies ist ein Bereich, der bereits mit der Existenz des Übereinzelsprachlichen in Theorie und Kommunikation eröffnet ist und der der Hypothese von der (einzelsprachlichen) Gebundenheit von Kultur und Theorie entgegenwirkt. Daß die Leistungsfähigkeit von Kulturen nicht gleichwertig ist, sondern sich teils komplementär ergänzt, teils hierarchisch gliedert, ist von Kulturkritikern und -erforschern mehr oder weniger deutlich anerkannt: vgl. die Übersicht von W. Perpeet, Kultur, Kulturphilosophie, 1976, 1319–1321 (z. B. Primitiv- und Hochkulturen).

das einzelne «Ich» nicht viel an, wohl aber auf die interpretierende Instanz selbst («Es denkt»). Es im Sinne eines aktiv Produzierenden oder einer unbegrenzten Prozeßontologie zu fassen, geht über die skeptische Formulierung des Problems deutlich hinaus. Daß andererseits keine bloße Alternative zu Descartes aufgestellt, sondern Descartes «Lösung» widerlegt werden soll, macht nicht interpretative, sondern fundamentalistische Ansprüche sichtbar, die vom Interpretationsmodell her nicht einlösbar sind.[22]

Die Frage nach dem Subjekt hat prinzipiellen Charakter, ist aber weniger umstritten als die Theorie der *Wahrnehmung*, die alle Interpretationisten entschieden für den Antirealismus reklamieren. Wahrnehmung – und alle übrigen erkennenden Vermögen *a potiori* ebenso – ist demzufolge in jedem Falle eine interpretierende, die anders auslegt und noch anders auslegen könnte. Damit soll der Empirismus der Neueren Philosophie im Kern getroffen und dem Interpretationismus dienstbar gemacht werden.

Das Problem hat zwei Seiten: Einmal die Ebene der Lebenswelt, die auf die Wahrnehmung als eine authentische alternativenlos festgelegt ist (vgl. die phänomenologischen Analysen von M. Merleau-Ponty).[23] Sie kann nur rückwirkend (oder beiherlaufend) korrigiert werden, ist aber in sich als ein primär realistisches Datum stabil. Zum andern das Reflexionsmodell, das ein Interpretament der Wahrnehmung von einem gegebenen Interpretandum abhebt und dabei konstruktive Züge in Anschlag bringt. Dieses Modell steht jedoch im Zeichen des Beweisdilemmas: Es vermag entweder das Interpretandum anzugeben, von dem das Interpretament abgehoben wird, oder es muß bezüglich des Sachverhaltes in der Skepsis bleiben. Von genuiner «Interpretation» kann nur im zweiten Fall die Rede sein. Dies gilt schon deshalb, weil selbst das formale Interpretationsverhältnis nur auf dem Wege der Reflexion vergegenwärtigt werden kann. Wo um das «Was» und «Daß» gekürzt wird, liegt eine zirkuläre Fassung der Gesamttheorie vor, die einen halbierten Begriff von Interpretation für das Ganze ausgibt.[24]

22 Zur Kritik der Annahme einer Prozeßontologie siehe das Folgende S. 207.

23 M. Merleau-Ponty, 1966, 22ff., 53ff. («Die Wahrnehmung ist nicht Interpretation, da nichts ihr zuvor gegeben ist, was sie zu interpretieren vermöchte»), vgl. die weiterreichende Auswahl bei L. Wiesing, 2002, 248–292; ferner F. J. Dretske, 1969 sowie R. Schantz, 1990.

24 Wahrnehmung kann im übrigen von Sprache beeinflußt, aber nicht von Sprache bestimmt sein, wie die Wahrnehmung bei Tieren zeigt.

Die Wahrnehmung ist nach der (richtigen) phänomenologischen Deutung realistisch und kann nur partiell durch Berichtigungen innerhalb der Wahrnehmung selbst falsifiziert werden. Der Antirealist reflektiert aber über die Wahrnehmung hinaus und gelangt so zu einer Vorstellung vom generellen Schein, der sich in einer Vielzahl von Interpretationen widerspiegelt. Diese *intentio obliqua* hat aber ihren Preis, weil sie zugleich erfordert, das Wahrgenommene als Interpretandum in den Blick zu nehmen.

Der Antirealist kann auf die weiteren Probleme hinweisen, die auch die eindeutig verstandene Wahrnehmung auf der Ebene der intersubjektiven Vermittlung stellt: Die Protokoll- und Basissätze, die die – zunächst individuelle und okkasionelle – Wahrnehmung sprachlich formulieren, sind auf einem höheren Niveau durch die Sprachgemeinschaft sowie durch theoretische Infiltrationen imprägniert und dadurch relativierbar. Indessen ist auch dafür der Regreß in die Reflexion nötig, die erst der Metatheoretiker erbringt. Das sogenannte Basisproblem ist insofern dilemmatisch, als die angenommene Bedingtheit in Anschlag gebracht und gegebenenfalls beseitigt oder aber im Ungewissen gehalten werden muß.

Die Wahrnehmung von *Vergangenem* ist in höherem Grade zeichenvermittelt als die eigentliche, gegenwärtige Wahrnehmung. Gleichwohl ist die einholende Wiederholung vom Verstehen, Vergleichen und Re-Identifizieren der Historie und Kulturologie getrennt zu halten. Man kann etwas verstehen, ohne es wiederholen zu können. Dieser Unterschied ist in der Diskussion von Wittgenstein, Strawson, Searle, Derrida und Dummett sowie bei Gadamer und den Interpretationsphilosophen nicht hinreichend beachtet worden.[25] Wiederholung setzt Anpassung an den gegenwärtigen Kontext voraus, Verstehen nur die Erfassung des fremden, Vergleichen die Erfassung beider Kontexte. Die Konfusion der Unterschiede ist jedoch für den Interpretationismus und überhaupt für den Antirealismus charakteristisch. Die Nichtbeachtung fremder Kontexte oder ihre Subsumption unter den eigenen führt entweder zu unklaren Kompromissen («Ho-

25 Wittgenstein, Philosophische Untersuchung § 322, § 376 ff.; Strawson, 1959, 38–47, 89–103, 261–267, 278 f.; J. R. Searle, 1977, 198–208; J. Derrida, 1977; Gadamer, W. M., 377 ff.; H. Lenk, 1995, 128 f. Vgl. die gründliche Erörterung der Debatte durch M. Frank, in: 1996², 491–560. Vgl. jetzt M. Dummett, 2005 (Dummett nähert sich hier für die Vergangenheit einer realistischen Version an, da sein bisheriger Verifikationismus dafür nicht ausreicht: 55 ff., 77 ff., 120).

rizontverschmelzung») oder zu einer Überfremdung interpretativ rezipierter Gehalte, die das Eigene von vornherein über das Fremde stellen.[26] In dieser Option gibt sich wieder der zirkuläre Ansatz des Interpretationismus zu erkennen, der zwischen Idealismus und Realismus lavierend die eine Position gegen die andere ausspielt, um zuletzt die objektivere Ansicht preiszugeben.

Auch die seit Heidegger und Gadamer üblich gewordene Unterscheidung zwischen Wahrheit (im absoluten Sinne) und Objektivität (in relativer Bedeutung auf einen bestimmten Kontext bezogen) greift nach den bisher angestellten Überlegungen nicht mehr. Sie kann nicht dogmatisch – mit einer Option für die zweite Bedeutung – vertreten werden, sondern nur noch tentativ und provisorisch. Dabei ist die Möglichkeit, daß die gegenwärtige Auffassung sich doch als die richtige herausstellt oder sich der richtigen wenigstens annähert, stets im Auge zu behalten. Der in der Analytischen Philosophie (nach Davidson) verbreitete Reliabilismus, der auf der überwiegenden Richtigkeit unserer Urteile besteht, leistet dieser Auffassung Vorschub.[27]

3. *Skeptischer Realismus*

Der Realismus ist keine Theorie, die mit Negationen beginnt und zirkelhaft in Negationen endet, sondern er setzt von vornherein auf das Affirmative. Er bedarf deshalb keiner komplizierten Vermittlung, die zuletzt selbst unvermittelt bleiben muß und daher auf Selbstbestätigung angewiesen ist. Die Affirmation des Realismus erheischt allerdings nähere Explikation, um Zweideutigkeiten zu vermeiden. Er muß zunächst damit fertig werden, daß nicht immer Reales greifbar wird, sondern daß auch Täuschung vorkommt. Insofern ist der Realismus einzuschränken, d.h., es müssen Kriterien angegeben werden, die Wahrheit von Irrtum unterscheiden lassen. Immerhin ist Wahrheit oder Fallibilität weniger selektiv als die Interpretativität, die zwischen Realität und Erfahrung trennt und damit eine komplexe, doppelt gebrochene epistemologische Situation einführt. Fallibilität beschränkt sich auf Einzelfälle, während Interpretativität Lücken-

26 Dies entspricht strenggenommen nicht einmal der Interpretationstheorie der Interpretationisten, der zufolge nicht die Gehalte, sondern ihre Auffassung bei den Vorgängern interpretiert werden (Kettenargumente), vgl. oben S. 14 Anm. 6, 77 f., 173, 194.

27 Vgl. die Darstellung von A. I. Goldman, in Dancy J./E. Sosa, A Companion to Epistemology, 433–436.

losigkeit beansprucht und damit die weitere Diskussion eindeutig präjudiziert. Im übrigen ist Irrtum in der Regel leicht nachweisbar, Interpretation im starken Sinn dagegen kaum, soweit sie nicht in realistische Verhältnisse zurückgenommen wird. Die größere methodische Breite des Realismus ist damit offenkundig.

Der Interpretationismus wendet sich gegen die Bestimmtheit der traditionellen Metaphysik und schließt sich daher überwiegend einer (unbestimmbaren) Prozessualität an. Diese Option ist jedoch mit konträren fundamentalistischen Prämissen belastet. Vor allem ist die These wiederum nicht beweisbar, weil ein Kontrastprinzip fehlt und daher auch keine einschlägige Diagnose möglich ist. Tatsächlich können Bewegung und Ruhe nur in Verbindung miteinander (in «gemischten» Verhältnissen) auftreten. Was konstatierbar ist, ist nur ein Mehr oder Weniger an Prozeßhaftigkeit, das sich aus dem Nebeneinander verschiedener Perspektiven ergibt. (Natürlich trifft dies nur für diejenigen Perspektiven zu, die wir überblicken, während andere vermutlich gar nicht ins Spiel kommen.) Damit ist ein Beweisdilemma eröffnet, das kein abschließendes Urteil über die Prozeßhaftigkeit erlaubt: Nur durch partielle Wiederholung kann überhaupt eine Veränderung angesprochen werden; andernfalls bleibt nur ein skeptisches Resultat. Im übrigen sei nochmals eingeschärft, daß Endlichkeit kein Argument für Interpretativität liefert (sondern zunächst nur für Partikularität). Der Prozessualismus ist daher nicht geeignet, die Hypothese des Interpretationismus zu stützen.

Der hier vertretene Realismus schließt sich – nach der Zurückweisung des Prozessualismus – an die neuzeitliche nominalistische Theorie der (materiellen) Einzeldinge an, wie sie in den letzten Jahrzehnten vornehmlich P. Strawson oder E. Tugendhat herausgearbeitet haben. Doch ist sie bei den meisten Analytischen Philosophen vorauszusetzen. Es wäre aber voreilig, auf einen reinen Nominalismus zu bauen und nicht die Möglichkeit eines (schwachen) Bedeutungsrealismus – etwa abstrakter Gegenstände[28] – und zuletzt eines

28 Ob und welche ontologische Relevanz Eigenschaften, Relationen, Propositionen (Urteilen), Universalien (z. B. Arten – Gattungen), Typen, Klassen, Zahlen oder Funktionen zukommt, ist bekanntlich umstritten; d. h. über Grenzen und Grade der Ontologie kann vorläufig kein Konsens erzielt werden. Einen strengen Nominalismus (Reismus) hat nur der späte Brentano vertreten, während A. Meinongs – noch nominalistisch allein Einzelwesen anerkennende – Gegenstandstheorie mit der Differenzierung und Hierarchisierung von Typen und Bereichen wegweisend wirkte. Quine nimmt über physikalische

Theorienrealismus in die Diskussion einzubeziehen. (Sachverhalte treten dabei in der Regel an die Stelle von Einzeldingen.) Wir wissen zu wenig Sicheres über die Welt, als daß wir darüber peremptorische Aussagen machen könnten. Eben deshalb ist unser Realismus auch als skeptischer qualifiziert: Wir sind geneigt, nicht nur für Einzelfälle Fallibilität zuzulassen, sondern auch – abgestuft – ganzen Regionen der Wirklichkeit mit kritischer Reserve gegenüberzutreten.[29] (Damit ist andererseits auch der zeitgenössischen Bevorzugung der Pragmatik[30] vor der Semantik und der Syntax eine Absage erteilt.)

Während man dem Interpretationismus einen Kompromiß zwischen Idealismus und Realismus nachsagen kann, mag man dem skeptischen Realismus eine vermittelnde Position zwischen Realismus und Interpretationismus zuschreiben. Er wendet sich jeden-

Objekte hinaus auch abstrakte Entitäten an, die speziell durch die Mathematik exemplifiziert werden (Zahlen, Relationen, Funktionen, zuletzt unter der Kategorie der Klasse zusammengefaßt; auch Klassen von Klassen usw.). Auch G. Bergmann (Realism, Madison and London 1967) bezieht Relationen und Funktionen in die Gegenstandswelt ein. W. Künne, Abstrakte Gegenstände. Semantik und Ontologie, Frankfurt 1983, Neuausgabe bei Klostermann 2007, versucht, gegen Quine auch Intensionen zu rehabilitieren und dadurch eine weitere «Replatonisierung» der Gegenstandswelt zu erreichen. – Ein *reiner* Nominalismus läßt sich jedenfalls nur indirekt herstellen, z. B. indem man Universalien als individuelle Ganzheiten versteht. Zur Geschichte des Problems von Frege bis zur Gegenwart R. Schantz/R. Scholz s. v. Universalien, in: Historisches Wörterbuch der Philosophie, Bd. 11, 2001, Sp. 192–199; zu den Schwierigkeiten des (heuristisch vertretbaren) Nominalismus C. F. Gethmann s. v. Nominalismus, in: Enzyklopädie und Wissenschaftstheorie Bd. 2, 1984, S. 1022–1025. «Abstract particulars» (tropes) werden diskutiert in den Sammelbänden von D. H. Mellor/A. Oliver, Properties, Oxford 1997, bes. 112 ff., 125 ff., 140 ff. und Contemporary Readings in the foundations of metaphysics, ed. by St. Laurence/C. Macdonald, Oxford 1998, bes. 129 ff., 327 ff., 385 ff.

29 Der Terminus ‹skeptischer Realismus› empfiehlt sich vor dem geläufigeren eines ‹kritischen Realismus› dadurch, daß er weniger den Erkenntnisprozeß im ganzen problematisiert als gegenständlich den Gewißheitsgrad der einzelnen Regionen in Frage stellt. Er ist dem ‹direkten Realismus› vorzuziehen, weil auch dieser in der Regel Wahrnehmungskontakte, aber darüber hinaus keine direkten Relationen herstellt. – Der Ausdruck skeptischer Realismus taucht wohl zuerst auf bei J. Bigelow, 1994, 3–26, bes. 17–19. Vgl. M. Devitt, 1997 a, Afterword, 304, 338 f.

30 Die durch Wittgenstein und Gadamer akzentuierte Dimension des ‹Gebrauchs› und der ‹Anwendung› ist schon vorher durch G. Misch und H. Lipps betont worden (freilich ohne den Anspruch, die Semantik damit abzulösen).

falls sowohl gegen einen naiven Realismus wie gegen einen naiven Antirealismus. Der Durchgang durch den letzteren war nötig, um dem skeptischen Realismus den Weg zu bereiten. Wenn der Interpretationismus den (neukantianischen) Idealismus einschränkte, dann geht der skeptische Realismus noch einen Schritt weiter – zurück zu einem nicht mehr ganz «naiven», sondern durch das Experiment des Interpretationismus geläuterten Realismus. Vor allem besteht der skeptische Realismus auf einer Differenzierung von bereichsspezifischen Lösungen, die innerhalb des übergreifenden Realismus diskutiert werden müssen.

Diese im ganzen entschiedene, aber im einzelnen behutsame Verfahrensweise bewährt sich auch anhand von weiteren Perspektiven wie etwa dem Verhältnis von Einheit und Vielheit oder der sogenannten Prinzipienfrage: Es scheint so, als habe die jüngere Moderne hier zu viel riskiert, nämlich eine Umkehrung der traditionellen Hierarchie von Einheit und Vielheit und andererseits eine weitgehende Entmachtung der Prinzipienfrage. Indessen sind Umkehrungen in der Philosophiegeschichte immer prekär – sie führen in der Regel zu einer vermittelnden Lösung zurück. Eine solche differenzierend in den Blick zu nehmen ist ein wesentliches Anliegen des vorliegenden Buches.

So zeigt sich, daß die Kritik der metaphysischen Tradition nicht die Einheit verdrängen, der Vielheit unterordnen oder gar ganz zugunsten der Vielheit aufgeben kann.[31] Vielheit, zumal als infinite oder infinitesimale, ist isoliert weder existenzfähig noch denkbar. Dies in einem Denkexperiment vorgeführt zu haben ist beispielsweise ein Verdienst des Interpretationismus. Die Konsequenz daraus ist jetzt zu ziehen: Daß an der paritätischen Stellung der Einheit nichts geändert werden kann und daß darum zu einer kategorialen Gleichordnung zurückzugehen ist.

Ebenso mag es heilsam gewesen sein, den Prinzipienzwang der Metaphysik abgestreift zu haben. Dennoch ist das Gegendogma mancher Analytiker unhaltbar: daß es überhaupt keine Prinzipien gebe und daß es zu den Resultaten des modernen Nominalismus gehöre, auf Prinzipienfragen peremptorisch Verzicht zu leisten. Diese ausschließende Grenzziehung ist überzogen, weil nicht nur in den apriorischen, sondern auch in den Erfahrungswissenschaften und der Philosophie Verhältnisse auftreten können, die nur durch prinzi-

31 Vgl. z.B. den von K. Gloy und E. Rudolph herausgegebenen Sammelband, 1985 sowie K. Gloy, 1981; D. Henrich, 1985.

pielle Optionen geschlichtet werden können. Ähnliches war für die Tendenz zum reinen, unvermischten Prozessualismus aufzuzeigen: Er wäre nicht nachzuweisen und bliebe damit bloß postulatorisch. Gegen solche einseitigen und ausschließenden, aus der antithetischen Geschichte der Metaphysik immerhin erklärbaren Verkürzungen ist auf der allseitigen Berücksichtigung der Phänomene zu insistieren.[32] Der skeptische Realismus ist eine solche Position, die die Hypotheken und Engführungen des Idealismus, Interpretationismus oder internen Realismus überschreitet und sich so von drohenden Fehlentscheidungen freihält. Vermutlich ist in der Skala des Verhältnisses von Einheit und Vielheit im ganzen und im einzelnen nur eine maßvolle Verschiebung notwendig, um die Fragestellung zurechtzurücken und die heute mögliche Optimierung zu erreichen.

Die Modalitäten sind im skeptischen Realismus korrekt vertreten. Die *Möglichkeit* der interpretationistischen Option, über die schon zu berichten war,[33] ist ebenso wie die Abstufung gegenständlicher Möglichkeitsweisen berücksichtigt. Im Unterschied zu neueren, recht speziell motivierten Akzentuierungen (etwa bei Heidegger) ist jedoch am Primat der Gegenwart vor der Vergangenheit und Zukunft festzuhalten. Da sich Realität vorzugsweise in der Präsenz erfüllt, ist der skeptische Realismus überwiegend ein präsentischer. Das Reale muß primär gegeben sein, damit andere Modalitäten überhaupt in Betracht gezogen werden können. Allerdings ist die Gegenwärtigkeit in sich gegliedert und mit einer «gegenwärtigen» Vergangenheit und Zukunft zusammenzudenken,[34] die eine zweidimensionale Ausdehnung der Gegenwart erlaubt. Darüber hinaus gilt aber: so wenig Potentielles wie möglich – ob theoretisch oder praktisch betrachtet –, aber nicht weniger als nötig. Die Hierarchie der Modalitäten ist dadurch umrissen: Die Gegenwärtigkeit ist zwar flexibel, aber gerade dadurch gegenüber dem bloß Vergangenen und dem bloß möglichen Zukünftigen durch einen uneinholbaren Vorrang ausgezeichnet.

Der Interpretationismus setzt demgegenüber, richtig verstanden, auf das Nur-Mögliche im Welt- und Selbstverhältnis und ist deshalb nachzuordnen, d.h. unter den Titel des Skeptischen im skeptischen Realismus zu subsumieren.

32 R. Shusterman, 1996, 52 ff. verteidigt zu Recht den Gesichtspunkt der Einheit gegen moderne Antimetaphysiker (freilich mit der Tendenz zur Subjektivierung, die erfüllungsdilemmatisch ohne Anhalt bleibt).

33 Vgl. oben S. 56–58.

34 Vgl. oben S. 108 f. und im einzelnen Verf., 1981 und 1995^2, 302–304.

4. Realismus und Antirealismus

Der Interpretationismus ist eine neuartige Version der Erkenntnistheorie. Charakteristisch ist für ihn die grundsätzliche Medialität des Erkennens, die sich auf die linguistische oder semiotische Wende in der Philosophie des zwanzigsten Jahrhunderts stützt. Die Gegenstände des Erkennens sind nicht unmittelbar zu haben, sondern nur vermittelt durch Zeichen wie die Sprache. Freilich ist damit über Art und Grad der Vermittlung noch nichts ausgemacht, und es ist wenig befriedigend, es bei dieser allgemeinen Auskunft, wonach die Medien eher zu trennen als zu verbinden scheinen, bewenden zu lassen. Zum mindesten ist es angezeigt, die möglichen Verhältnisse von Zeichen und Sinn zu unterscheiden und auf ihre erkenntnistheoretische Tragweite hin zu durchdenken. Sie zerfallen in äquivoke und nichtäquivoke Relationen, beide in einer oder in zwei Richtungen, nämlich hinsichtlich des Zeichens oder des Sinnes oder beider: entweder ein Zeichen hat viele Sinne, oder viele Zeichen haben denselben Sinn, oder ein Zeichen hat einen Sinn, oder mehrere Zeichen haben mehrere Sinne in einer diffusen Relation. Die einzelwissenschaftliche Hermeneutik der Tradition konzentriert sich auf die nichtäquivoke Relation, die neue, philosophische (Meta-)Hermeneutik und die Interpretationsphilosophie ziehen die äquivoke Relation vor (ein Zeichensystem – viele Sinne). Damit verbindet sich die Annahme, die Zeichen repräsentierten den Sinn nur gebrochen und verändert, d. h. ‹anders› als im nichtäquivoken Modell. Die Gleichheit der Repräsentation ist damit nicht mehr gewährleistet, sondern im Gegenteil von vornherein widerrufen. Mit anderen Worten: Der Begriff der ‹Entsprechung› (Korrespondenz) ist verabschiedet zugunsten eines näher zu bestimmenden Zusammenhangs, der jedenfalls einen Abbildcharakter herkömmlicher Art ausschließt.

«Zeichen» hat daher im Interpretationismus eine erweiterte, ja uneigentliche Bedeutung gewonnen, sofern nicht gar das Verweisungssystem auf die Beziehungen von Zeichen untereinander beschränkt ist (Derrida, Simon). Ob sich darin ein katachrestischer Gebrauch des Zeichenbegriffes abzeichnet, sei dahingestellt. Doch fällt auf, daß die Einschränkung auf die äquivoke Relation willkürlich wirkt und nicht in regulärer Beweisführung darlegbar ist. Die übrigen Typen des Verhältnisses sind nicht von vornherein ausschließbar, und das heißt insbesondere: Die Eins-zu-Eins-Relation muß in Betracht gezogen werden. Die Unsicherheit könnte nicht direkt, sondern nur durch eine Rekonstruktion der Erkenntnisphasen behoben werden, die zum Interpretandum einen unabhängigen Zugang gewährte. Der Interpretationismus hält jedoch einen solchen Zugriff nicht bereit, weil er unter anderem das Prinzip der Interpretativität aufheben würde. Es muß daher bei einer Uneinlösbarkeit der Beweislast bleiben, oder anders gewendet: Die Relation Vieles zu Einem ist nur *eine* mögliche unter anderen, die als solche der Anfechtbarkeit und dem Zweifel unterliegen. Es ist grundsätzlich möglich, daß *ein* Zeichen *eine* (richtige) Bedeutung hat oder daß doch verschiedene Bedeutungen sich mit verschiedenen Zeichen diffus überkreuzen. Dies kann eine zeitverschobene Klärung indizieren, die das systematische Problem entschärft. Aber auch die vierte Konstellation bleibt erwägenswert, nämlich daß mehrere Zeichen (vorläufig) ein und dieselbe Bedeutung anzeigen.

Wie die Zuordnung von Zeichen und Bedeutung funktioniert, muß und kann offenbleiben. Festzuhalten ist jedoch als Typus die *Einzigkeit* der Zuordnung, die nicht mit der Vielfachheit der äquivoken Relation konfundiert werden sollte. Die Beziehung muß also in diesem Falle gleichartig und konstant fortbestehen und sich als solche auch kundgeben.[35] Daß der Bedeutungskontext relativierbar sei, wird durch ein Geltungsdilemma durchkreuzt, das die Stichhaltigkeit von Kriterien auf einer zweiten Ebene wirkungsvoll in Frage zu stellen verhindert.

Dies bedeutet, daß zunächst einmal alle Graduierungsdifferenzen realistisch ernst zu nehmen sind, ehe sie dem Homogenisierungspostulat reiner Interpretativität untergeordnet und dadurch entmachtet werden. Der Sprung in die reine Interpretativität ist zwar möglich, aber auch nicht nötig (der Pluralismus allein reicht dafür nicht aus). Im übrigen ist die Zumutung, in zwei Ebenen zu operieren – der interpretativen und der graduierenden –, größer als die, die Anzahl der Ebenen zu vereinfachen.

Dem Schema dilemmatischer Kritik sind auch die folgenden weiteren Richtungen ausgesetzt: der Konventionalismus, der kritische Realismus, der Konstruktivismus, der Kontextualismus und die These von der Theoriebeladenheit der Erfahrung.

35 Immerhin kann sich als Falltyp auch eine – vorläufige oder endgültige – Zentralität der Bedeutung einstellen, in deren Umkreis weitere, gleich- oder untergeordnete Bedeutungen fallen. Dies hat indes dort seine Grenzen, wo die Verwendung der Ausdrücke ‹gleich› oder ‹ähnlich› nicht mehr gewährleistet ist.

Gewiß gibt es keine Handhabe, solche Auffassungen einfach umzukehren, aber die Gegenrechnung, ihre Verbürgtheit erst einmal in Frage zu stellen, ist noch nicht zusammenhängend aufgemacht worden.

Was den *Konventionalismus* angeht, der von einer durchgängigen Abhängigkeit wissenschaftlicher Antworten von den an die Natur gestellten Fragen ausgeht, so ist die supponierte Gleichwertigkeit der Resultate weitgehend fiktiv: Es dürften nur Grenzfälle sein, in denen die Unterschiede der Lösungen nicht zutage treten. Im übrigen ist es fraglich, ob hier überhaupt von Interpretation und nicht eher von Aspekten der Wirklichkeit die Rede sein kann, was einen strengen Interpretationismus ausschließt. Ferner wird hier nicht ausreichend die Frage nach der Genesis von der der Geltung abgehoben; dem entspricht die Kaschierung oder Umdeutung des verschiedenwertigen Prognosepotentials, das Schlüsse auf die Geltung erlaubt. Schließlich bleibt die Annahme konventioneller Setzungen oft äußerlich, weil sie den empirischen Gesamtrahmen nicht beachtet und den Fortgang der Forschung ausblendet. Im übrigen ist der Konventionalismus analog zur Vielsprachigkeit zu sehen, bei der es offenbleiben muß, ob die einzelne Sprache Aspekte oder Interpretationen bietet. Dies läßt sich beim Konventionalismus so wenig entscheiden wie bei Sprachphänomenen. Es ziemt sich also, grundsätzlich die Haltung der Skepsis einzunehmen. Im übrigen ist es für den Konventionalismus lehrreich, daß auch der Interpretationismus nicht mit einer Beliebigkeit der Lösungen rechnet, sondern in den Interpretamenten eine gewisse Selektion und Einschränkung am Werk sieht. Dies läßt Rückschlüsse auf den Konventionalismus insofern zu, als sich die Vorstellung von freien Setzungen (neukantianischer Provenienz) dadurch erledigt. Schließlich ist ein Großteil der Lösungen auf längere Sicht der weiteren Prüfung und gegebenenfalls der Eliminierung unterworfen, so daß sich die Fälle bewährter Mehrfachlösungen auf Ausnahmen reduzieren, die keine generelle Theorie tragen können.

Der *kritische Realismus* verstößt gegen die dilemmatische Verfaßtheit der Erfahrung, die nicht zirkulär gegen den Realismus selber gewendet werden kann. Wenn der gesamte Erkenntnisprozeß nur durch Widerstände hindurch vermittelt und verstellt wird, ist die Frage nach der Realität nicht mehr sinnvoll zu schlichten. Was Widerstand oder Subjektbedingtheit und was originäre Erfahrung ist, kann nicht mehr getrennt werden, wenn dafür keine zuverlässigen Kriterien angegeben werden. Dies ist jedoch in der Regel nicht ausgemacht, so daß der kritischen Prüfung häufig der Ruf der Beliebigkeit anhaftet. Ein kritischer Realismus wird dann oft als *contradictio in adjecto* empfunden.

Auch der *Konstruktivismus* verfällt in das Dilemma, das er zu lösen verspricht: Er kann grundsätzlich nicht dartun, daß die Welt nicht wirklich so ist, wie wir sie «konstruieren», und daß deshalb die vermeintliche «Konstruktion» in Wahrheit «*Re*konstruktion» ist. Dabei kann sogar der Fall eintreten, daß wir uns der wirklichen Welt stufenweise annähern, ohne dies allerdings selber zu bemerken.

Der *Kontextualismus* setzt Individualität und Perspektive voraus, über deren Abhängigkeit von einer originären (dilemmatischen) Beweislast bereits im ersten Kapitel zu handeln war.[36] Trotzdem könnte man versuchen, den jeweiligen Kontext noch einmal gegen das Beweisdilemma zu kehren, indem man geltend macht, dieses nehme sich je nach Kontext verschieden aus. Selbst wenn wir das Manko einer zirkulären Beweisführung übergehen, kann man doch in Anspruch nehmen, daß wir die Unterscheidung von eigenen und fremden Horizonten und Kontexten nicht als trennend gelten lassen. Der Realist ist in der Lage, sich in fremde Kontexte hineinzudenken und sie so mit seinem eigenen Kontext in Beziehung zu setzen. Eine quasi-solipsistische Isolierung individueller oder okkasioneller Horizonte ist nicht nur nicht beweisbar, sondern auch kontraintuitiv. (Darauf beruht auch die Trennung von Rekonstruierbarkeit und Wiederholung: Wiederholt werden kann strenggenommen nur im gleichen Kontext, dagegen kann auch ein fremder Kontext in Annäherung rekonstruiert und theoretisch nachvollzogen – etwa verglichen – werden. Der Kontextualismus der Historie ist also von der Philosophischen Hermeneutik zu eng gefaßt und zu Unrecht mit der ‹Wiederholung› zusammengesehen worden.)

Die These von der *Theoriebeladenheit der Erfahrung* ist sogar von Popper vertreten worden.[37] Wenn man die theoretischen Momente

36 Vgl. oben S. 21–23.

37 K. R. Popper nimmt hier eine vermittelnde, nicht ganz klare Position ein. In: The myth of the framework, 1976, wiederholt er seine These von der Theorieimprägniertheit der Beobachtung, behauptet aber gleichzeitig unsere Freiheit, den Rahmen zu transzendieren (im Unterschied zu dem determinierenden Rahmen der Kontextualisten). Da freilich eine Bedingtheit nur durch eine andere ersetzt werden kann, bleibt der Anspruch der Korrektur im Grunde unerfüllbar. Die Interpretationsphilosophen haben daher leichtes Spiel, Popper unter ihre These zu subsumieren und dadurch als Rivalen auszuschalten.

im Einzelfall identifizieren und eliminieren kann, ist dagegen nichts einzuwenden. Der Interpretationist versteht die These aber generalisiert, ja apriorisch, und daher zirkulär. Zur Erfahrung ist auf diesem Wege gar nicht zu kommen; der Theoretiker bleibt vielmehr in seinen eigenen Theoremen befangen und noch mehr, wenn er darüber aufgeklärt wird. Die These ist indessen insgesamt als dilemmatisch abzulehnen: Es ist evident – und dann in der Regel vermeidbar –, daß wir theoriebedingt sind, *oder* es spricht (vorläufig) nichts dafür. In der Tat stehen mehrere heutige Wissenschaftsphilosophen einer solchen Unterstellung skeptisch gegenüber.[38] –

Der Interpretationismus sieht sich generell in der Nachfolge der Erkenntnistheorie der Neuzeit, der zufolge ein unbestimmtes Substrat (‹Hyle›) von einem aktiven Intellekt verarbeitet und überformt wird. Ein solcher Semi-Idealismus, der mit der postnominalistischen Stärkung der Subjektivität einhergeht, ist allerdings in der Theorie des Interpretationismus nicht mehr aktuell. An die Stelle der Subjektivität ist die Medialität der Zeichenwelt getreten, die – wie ursprünglich das Bewußtsein – so das Selbst- und Weltverhältnis noch nachhaltiger und offenbar uneinholbar zu bestimmen scheint.

Die neuere Interpretationsphilosophie ist in der Tat eine kritische Weiterbildung des älteren Repräsentationsmodells, das der Sache nach auf dem semiotischen Dreieck (Wort-Bedeutung-Sache) aufbaut. Bei antiken, mittelalterlichen und frühneuzeitlichen Autoren war das semiotische Dreieck unproblematisch mit dem Abbildgedanken verbunden. Insbesondere war die Einzigkeit der Repräsentation an die Einzigkeit des Sachverhaltes geknüpft. Dabei war im einzelnen auch an abgestufte Zuordnungen (bessere – relativ beste – absolut beste),

Vgl. die gleichfalls nicht ganz durchschlagende Darstellung von H. Albert, 1996, 9–28. Demgegenüber setzen wir im vorliegenden Buch die Akzente anders: Die Bedingtheit einer Position (etwa einer Beobachtung) ist erkennbar oder nicht erkennbar. Im ersten Fall können wir sie gegebenenfalls korrigieren oder doch einkalkulieren; im zweiten ist sie faktisch und theoretisch nicht vorhanden und muß bis auf weiteres auch so behandelt werden.

38 J. Mittelstraß, in: Inf. Philos., 17, 1989; M. Carrier, in: 1994, 20–83; ders., Enzyklopädie Philosophie und Wissenschaftstheorie 4, 1996, 274. Vgl. M. Carrier/J. Mittelstraß, Geist, Gehirn, Verhalten, Berlin/New York 1989, 175–178 (mit Bezug auf A. Einstein/H. Feigl). – Noch genereller gilt: Wenn man in der Nachfolge Quines die Unterscheidung zwischen analytischen und synthetischen Urteilen in Frage stellt, ist ein sich selbst berichtigender Empirismus der primäre Erkenntnishorizont.

an teils-teils-Verhältnisse (Aspekte, Perspektiven) und an mögliche Fallibilität zu denken.

In der späteren Neuzeit vollzieht sich nun am Repräsentationsmodell sukzessiv eine doppelte Veränderung: a) Die Repräsentation (mit der Bedeutung) ist nicht mehr rein passiv, sondern aktiv gedacht: Sie fügt zum Sachverhalt etwas hinzu, das zunächst in der apriorischen Ausstattung des Interpreten oder in seiner individuellen Beschaffenheit oder in seinem Kontext angelegt ist. Dies ist die bei Leibniz angebahnte und dann von Kant durchgesetzte moderne Wendung des Repräsentationsmodells. b) Der auf Einzigkeit ausgerichtete Abbildgedanke wird im wörtlichen und im übertragenen Sinn ganz fallengelassen und durch eine – auch nicht mehr aspekthaft zu fassende – Pluralität von Bedeutungen ersetzt. Dies ist die Situation der zeitgenössischen Interpretationsphilosophie. Natürlich bleibt a) in der Version von b) erhalten und wird dadurch noch verstärkt. In diesen Zusammenhang gehört die Rede von Interpretationskonstrukten, Interpretationsschemata u. dgl. Bedeutungen sind gar nicht mehr direkt auf ansichseiende Sachverhalte bezogen; ferner sind sie individuell, ja okkasionell geworden, ohne daß weitergehende Geltungsansprüche noch ins Auge gefaßt würden.

Indessen ist a) trotz vielfältiger Anerkennung vom Erfüllungs- bzw. Beweisdilemma bedroht. Es läßt sich nämlich nicht dartun, daß das transzendentale oder empirische Subjekt etwas – oder gar Wesentliches – zum ursprünglichen Sachverhalt hinzufügt; jedenfalls ist die Grenze zwischen beiden in keiner Weise faßbar (die definitorische Festlegung wird dadurch natürlich präjudiziert). Dies hat Konsequenzen für die gegenwärtige Interpretationsphilosophie (b), bei der der präsumptive subjektive Beitrag vielfältig und unübersichtlich geworden ist. *Daß* er geleistet wird, ist eine Sache des Meinens und Glaubens, aber nicht des Wissens.[39]

39 Die stimulierende Wirkung der Unterscheidung von Primär- und Sekundärqualitäten auf die Theorie von der Spontaneität des Intellekts in der Neuzeit ist bekannt. Ihre kritische Analyse zeigt jedoch, daß die Primärqualitäten als solche stets für objektiv galten und gar nicht antirealistisch hinterfragt werden konnten. Die Spontaneität hatte hier noch nicht den Rang, der ihr in der späteren Entwicklung zufloß. – Zur (unerlaubten) Generalisierung der Lokkeschen Unterscheidung im modernen Antirealismus vgl. M. Devitt, 1991^2, 300. – Daß Schlußfolgerungen vom Interpretandum oder gar von den Verhältnissen bei Anderen auf den Interpreten selbst realistisch sein müssen, um ihre Aussagekraft zu behalten, ist im vorigen gezeigt worden (oben S. 16f.).

Die produktive oder kreative Rolle des Subjekts in der Neuzeit war also dilemmatisch bedroht. Die kritischen Untersuchungen A. Schmitts[40] haben überdies gezeigt, daß der Ratio nur eine Ordnungsfunktion zufällt, die das unbestimmte Substrat nicht weiter aufklärt, während die antike Wahrnehmungstheorie bereits mit einer *bestimmten* Form der Wahrnehmung anhebt. Wie immer man auch die Genesis und den Geltungsanspruch der modernen Erkenntnistheorie einschätzt, sicher ist, daß die Erkenntnisleistung in der Moderne recht beschränkt ist, weil sich ihr der ‹Gegenstand selbst› in wesentlichen Punkten entzieht.[41]

Die mediale Vermitteltheit, die in der Interpretationsphilosophie an die Stelle des Bewußtseins rückt, konkretisiert und präzisiert jedoch die Bedingungen des Erkennens. Bei der Sprache – und bei allen Zeichensystemen – ist es unentscheidbar, ob sie Aspekte oder Interpretationen des Gegenstandes liefert. Die Souveränität des Subjekts, die sich vor die Gegenstandswelt schiebt, ist hier durch ein mehrdeutiges Medium gebrochen und hat dadurch einer Ambivalenz und zugleich Konkretheit Platz gemacht, die einen Neuansatz auch in der Erkenntnistheorie ermöglichen. Die nötige Berücksichtigung auch von Aspekten und Graden erweitert das Feld der Betrachtung in verschiedener Hinsicht: Einmal ist der Semi-Idealismus nicht mehr so absolut wie in der frühen Neuzeit, sondern gibt auch neutralen Perspektiven Raum, und zum andern ist das Panorama insgesamt dadurch objektiver und sachhaltiger geworden, als die Möglichkeit

40 A. Schmitt, 2003, 97–121, 524–540.

41 Noch weiter führt die jüngste Kant-Kritik von W. Gölz, der bei Kant ein grundsätzliches Defizit der Erfahrung gegenüber den transzendentalen Bestimmungen moniert (Kants «Kritik der reinen Vernunft» im Klartext, Tübingen 2006, 76–85, 89–94). – Das gorgianische Paradox, das für den Agnostizismus wirbt, kann in der gegenwärtigen Situation nur noch kritisch gesehen werden (VS 82 B 3, 281–283, D. K.). Ein reiner Agnostizismus widerspricht dem phänomenalen Befund; es kann sich in der Sache nur um graduelle (oder partielle) Nichtmitteilbarkeit und Nichterkenntnis handeln. Die negative Demonstration, daß etwas nicht erkannt und nicht mitgeteilt wird, ist auch gar nicht darzutun; es bleiben bloße Möglichkeitserwägungen, wie sie im vorigen an Hand paralleler Fälle schon erläutert worden sind. Induktive Verallgemeinerungsschlüsse von der eigenen Unfähigkeit des Sagens auf andere sind nicht zwingend, ebenso die Individualisierung des Erkennens. Hinzu kommt das Argument der Selbstanwendung, das die Mitteilung des Paradoxons an andere verbietet und dadurch dieses selbst aufhebt. Das gorgianische Paradox ist also nicht geeignet, die interpretationistische Alterität zu stützen.

von gegenstandsbestimmten, wenngleich aspekthaften Referenzen in Erwägung zu ziehen ist. Der zeitgenössische, medienvermittelte Antirealismus ist also «weicher» und durchlässiger geworden als frühere Versionen, die für Gegeninstanzen und Ausnahmen grundsätzlich keinen Raum boten.

Anderes tritt hinzu: Der zeitgenössische Interpretationismus ist dem überkommenen Repräsentationsmodell auch dadurch weitgehend entrückt, daß er Interpretieren nicht nur als Bestimmen, sondern als jede Art von Eingriff in das Interpretandum versteht (z. B. als Abkürzen, Zusammenfassen u. dgl.). Andererseits ist das in der frühneuzeitlichen Version ganz Unbestimmte in der Interpretationsphilosophie bereits zum größeren Teil bestimmt worden, und zwar schon durch die Vorinterpretation, an die die Interpretationsphilosophie jede aktuelle Interpretation anschließen läßt. Schließlich ist die «Interpretation» nicht durch apriorische Strukturen, sondern durch den okkasionellen Kontext bestimmt – in Abweichung vom kantischen Transzendentalismus. Diese Abweichung markiert tatsächlich die Auflösung des traditionellen Musters und sollte daher davor warnen, entfernte Analogien in «Verwandtschaften» umzudeuten. Im ganzen besteht daher kein Anlaß, die dilemmatische Verfaßtheit des interpretationistischen Erkenntnisbegriffs durch Rückbindung an das Unbestimmtheitstheorem der frühen Neuzeit zu unterlaufen oder auch nur zu mindern. Die Alternative: Realität oder Skepsis trifft für die zeitgenössische Interpretationsphilosophie in voller Schärfe und ohne Abzug zu. –

Der Interpretationismus ist heute als Spezialfall des *Antirealismus* zu begreifen, der seit etwa 1960 in der Nachfolge von Wittgenstein, Quine, Dummett und der modernen logischen Modelltheorie die Rolle eines Obertitels für nichtrealistische (idealistische, interpretationistische, kritische und skeptische) Theoreme angenommen hat. ‹Antirealismus› ist darum mindestens ebenso vieldeutig wie ‹Realismus›. Nur durch eine Auflistung beider Bedeutungsfelder ist das jeweils Gemeinsame herauszuarbeiten und als Hintergrund für die Spezifika des Interpretationismus in Anschlag zu bringen.[42]

42 Zur Einführung vgl. die beiden Sammelbände 1992 (weitgehend an M. Dummett orientiert) und 2000 (mit dem augenblicklichen Diskussionsstand, 9–32). Nach den Debatten bei Th. Bartelborth, 1986, und R. Schantz, 1996, hat sich mit überlegener Argumentation dem realistischen Standpunkt angeschlossen M. Willaschek 2003: Der Fehler des Antirealismus liegt danach

Ein *ontologischer* Realismus bezeichnet eine ansichseiende Welt, die vom Einfluß jeder (auch übermenschlicher) Subjektivität frei ist. Epistemologisch ist ein Realismus schon dann, wenn er unabhängig von menschlichen Erfahrungen formuliert werden kann.[43] Beide gelten als *metaphysischer* Realismus. Er kann auch auf Werte, Normen und Zwecke ausgedehnt werden. Im übrigen ist ein *praktischer* (lebensweltlicher) Realismus meist wenigstens vorläufig als gültig anerkannt, d.h., die natürliche Einstellung des Menschen wird ihm naturgemäß anhängen, einerlei, ob sie in einer theoretischen Perspektive gerechtfertigt werden kann oder nicht. Schwieriger steht es um den *wissenschaftlichen* Realismus, weil er ein differenziertes Weltpanorama voraussetzt: Er kann begriffsrealistisch oder gar platonistisch (mit der Existenz abstrakter Gegenstände) sein und im Bereich des Zeichenverstehens auf einen semantischen oder hermeneutischen Realismus hin spezifiziert werden. Man kann den wissenschaftlichen Realismus – im Unterschied zum lebensweltlichen – zusammenfassend auf Unbeobachtbares beziehen.[44] Dieses bleibt dann empirisch mehrdeutig und wird von Realismusgegnern für den Antirealismus in Anspruch genommen. Es gibt – in Übereinstimmung mit dem hier vertretenen skeptischen Realismus – eine Reihe von speziellen *regionalen* Realismen, die oft aus einzelwissenschaftlichem Umgang erwachsen sind (z.B. einen mathematischen Realismus).[45]

Der Antirealismus markiert in allen diesen (und noch in anderen) Punkten das Gegenstück zum Realismus, wobei verschiedene Grade

in der Schlußfolgerung, die Schwierigkeiten der Zugangsart zur Welt rechtfertigten bereits die Leugnung des Zugangs. Die phänomenologisch ausgewiesene (Wahrnehmung u. dgl.) Erfassung kann aber nicht zugunsten von reiner Theorienbildung beiseite gedrängt werden. – Philosophen, die in die Unterscheidung ‹Realismus oder Antirealismus› nicht leicht einzuordnen sind oder sie als überholt ablehnen, sind beispielsweise Carnap, Davidson, Rorty, Blackburn, Dennett, McDowell u.a.

43 Z.B. sind hier die Sätze über die Welt entweder wahr oder falsch, unabhängig von unseren Verifikationsmöglichkeiten.

44 Vgl. den aktuellen Forschungsbericht von Th. Bartelborth, 1997/2, 18–29. Eine ausgewogene Synkrisis von wissenschaftlichem Realismus und Antirealismus bietet – ohne Entscheidung – A. Kukla, 1998, der allerdings einige nicht weiter befragte Voraussetzungen zugrunde legt.

45 Vgl. die Übersicht bei A. Mehrtens, 1991, 35–44; G. Abel, ‹Realismus› (Analytische Philosophie), 1992, 162–169; H. Lenk, 1995b. Systematische Probleme diskutiert S. Haack, 1987, 275–299.

der Kombination zwischen realistischer und antirealistischer Betrachtungsweise anzunehmen sind.

Der *Interpretationismus* repräsentiert in einem solchen Aufbau einen (gemäßigten) semantischen oder hermeneutischen Antirealismus. Er verallgemeinert die «Interpretations»-Metaphorik von kulturellen Zeichen auf die Welt und tritt damit in ein konkurrierendes Verhältnis zu anderen Formen des Antirealismus; er bleibt aber eben dadurch insofern moderat, als er eher einen epistemologischen als einen ontologischen Antirealismus intendiert. Durch den Schlüsselbegriff der Interpretation ist der Interpretationismus an ein Interpretandum gebunden und dadurch enger festgelegt als ein unbestimmter – etwa idealistischer – Antirealismus. Die Welt ist daher zwar nur durch Medien hindurch erfaßbar, die aber – und dies ist die spezielle antirealistische Zuspitzung – nicht einsinnig, sondern nur mehrdeutig interpretierbar sein sollen.[46]

Die These von der «Mediatisierung» des Erkennens hat ihre eigenen Beweisschwierigkeiten – sind die Medien wirklich nur «Medien» oder gar die Welt selber? –, doch liegt das Hauptproblem in der äquivoken Zuordnung von Zeichen und Bedeutung. Daß dieses Problem nicht eindeutig zu lösen ist, war bereits zu zeigen: (realistische) Aspektverhältnisse lassen sich nicht ausschließen. Doch eine solche Unsicherheit belastet den Antirealismus insgesamt: Es ist so gut wie ausgeschlossen, eindeutige Zuordnungen sicher fernzuhalten und dadurch Pluralität und Alterität systematisch zu gewährleisten. Es bleibt auch in diesem erweiterten Rahmen bei theoretischen Wahrscheinlichkeiten, die aber im Vollzug der Erfahrung sich unversehens als Gegenwahrscheinlichkeiten darstellen können. Es ist nach vorangegangener Prüfung zunächst wahrscheinlicher, der Wahrheit nähergekommen zu sein als – wie erst auf längere Sicht – umgekehrt. Für einen Beweis müßte jede Stufe des Erkenntnisprozesses unabhängig bezeugt sein – für den Antirealismus ein selbstdestruktives Unterfangen. Auch der Antirealismus ist eben grundsätzlich dilemmatisch zwischen Realismus und Skepsis anzusiedeln, und das gilt schon für Erfüllungsakte ebenso wie für einen regelrechten Beweis. Antirealismus ist auf eine grundsätzliche Reflexion angewiesen, die die Aufdekkung des Irrtums im Einzelfall noch übersteigt. Trotzdem kann auch der Reflektierende irren und dadurch in die Skepsis zurückfallen. Der

46 Hier liegt die Differenz der neueren Hermeneutik von der älteren und ihrem realistischen Erkenntnisideal.

Realist hingegen ist «naiv», d.h., es gibt für ihn keinen Antirealismus, es sei denn einen durchschauten und dadurch neutralisierten. Der Realismus ist darum nicht nur ursprünglich und naiv, sondern in gewisser Weise auch abschließend.

Die realistische Betrachtungsweise wird, da sie das phänomenal Gegebene übersteigt, vom antirealistischen Standpunkt als metaphysisch bezeichnet.[47] Der Antirealismus sucht diese Art von metaphysischer Erkenntnistheorie zu vermeiden, indem er sich an die immanente Vieldeutigkeit und ihren inneren Zusammenhang (Konsistenz, Kohärenz, Konsens) hält. Die immanente Gliederung der Welt wirft aber ähnliche Probleme auf, etwa im Verhältnis zwischen näheren und ferneren Bestandteilen der Welt. Tatsächlich ist bereits die Unterscheidung zwischen Interpretament und Interpretandum, die dem Interpretationismus und abgewandelt auch dem Antirealismus zugrunde liegt, mehr metaphysisch belastet als die einfache Eins-zu-Eins-Entsprechung. Es müßte nämlich gezeigt werden, *wie* das Verhältnis von Interpretandum und Interpretamenten äquivok oder diffus vieldeutig sein kann und wie es sich vom Aspektverhältnis unterscheidet – eine offensichtlich schwierigere und vielschichtige Aufgabe. Wenn man ‹metaphysisch› mit ‹empirisch unbeweisbar› wiedergibt, dann ist der Antirealismus bestimmt in höherem Grade metaphysisch als der Realismus, weil die Beweislast erweitert und verdoppelt wird. *Grundsätzlich ist der Schein als solcher, ohne realistische Referenz, nicht beweisbar; und umgekehrt gilt: Man kann den Schein nur als ein Moment in einem größeren Ganzen darstellen.*[48]

Metaphysik ist heute selbst mehrdeutig. Nicht mehr kann im normalen philosophischen Diskurs gemeint sein die Metaphysik als philosophische *Disziplin* (Onto-Theologie, *philosophia perennis*, Erste Philosophie u. dgl.), die nur noch der Philosophiehistorie angehört.

47 M. Devitt, einer der Anwälte des Realismus, sucht diesen von sprachphilosophischen (semantischen) Problemen (z.B. der Korrespondenztheorie) abzutrennen und als metaphysische Frage rein darzustellen. Die Strategie ist einerseits klärend, andererseits durch den traditionellen Begriffszusammenhang doch zu stark belastet, und kann dadurch nur als vorläufig gelten: M. Devitt, 1997a[3] (mit neuem Nachwort); ders., 1991/1, 113–137 (ähnlich: ders., 2000, 213–233).

48 Die Mikrophysik kann nicht, wie die Interpretationisten suggerieren, als Modell für die Erkenntnistheorie überhaupt gelten (Strittigkeiten der Kopenhagener Deutung; regionale Spezifikationen, die nicht übertragbar sind).

Wohl aber gibt es auch heute das, was Kant die metaphysische *Naturanlage* der menschlichen Vernunft genannt hat.[49] Sie steht auch Außereuropäischem offen und bietet beispielsweise einen gemeinsamen Nenner für so gegensätzliche Positionen wie bei Heidegger und im Positivismus (Szientismus) an. Dazwischen sind mindestens zwei weitere Bereiche auszumachen: *Einzelne metaphysische Problemfelder*, die sich aus der Konkursmasse der einstigen Ersten Philosophie erhalten haben und die auch heute als explizite Momente und Aspekte philosophischer Theorienbildung in verschiedenen philosophischen Disziplinen auftreten können (z. B. das Realismusproblem, das Universalienproblem, bestimmte Freiheits- und Moraltheorien); und zweitens: das weite Feld *metaphysischer Implikationen*, die nicht explizit als solche thematisiert oder artikuliert sind und die prinzipiell nicht umgrenzbar sind. Dazu gehören die neuzeitlichen Gegenpositionen zur klassischen Metaphysik[50] oder auch Formen der Metaphysik, die, wenn überhaupt, erst in der Retrospektive zur Geltung kommen («hermeneutischer» Metaphysikbegriff).

Diese drei Formen sind Typen *des* Metaphysischen (nicht mehr: *der* Metaphysik), und sie werden, im Unterschied zur Disziplin Metaphysik, vermutlich weiterhin und auch künftig in Geltung stehen. Es gibt also keine wirkliche Nachfolgedisziplin der Metaphysik, wohl aber eine Vielzahl von metaphysischen Fragestellungen und Implikationen. Darin liegt auch die gegenwärtige «Transformation des Metaphysischen» beschlossen, die, wohlgemerkt, weiter anhält und von der kein Ende absehbar ist.

Das Metaphysische ist also aus der heutigen philosophischen Theorie nicht auszuklammern. Insbesondere ist es wichtig zu sehen, daß sowohl das realistische wie das antirealistische Weltverhältnis in gewisser Hinsicht daran teilhaben: Der Realismus rechnet mit einer niemals prinzipiell überprüfbaren Korrespondenz zwischen Subjekt und Objekt, der Antirealismus mit einer – gleichfalls nicht überprüfbaren – Vervielfältigung von Bedeutungen im Welt- und Selbstverhältnis, die ebenso rätselhaft bleibt und die ebenso als metaphysisch

49 Kritik d. reinen Vernunft B (Akademieausgabe), Einleitung VI., 41.

50 Nichtidentität und Differenz, Werden, Zeitlichkeit und Geschichtlichkeit, Relationalität und Funktionalität, Binnenreferenzen anstelle von Abbildverhältnissen; durchweg mit Totalaussagen über die Welt, die einem weiteren Metaphysikbegriff unterliegen; ferner auch Bindestrich-Metaphysiken oder Geschichtsphilosophien.

zu verorten ist.[51] Die realistische Betrachtungsweise kann daher nicht einseitig als metaphysisch angesprochen und demgemäß methodisch nachgeordnet werden.[52] Indizien für den Primat der realistischen Betrachtungsweise liegen umgekehrt darin, *daß der Antirealismus nur in der Reflexion zugänglich wird*, zum andern darin, *daß der Realismus mit der Anerkennung der Fallibilität eine flexiblere Lösung anbietet*, und schließlich darin, *daß Anderssein und die Herleitung einer Pluralität schwierigere und differenziertere Probleme aufwerfen als die einfache Korrespondenz. Der Antirealismus verlangt mithin mehr Voraussetzungen als der Realismus und ist dadurch a priori schwerer zu beweisen.* Dies gilt beispielsweise schon für den sogenannten Satz des Bewußtseins, d.h. daß uns das eigene Bewußtsein näher stehe als die Welt. Dieser Satz ist entweder trivial oder er nimmt, im Falle der Abweichung des Bewußtseins von der Welt, eine unerfüllbare Beweislast in Kauf. (Entsprechendes gilt auch für mediale Zeichen und Zeichensysteme.)[53] Er betrifft den Interpretationismus in höherem Grade als den reinen Idealismus, weil jener von vornherein mit zwei Instanzen – dem Interpreten *und* der Welt – rechnet.

Der auf den ersten Blick plausible Vorrang des epistemischen Zugangs ist durch diese Alternative hinfällig gemacht. Wenn eine Vermittlung stattfindet, müßte vorher die Abhängigkeit oder Unabhängigkeit der Welt dargelegt werden; sie erst entscheidet über die Relevanz der Medien. *Die Isolierung und Bevorzugung des Epistemischen ist daher zirkulär und irreführend.* (Der Pluralismus innerhalb des Epistemischen ist leichter durch Fallibilität und Annäherungsgrade erklärbar.) Ein skeptischer oder agnostischer Bescheid würde das Problem offenhalten, doch verbietet sich damit ein antirealistisches Resultat.

51 Gewisse Theorien rechnen mit einer ursprünglichen Subjekt-Objekt-Einheit (Mystik, Lebensphilosophie, Heidegger), die aber in der gegenwärtigen philosophischen Landschaft isoliert bleibt und vor allem zum Problem von Allgemeingültigkeit und Individualität nicht eindeutig Stellung zu nehmen erlaubt.

52 Vgl. oben S. 57, 63.

53 Crispin Wright hat in seinen Schriften (bes. 1992, deutsch 2001; ders., 1993[2]; ferner ders., 2000, 209–241) Kriterien dafür entwickelt, von Überzeugungen ausgehend auf Wahrheit zu schließen. Dieser methodologische Ansatz ist bedeutungsvoll, überkreuzt sich aber mit der hier vertretenen systematischen Perspektive, die das Verhältnis von Subjekt und Sache genereller auffaßt und dabei die Beweislast umkehrt.

Die jüngere philosophiehistorische Entwicklung scheint im Antirealismus und Interpretationismus auf einen Sieg der Vielheit und Nichtidentität und andererseits des Werdens (Prozessualismus) hinzudeuten. Daß solche Tendenzen relativiert werden müssen, war im vorigen zu zeigen.[54] Dabei ist daran zu erinnern, daß *Einheit* schon *vor*metaphysisch in der Kulturgeschichte eine dominierende Rolle gespielt hat und durch die Metaphysik nur deutlicher ausformuliert worden ist. Aber selbst die entontologisierte und linguistisch zubereitete Kategorialanalyse läßt den grundbegrifflichen Rahmen um so aktueller erscheinen, je anhaltender sich die Akzente von der Einheit zur Vielheit und Veränderung hin verschieben, weil dadurch nicht nur die Charaktere des Nichtidentischen und Veränderlichen erweitert werden, sondern gleichzeitig auch die Formulierung relativer Einheiten immer wieder neu erzwungen wird. Ob damit auch der Übergang zum Pluralismus in der Erkenntnistheorie hinreichend indiziert ist, darf man jedoch füglich bezweifeln. Vermutlich ist es ein Denkexperiment, das uns der Interpretationismus heute vorführt, um zu erproben, bis wohin der traditionskritische Impuls reicht und wo er gegebenenfalls auch zurückgenommen werden muß.

Das erkenntnistheoretische Dilemma beginnt beidemale mit der Skepsis. Aber es führt im Falle der Erfüllung beim Realismus zu einem realistischen Resultat, beim Antirealismus gleichfalls, doch ist damit der antirealistische Ansatz selber durchkreuzt: Er geht in einen Realismus über. Diese Asymmetrie zwischen den beiden konkurrierenden Lösungen ist unaufhebbar. Betont man demgegenüber die Ausgangslage der Skepsis, so ist in beiden Fällen die charakteristische Unentschiedenheit getroffen, die jeweils ins Metaphysische weist. Es handelt sich beim Realismus oder Antirealismus um ein spezifisch *metaphysisches Problemfeld*, dessen Zweiseitigkeit unausgleichbar ist. Dadurch sind beide Lösungen nur als Möglichkeiten indiziert, wobei freilich der realistischen Alternative ein mehrfaches Prius zufällt.

Es mag überraschen, den Interpretationismus auf der Seite des Metaphysischen wiederzufinden,[55] und noch mehr, daß er – da sich mehrere Alternativen darbieten (realistische Aspekthaftigkeit, Fallibilität, neutrale «Bedingungen») – entsprechend geringere Wahrscheinlichkeiten in Anspruch nehmen soll.

54 Vgl. oben S. 209 f.

55 Vgl. M. Devitt, 1991², 299: «Constructivism is the metaphysics of our time».

In der Tat ist der Interpretationismus die am wenigsten attraktive Form des Antirealismus, weil er die Geschlossenheit des Idealismus nicht erreicht und die Indirektheit des (reinen) Instrumentalismus vermissen läßt. Aber auch dem Realismus und seinen verschiedenen Varianten gegenüber ist der Interpretationismus im Nachteil, weil er allzu früh auf den Skeptizismus setzen muß, um sich nicht selbst zu destruieren. Nur untergeordnet wie in der älteren Tradition besitzt er Aussichten, einigermaßen stabil zu überleben, d.h. in regulativ-heuristischer Funktion in einem vorab anerkannten realistischen Rahmen wirksam zu werden.

Der hier propagierte skeptische Realismus deutet darauf hin, daß Metaphysisches heute nur noch skeptisch (d.h. problematisch) zugänglich ist.[56] –

Das Interpretationsschema, dem wir bisher folgten, unterscheidet zwischen Interpretament und Interpretandum. Eine auf Platon und Aristoteles zurückgehende Einteilung differenziert genauer zwischen Zeichen, Vorstellung oder Bedeutung und (realem) Objekt. Diese Triade (auch semiotisches Dreieck genannt) bleibt abschließend auf ihre Konsequenzen zu befragen.

Der neuerdings häufiger begegnende Versuch (sehr behutsam Peirce; dann Wittgenstein, deutlicher Derrida und Simon), die Triade auf das Zeichen zu reduzieren, ist nicht akzeptabel, weil er Differenzierungen unterbindet und andererseits eine Inflation des Zeichenbegriffs hervorruft.

Zumindest die Bedeutung ist vom Zeichen abzuheben; daraus ergibt sich die Minimalform eines Zweierschemas. Ob und inwieweit das (reale) Objekt als dritte Größe hinzutritt, mag vorläufig offenbleiben. (Man kann den Überstieg von der Bedeutung zum Objekt als metaphysisch qualifizieren.)

Mit Jacoby, Franzen, Gölz u.a.[57] ist demgemäß die *semantische* (Zeichen, etwa Wörter der Einzelsprache – andererseits die Bedeutung) von der *ontologischen* (Bedeutung – Objekt) Relation zu unterscheiden. Das Auseinanderfallen von Einzelsprache und Sache wird dadurch aufgefangen: Die Sprache bezieht sich primär auf die Bedeutung und erst durch diese vermittelt auf die Sache. Der Haupteinwand gegenüber der Korrespondenztheorie ist dadurch ausgeräumt.

56 Skepsis meint hier nicht die Unentschiedenheit im Einzelfall (wie im Beweisdilemma), sondern die konstitutive Unsicherheit im ganzen der Welt.

57 G. Jacoby, 1, 1925, 555ff.; W. Franzen, 1982, 260ff.; W. Gölz, 1986, 1–23.

Die im Prinzip arbiträre Be-Zeichnung in der Einzelsprache ist durch die Konvention fixiert. Ihre konventionsgemäße Wiederholung – in jeder Einzelsprache verschieden – garantiert die Authentizität und Identität der Bedeutung. Das Abbrechenlassen der Kontinuität durch Sprachwandel u. dgl. unterliegt dem Beweisdilemma. (Die Skepsis überbietet hierin die Geschichtlichkeit.)

Die vieldiskutierte und heute überwiegend negativ präjudizierte Frage nach dem Abbildverhältnis von Erkenntnis und Wirklichkeit muß unter den aufgeführten Prämissen neu betrachtet werden. Während die Relation von Einzelsprache und Bedeutung einer vielheitlichen Zuordnung unterliegt, ist das Verhältnis von Bedeutung und Sache auf Gleichheit und Identität hin ausgerichtet.[58] Die Entsprechung ist hier tendenziell eindeutiger und einhelliger. Das Urteil (in der Bedeutung) ist entweder wahr oder falsch. Freilich gibt es Übergänge, wo Aspekte herausgehoben oder verschiedenartige Suburteile miteinander kombiniert werden.

Gleichheit und Identität sind insgesamt zweimal anzusetzen: Einmal bei der (Nicht-)Bewahrung der Konvention, zum andern bei der Zuordnung von Bedeutung und Sache. Die wesentliche Identität von Bedeutung (Vorstellung) und Sache ist gegeben, wenn die Bedeutung (Vorstellung) im traditionellen Sinne wahr ist. Graduierende Abstriche – oder Hinzufügungen – sind allerdings möglich, und sie reichen bis hin zu Irrtum und Täuschung. Nach traditioneller Auffassung sind solche Urteile unwahr, doch ist mit einer breiten Grauzone von Annäherungen praktisch zu rechnen, die zwar nicht logisch einwandfrei, aber deshalb auch nicht hermeneutisch produktiv sind, sondern einfach als Approximationen gelten können. Der ganze Bereich des Wahrscheinlichen (der *verisimilitude* Poppers) und des (partiell) Falliblen hat hier seinen Ort. Maßstab dafür ist allerdings die volle Eins-zu-Eins-Entsprechung, die dem Wahren in der korrespondenztheoretischen Deutung zufällt. Mag dieser Sonderfall auch nur ausnahmsweise eintreten oder gar nur ideal bleiben, so bestimmt

58 Damit ist kein (strenges) Abbild oder gar Spiegelbild gemeint, sondern eine Entsprechung in den wesentlichen Konturen. Daher sind solche Verhältnisse auch optimierbar (zur Annäherung siehe oben S. 33–37, 83, 87–95, 142), und umgekehrt: Die Relation ist keine bloß *ex negativo* charakterisierbare, sondern eine inhaltlich bestimmte. – Man kann den Abbildgedanken beliebig abstrakt fassen und formalisieren; wenn zwischen Abbild und Nicht-Abbild zu entscheiden ist, bleibt die Relation immer noch eher auf der Seite des Abbildes als auf der Seite seiner Negation.

er doch in weiten Grenzen einen Bereich, in dem wahr und falsch sich nicht streng geschieden, sondern in begrenzten Kombinationen darstellen.[59]

Die Abgrenzung vom Antirealismus und Interpretationismus ist klar genug: Die Abweichung ist keine Progression, sondern in der Regel ein Verfehlen der gesuchten Regression, und daher auch der Korrektur und Verbesserung fähig. Freilich können solche Abweichungen auch bewußt gewählt werden – als Abkürzungen, Zusammenfassungen oder weitere Ausführungen –, es sind also auch in weiten Grenzen beliebige Genauigkeitsgrade im Spiel, die dem jeweiligen Bedarf angepaßt sind. Sie sind jedoch stets vor dem Hintergrund der idealen Wahrheitsnorm zu sehen, von der sie abgehoben werden.

Einerlei, ob man die Verhältnisse realistisch oder antirealistisch betrachtet, ein Hinweis auf die Abweichung ist in jedem Falle sinnvoll, weil er entweder ein Verfehlen markiert oder den antirealistischen Zuwachs belegt. Ohne den Vergleich mit der reinen Übereinstimmung ist es unmöglich, das eine oder das andere zu behaupten und diese Behauptung abzusichern. Die Eins-zu-Eins-Entsprechung ist der ideale Maßstab, der die Vielzahl von Falltypen in der Relation zwischen Bedeutung und Sache überschaubar und taxierbar macht.[60]

Wenn der ideale Wahrheitsbegriff eher ikonisch beschaffen ist – seien damit Sätze oder Dinge gemeint –, dann stellt sich die Frage, ob Abweichungen nicht der Symbolbegriff zuerkannt werden sollte. Doch abgesehen davon, daß Symbole auch und gerade im Verhältnis zwischen Sprache und Bedeutung eine Rolle spielen, ist das Prädikat wohl zu hoch gegriffen, um defiziente oder überschießende, also zuletzt falsche Urteile damit auszuzeichnen.

Die Einzigkeit der Wahrheit ist damit zwar grundsätzlich bestätigt, aber doch durch die Idee der Annäherung wieder relativiert worden. Tatsächlich können Aspekte oder Teilsummen ‹wahr› sein, ohne die ganze Wahrheit abzudecken. (Dies zu wissen, erfordert allerdings

59 Die Einrede geht deshalb fehl, die Beweisbarkeit realistischer Wahrheit sei wegen der Einzigkeit schwieriger und daher weniger wahrscheinlich als beim Antirealismus, der mit unendlich vielen Variationen rechnet. Wenn die Annäherungen und Teilwahrheiten (Aspekte) in Anschlag gebracht werden, ist der Realismus fast genauso vielfältig wie der Antirealismus.

60 Es sei daran erinnert, daß der infinite Regreß, der der Korrespondenztheorie vindiziert wird, ebenso für antirealistische Verhältnisse zutrifft. – Eine realistische Theorie der Korrespondenz vertritt heute beispielsweise R. Schantz, 1996; ders., 2002; R. Fumerton, 2002. Vgl. Th. Grundmann, 2001.

eine Reflexion auf den Aspektcharakter innerhalb eines größeren Ganzen.)[61]

Die von den Interpretationsphilosophen stark betonte Metaphorik ist ein Teil des Sprachwandels und als solche dem Beweisdilemma unterworfen: Man kann die metaphorische Bedeutung nicht abschätzen, solange man die Grundbedeutung nicht kennt. Eine Isolierung des Metaphorischen ist daher selbstwidersprüchlich.

Es fiel der kontinentalen Interpretationsphilosophie nicht schwer, den Kausalitätsgedanken, den die Analytische Philosophie sozusagen vorkantisch zwischen Sache und Bedeutung ansetzt, «kritisch» zu destruieren und in einem System von interpretierten Grundbegriffen zu relativieren (z.B. bei Abel). Freilich ist dieser interpretative Zusammenhang selbst fragwürdig und unter anderem dem Beweisdilemma – mit der Frage nach dem Substrat der Interpretation – ausgesetzt. Das Problem einer Kausalbeziehung zwischen Sache und Bedeutung kann daher offen bleiben, zumal der Interpretationismus doch einen (untergeordneten) Gebrauch davon macht.[62] –

Man hat sich im zwanzigsten Jahrhundert daran gewöhnt, den Vorrang der Lebenswelt vor jeder Theorienbildung zu feiern und über jede Einrede hinaus festzuschreiben. Auch der Interpretationismus zehrt von diesem Erbe und besteht darauf, mit dem Rückgang in die Lebenswelt, zur Pluralität, Unbestimmtheit und zum Prozeßhaften, die Fundamente neu erschlossen zu haben. Die Merkmale des Szientifischen und des Logischen erscheinen in dieser Perspektive als abgeleitet: Sie können nicht wie in der philosophischen Tradition begründend wirken, sondern müssen ihrerseits im Kontext der Lebenswelt fundiert werden. Diese Umakzentuierung, wie sie im Interpretationismus vor allem J. Simon thematisiert, versteht sich zugleich als metaphysikkritisch.

61 Darin liegt die Abgrenzung der hier vertretenen Position von derjenigen U. Ecos. Eco plädiert für eine begrenzte Vieldeutigkeit von Zeichen und weicht damit von der Zentrierung in einer zentralen Wahrheitsnorm ab. Dennoch lassen sich beide Ansätze der Sache nach zur Deckung bringen. Die Argumente Ecos gegen die Konfusion verschiedener Ebenen des Textumgangs und die Selbstwidersprüchlichkeit absoluter Sinnkontingenz teile ich (vgl. U. Eco, 1992; ders., 1992b).

62 Putnams Kritik am Kausalnexus hat zurückgewiesen M. Devitt, 1997[3], 330–338: Die Glieder eines Kausalverhältnisses sind nicht generalisiert verwendet und daher beliebig vertauschbar, sondern jeweils auf einen *bestimmten* Gegenstand in der Abgrenzung von anderen Gegenständen bezogen. Vgl. zur Sache auch Th. Grundmann, in: ders., Hg., Erkenntnistheorie, 2001, 202–208.

Eine solche Umkehrung beruht jedoch auf einer Verwechslung zwischen «Lebenswelt» und (philosophischer) Theorie. Die Lebenswelt ist nämlich in sich nicht reflektiert, und sie kann daher auch keinen Bezug auf ihre antirealistische Verfaßtheit nehmen. *Daß* der Mensch in der Lebenswelt antirealistisch verfährt, läßt sich lediglich auf dem Reflexionsstandpunkt einer philosophischen (Meta-)Theorie feststellen. Der Standort, der ihr dabei zugeschrieben wird, erweist sich in Wahrheit als die Fiktion der Theorie, die Position der Lebenswelt selbst einzunehmen, oder anders gewendet: als die Projektion eben der lebensweltlichen Verhältnisse in die Ebene der Theorie. Die Theorie wird dadurch insgeheim aufgewertet, da sie anscheinend die elementare Position der Lebenswelt repräsentiert. Tatsächlich sind beide nicht miteinander zu verrechnen oder gar zu konfundieren. Die Theorie befindet *über* die Lebenswelt, ohne jemals selbst Teil der Lebenswelt werden zu können, und umgekehrt hat die Lebenswelt an der Theorie keinerlei Anteil. Dabei mag ein Zusammenhang der *Genesis* nach bestehen, der aber nichts mit Fragen der *Geltung* zu tun hat. Die Ableitung der Theorieebene aus den Situationen der Lebenswelt macht aber gerade von dieser Konfusion Gebrauch.

Der Vorrang der Theorie der Geltung nach erlaubt auch Rückschlüsse auf einen methodischen Primat: Argumente und Beweise sind nur im Theoriebereich zu Hause. Der Interpretationismus bestätigt das unbeabsichtigt auf seine Art, wenn er an der traditionellen Argumentation nach dem Bivalenzprinzip festhält, obwohl die Konsequenz der Selbstanwendung nach neuen Formen der Darlegung Ausschau zu halten hieße. Das Logische und Argumentative trennen wiederum die Theorie von der Lebenswelt. Aber auch die Auflagen der Beweislast oder der Skeptizismus sind nur dem Theoriebereich zugehörig. Die Lebenswelt kann demgegenüber keinen Beweis führen und keine Empfehlung nahelegen.

Der Versuch einer Verquickung von Lebenswelt und philosophischer Theorie ist unter diesen Umständen nur mit großen Kautelen zu betrachten. Die Autonomie der theoretischen und szientifischen Zugangsart ist auch dann festzuhalten, wenn das Subtheoretische und Subszientifische eigens zum Thema gemacht werden. Wo dies geschah, hat sich das Überwiegen der traditionellen Bivalenz immer wieder erwiesen; drei- oder mehrwertige Logiken stellen demgegenüber eine *Ausnahme* dar und müssen auch so gewichtet werden. Methodisch und inhaltlich ist jedenfalls der Vorsprung der Theorieebene uneinholbar. Er rechtfertigt daher keine Umkehrung der Betrachtung;

vielmehr ist zwischen den verschiedenen Hinsichten sorgfältig zu differenzieren.

Ein grundsätzlicher Einwand gegen das vorliegende Buch kann damit in die Schranken gewiesen werden: Seine Verfahrensweise setze die traditionelle Sicht der Welt bereits voraus und nehme so das Odium des Zirkelhaften auf sich. Dies gelte beispielsweise für die dilemmatische Struktur und den damit verbundenen Beweisanspruch ebenso wie generell für die Ingebrauchnahme der klassischen Logik. Der recht verstandene Antirealismus und Interpretationismus habe jedoch solche Fragestellungen hinter sich gelassen und sei daher unangreifbar.

Die Interpretationsphilosophie setzt jedoch in ihren eigenen Darstellungen formal und inhaltlich die Schwergewichte so, daß der bekämpfte Part sich immer wieder über Gebühr geltend macht und das intendierte Gegenbild verdunkelt. Dieser Befund bestätigt im wesentlichen die eben ermittelten Akzente und läßt es unratsam erscheinen, die hier vorgetragene Kritik als extern und nicht einschlägig abzuweisen.[63]

Der Gewinn, den die vorliegende Untersuchung abwirft, läßt sich in wenigen Worten umreißen: Erfahrung, Prüfung und Argument werden nicht wie im Interpretationismus von vorgeordneten Instanzen abhängig gemacht und damit relativiert, sondern sie erhalten tendenziell ihr autonomes Gewicht in einer letzten Instanz zurück. Zumindest ist mit dieser Lösung als einem offenen Weg weiterhin zu rechnen.

63 Der Interpretationismus hat neben der Lebensweltthese auch den Grundsatz des Pragmatismus übernommen, daß alles wert- und interessenbezogen und keine Eigenart des Theoretischen indiziert sei. Das Wahre und das Gute seien jedenfalls nicht zu trennen. Die pragmatistischen Ideen sind aber schon in sich nicht haltbar. Sie ignorieren die semantische Unterscheidung von gut, schlecht und wertneutral und überschreiten das Argumentationspotential beträchtlich. Zwar kann jede Theorie soweit wie möglich praktisch werden; daraus folgt aber nicht umgekehrt, daß auch jede Theorie wesentlich praktisch ist (was auch ein Beispiel der Entdifferenzierung zwischen Genesis und Geltung wäre). Zudem ist zwischen eigentlichen Werten und Normen und bloßen Präferenzgesichtspunkten zu trennen, die man auf mehr oder weniger deskriptive Strukturverhältnisse zurückführen kann. Gegenüber dem globalen, aber einseitigen Weltbild, das der Interpretationismus mit der Aufnahme heterogener Gegenwartstrends zeichnet, ist auch darin auf der präzisen Unterscheidung und Zuordnung der Momente zu insistieren.

Anhang

I. Bibliographie

Abel, G., Interpretationsphilosophie. Eine Antwort auf Hans Lenk, In: Allgemeine Zeitschrift für Philosophie 13/3, 1988 a, 79–86.

Abel, G., Realismus, Pragmatismus, Interpretationismus. Zu neueren Entwicklungen in der Analytischen Philosophie, In: Allgemeine Zeitschrift für Philosophie 13/3 1988 b, 51–67.

Abel, G., Artikel ‹Realismus› (Analytische Philosophie), In: Historisches Wörterbuch der Philosophie, Band 8, 1992, 162–169.

Abel, G., Interpretationswelten, Frankfurt 1993, 127–135 (‹Vergangenheit und Interpretation›).

Abel, G., Was ist Interpretationsphilosophie?, In: J. Simon, Hrsg., Zeichen und Interpretation, Frankfurt 1994, 16–35.

Abel, G., Unbestimmtheit der Interpretation, In: J. Simon, Hrsg., Distanz im Verstehen. Zeichen und Interpretation II, Frankfurt 1995, 43–71.

Abel, G., Interpretation und Realität. Erläuterungen zur Interpretationsphilosophie, In: Allgemeine Zeitschrift für Philosophie 21/3, 1996 a, 271–288.

Abel, G., Interpretationsphilosophie. Kommentare und Repliken, In: Deutsche Zeitschrift für Philosophie 44, 1996 b, 903–916.

Abel, G., Sprache, Zeichen, Interpretation, Frankfurt 1999 a.

Abel, G., Hrsg., Das Problem der Übersetzung. Le problème de la traduction, Berlin 1999 b.

Abel, G., Zeichen der Wirklichkeit, Frankfurt 2004.

Acham, K., Analytische Geschichtsphilosophie, Freiburg/München 1974.

Achinstein, P., Concepts of Science, Baltimore 1968.

Ackerknecht, E., Kurze Geschichte der Medizin, Stuttgart 1967.

Adorno, Th. W., Ästhetische Theorie, Ges. Schriften 7, Frankfurt 1970.

Albert, H., Der Mythos des Rahmens und der moderne Antirealismus. Zur Kritik des idealistischen Rückfalls im gegenwärtigen Denken, In: V. Gadenne/H. J. Wendel, Hgg., Rationalität und Kritik, Tübingen 1996, 9–28.

Alston, W. P., A Realist Conception of Truth, Ithaka/London 1996.

Alston, W. P., Hrsg., Realism and Antirealism, Ithaka/London 2002.

Austin, J. L., Sinn und Sinneserfahrung (Original: Sense and Sensibilia, Oxford 1962), Stuttgart 1975.

Bailer-Jones, D./St. Hartmann, Artikel ‹Modell›, In: H. J. Sandkühler, Hrsg., Enzyklopädie Philosophie, Band 1, 2. Aufl. Hamburg 1999, 854–859.

Bartelborth, Th., Begründungsstrategien. Ein Weg durch die analytische Erkenntnistheorie, Berlin 1996.

Bartelborth, Th., Wissenschaftlicher Realismus, In: Information Philosophie 1997/2, 18–29.

Baumgartner, H. M., Kontinuität und Geschichte, Frankfurt 1972.

Becker, O., Zur Fragwürdigkeit der Transzendierung der ästhetischen Dimension der Kunst, In: Philosophische Rundschau 10, 1962, 225 ff.

Benjamin, W., Über den Begriff der Geschichte, In: W. B., Ausgewählte Schriften Bd. I, Frankfurt a. M. 1977.

Bergmann, G., Realism, Madison and London 1967.

Berka, K./L. Kreiser, Hgg., Logik-Texte, Kommentierte Auswahl zur Geschichte der modernen Logik, Berlin 1971.

Bernecker, S./F. Dretske, Hgg., Knowledge. Readings in Contemporary Epistemology, Oxford 2000.

Bertalanffy, L. v., General System Theory, New York 1968.

Betti, E., Allgemeine Auslegungslehre als Methodik der Geisteswissenschaften, Tübingen 1967.

Bieri, P./R.-P. Horstmann/L. Krüger, Hgg., Transcendental Arguments and Science. Essays in Epistemology, Dordrecht/Boston/London 1979.

Bieri, P., Hrsg., Analytische Philosophie des Geistes, Königstein/Taunus 1981.

Bieri, P., Hrsg., Analytische Philosophie der Erkenntnis, Weinheim 1994.

Bigelow, J., Sceptical Realism. A Realist's Defense of Dummett, Monist 77, 1994, 3–26.

Bittner, R., Artikel ‹transzendental›, im Handbuch philosophischer Grundbegriffe Bd. 5, 1. Aufl. München 1974, 1524 ff.

Böhler, D., Philosophische Hermeneutik und hermeneutische Methode, In: M. Fuhrmann, Hrsg., Text und Applikation, Poetik und Hermeneutik IX, München 1981, 483 ff., bes. 505 f.

Bonk, Th., Erfahrung und Skepsis. Zwei Anmerkungen zur Philosophie Günter Abels, In: Deutsche Zeitschrift für Philosophie 44, 1996, 879–887.

Braudel, F., Geschichte und Sozialwissenschaften: die ‹longue durée›, In: H.-U. Wehler, Hrsg., Geschichte und Soziologie, Köln 1972, 189 ff. (Original: Annales 13, 1958, 725 ff.).

Bühl, W. L., Hrsg., Funktion und Struktur. Soziologie vor der Geschichte, München 1975.

Bunge, M., Problems concerning intertheory relations, In: P. Weingartner/G. Zecha, Hgg., Induction, Physics, and Ethics, Dordrecht 1970, 285 ff.

Burkhard, F.-P., Hrsg., Kulturphilosophie, Freiburg/München 2000.

Burkhardt, A., Wittgenstein und Humboldt, In: D. Birnbacher/A. Burkhardt, Hgg., Sprachspiel und Methode. Zum Stand der Wittgenstein-Diskussion, Berlin/New York 1985, 130–169.

Burri, A., Hilary Putnam, Frankfurt/New York 1994.

Burri, A., Hrsg., Sprache und Denken/Language and Thought, Berlin/New York 1997.

Büttemeyer, W./H. J. Sandkühler, Hrsg., Übersetzung – Sprache und Interpretation, Frankfurt 2000.

Carrier, M., ‹Theoriebeladenheit›, In: Enzyklopädie Philosophie und Wissenschaftstheorie Band 4, Stuttgart/Weimar 1996, 272–274.
Carrier, M., The Completeness of Scientific Theories. The Case of Physical Geometry, Dordrecht/Boston/London 1994, 20–83.
Carrier, M./J. Mittelstraß, Geist, Gehirn, Verhalten, Berlin/New York 1989, 175–178.
Cassirer, E., Naturbegriffe und Kulturbegriffe. In: E. C., Zur Logik der Kulturwissenschaften, 2. Aufl. Darmstadt 1961.
Cassirer, E., Der Begriff der symbolischen Form im Aufbau der Geisteswissenschaften, In: E. C., Wesen und Wirkung des Symbolbegriffs, 8. Aufl. Darmstadt 1994.
Chladenius, J. M., Einleitung zur richtigen Auslegung vernünftiger Reden und Schriften (Erstausgabe 1742), Instrumenta philosophica, Series Hermeneutica V, mit einer Einleitung von L. Geldsetzer, Düsseldorf 1969.
Conze, W., Hrsg., Theorie der Geschichtswissenschaft und Praxis des Geschichtsunterrichts, Stuttgart 1972.
Coseriu, E., In: Kabatek, J./A. Murguia, Hgg., «Die Sachen sagen, wie sie sind», Eugenio Coseriu im Gespräch, Tübingen 1997, 227–231.

Dancy, J./E. Sosa, A Companion to Epistemology, 11. Aufl. Oxford 2001, 433–436.
Danto, A. C., Analytische Philosophie der Geschichte, Frankfurt 1974.
Derrida, J., Limited Inc., In: Glyph 2, 1977, 163–254.
Devitt, M., Realism and Truth. With a new afterword by the author, 3. Aufl. Princeton 1997a.
Devitt, M., On determining reference, In: Burri, A., Hrsg., Sprache und Denken/Language and Thought, Berlin/New York 1997b, 112–121.
Devitt, M., A defense of natural realism, In: H. Seidl, Hrsg., Realismus als philosophisches Problem, Hildesheim 2000, 213–233.
Devitt, M., Underdetermination and Realism, In: Sosa, E./E. Villanuova, Hgg., Realism and Relativism. Philosophical Issues Vol. 12, Boston/Oxford 2002, 26–50.
Devitt, M., Irrwege der Realismusdebatte, In: H. J. Sandkühler/D. Pätzold, Hgg., Die Wirklichkeit der Wissenschaft. Probleme des Realismus, Dialektik 1, Hamburg 1991, 113–137.
Dretske, F. J., Seeing and Knowing, Chicago 1969.
Dummett, M., Truth and Other Enigmas, London 1978.
Dummett, M., The reality of the past (1969), In: Ders., Truth and Other Enigmas, London 1978, 358–374.
Dummett, M., Wahrheit und Vergangenheit, Frankfurt 2005.

Eco, U., Die Grenzen der Interpretation, München 1992.

Eco, U., Interpretation and Overinterpretation, mit R. Rorty, J. Culler und Chr. Brooke-Rose, hrsg v. St. Collini, Cambridge 1992b.

Elberfeld/Kreuzer/Minford/Wohlfart, Hgg., Translation und Interpretation, Schriften der Académie du Midi, München 1999.

Engel, J., Analogie und Geschichte, In: Studium Generale 9, 1956, 101 ff.

Essler, W. K., Wissenschaftstheorie II, Freiburg/München 1971.

Faber, K.-G., Theorie der Geschichtswissenschaft, 3. Aufl. 1974, 4. Aufl. München 1978.

Fellmann, F., Symbolischer Pragmatismus. Hermeneutik nach Dilthey, Reinbek 1991.

Fellmann, F., Hermeneutik, Semiotik, Informatik. Interpretation als Repräsentation, Technische Universität Berlin, Institut für Linguistik, Berlin 1998, 15–37.

Fellmann, F., Soll die Hermeneutik operationalisiert werden?, In: Information Philosophie 1999/5, 110–119.

Fellmann, F., Radikale Hermeneutik. Verstehen in der Erlebnisgesellschaft, In: Kühne-Bertram/Lessing/Steenblock (Hgg.), Kultur verstehen. Zur Geschichte und Theorie der Geisteswissenschaften, Würzburg 2002, 97–116.

Feyerabend, P., Wider den Methodenzwang. Skizze einer anarchistischen Erkenntnistheorie, Frankfurt 1976.

Feyerabend, P. K., Der wissenschaftliche Realismus und die Autorität der Wissenschaften. Braunschweig 1978.

Field, H., Theory change and the Indeterminacy of Reference, Journal of philosophy 70, 1973, 462–481.

Figal, G., Gegenständlichkeit. Das Hermeneutische und die Philosophie, Tübingen 2006.

Flach, W., Das Kategorienkonzept der kritischen Philosophie Kants und seine Revision in der Erkenntnislehre des Marburger Neukantianismus, In: Kategorie und Kategorialität, Festschrift für Klaus Hartmann, hgg. von D. Koch und K. Bort, Würzburg 1990, 267–301.

Fodor, J.A./J. J. Katz, Hgg., The Structure of Language, Englewood Cliffs N. J. 1964, 18 ff.

Føllesdal, D., Indeterminacy and mental states, In: R. Barrett/R. Gibson, Hgg., Perspectives on Quine, Cambridge/Mass. 1990, 98–109.

Forum für Philosophie Bad Homburg, Hrsg., Realismus und Antirealismus, Frankfurt 1992.

Fraasen, B. C. v., The Scientific Image, Oxford 1980.

Frank, M., Was ist Neostrukturalismus?, Frankfurt 1984

Frank, M., Ist Selbstbewußtsein ein Fall von ‹présence à soi›? Zur Meta-Kritik der neueren französischen Metaphysikkritik, In: M. Frank, Das Sagbare und das Unsagbare, 2. Aufl. Frankfurt 1989a, 471–490.

Frank, M., Die Entropie der Sprache. Überlegungen zur Debatte Searle-Derrida, In: M. Frank, Das Sagbare und das Unsagbare, 2. Aufl. Frankfurt 1989b, 491–560.

Franzen, W., Die Bedeutungen von ‹wahr› und ‹Wahrheit›, Freiburg/München 1982, 260ff.

French, P. M./Th. E. Uehling jr./H. K. Wettstein, Hgg., Realism and Antirealism, Midwest Studies in Philosophy, Vol. XII, Minneapolis 1988.

Freudiger, J., Quine und die Unterdeterminiertheit empirischer Theorien, In: A. Burri, Hrsg., Relativismus und Kontextualismus. Festschrift für H. Lauener, Grazer Philosophische Studien 44, 1993, 41–57.

Fumerton, R., Realism and the Correspondence Theory of Truth, Lanham 2002.

Gadamer, H.-G., Wahrheit und Methode. Grundzüge einer philosophischen Hermeneutik, Tübingen 1960, WW 1, 7. Aufl. Tübingen 1999 (= 6. Aufl. 1990). Im Text abgekürzt: W. M.

Gadamer, H.-G., Hermeneutik und Historismus (1965), In: H.-G. G., Wahrheit und Methode, Tübingen 1999, 477–512.

Gadamer, H.-G., Replik, In: K.-O. Apel, Hrsg., Hermeneutik und Ideologiekritik. Theorie-Diskussion, Frankfurt 1971.

Gadamer, H.-G., Schriften zur Hermeneutik II, In: WW 2, Tübingen 1999.

Gadamer, H.-G./J. Habermas, Das Erbe Hegels, Frankfurt 1979.

Gadamer, H.-G., Lesen ist wie Übersetzen (1989), In: WW 8, Tübingen 1993, 279ff.

Gadamer, H.-G., Wort und Bild so wahr, so seiend (1992), In: WW 8, Tübingen 1993, 373ff.

Gadamer, H.-G./G. Boehm, Hgg., Seminar: Die Hermeneutik und die Wissenschaften, Frankfurt 1978.

Geldsetzer, L., Artikel ‹Hermeneutik›, In: H. Seiffert/G. Radnitzky, Hgg., Handlexikon zur Wissenschaftstheorie, München 1989, 134–137.

Gerhardt, V., Individualität. Das Element der Welt, München 2000.

Gethmann, C. F., ‹Erkenntnisfortschritt›, In: Enzyklopädie Philosophie und Wissenschaftstheorie, Bd. 1, Mannheim/Wien/Zürich 1980, 575f.

Gethmann, C. F., ‹Nominalismus›, In: Enzyklopädie Philosophie und Wissenschaftstheorie, Bd. 2, 1984, 1022–1025.

Gipper, H., Gibt es ein sprachliches Relativitätsprinzip? Untersuchungen zur Sapir-Whorf-Hypothese, Frankfurt 1972.

Gloy, K., Einheit und Mannigfaltigkeit, Berlin/New York 1981.

Gloy, K./E. Rudolph, Hgg., Einheit als Grundfrage der Philosophie, Darmstadt 1985.

Gödel, K., Über formal unentscheidbare Sätze der Principia Mathematica und verwandter Systeme I, In: Monatshefte für Mathematik und Physik 38, 1931, 175–198.

Goethe, J. W. v., West-östlicher Divan, Buch des Unmuths, In: WW Münchner Ausgabe Bd. 11.1, 2, München 1998.

Goldman, A. I., Reliabilism, In: Dancy, J./E. Sosa. A Companion to Epistemology, 11. Aufl. Oxford 2001, 433–436.

Gölz, W., Wahrheit und Sein. Zur Rehabilitierung des traditionellen Wahrheitsbegriffs, In: Allgemeine Zeitschrift für Philosophie 11/2, 1986, 1–23.

Gölz, W., Kants «Kritik der reinen Vernunft» im Klartext, Tübingen 2006.

Goodman, N., Weisen der Welterzeugung, Frankfurt 1990.

Gorgias von Leontinoi, In: Diels, H./W. Kranz, Hgg., Die Fragmente der Vorsokratiker, Bd. II, 7. Aufl., Berlin 1954.

Gottschalk, L., Hrsg., Generalization in the Writing of History, Chicago 1963.

Graeser, A., Über ‹Sinn› und ‹Bedeutung› bei Gadamer, In: Zeitschrift für philosophische Forschung 3, 1984, 436–445.

Graeser, A., Interpretation, Interpretativität und Interpretationismus, In: Allgemeine Zeitschrift für Philosophie 21/3, 1996, 253–260.

Groh, D., Strukturgeschichte als ‹totale› Geschichte?, In: Vierteljahresschrift für Sozial- und Wirtschaftsgeschichte 58, 1971, 302 ff.

Groh, D., Kritische Geschichtswissenschaft in emanzipatorischer Absicht, Stuttgart 1973.

Grondin, J., Gadamer's basic understanding of understanding, In: R. J. Dostal, Hrsg., The Cambridge Companion to Gadamer, Cambridge 2002.

Grondin, J., Le tournant phénoménologique de l'herméneutique suivant Heidegger, Gadamer et Ricœur, In: A. Neschke-Hentschke, Hrsg., Les herméneutiques au seuil du XXIème siècle, Louvain-Paris 2004, 39–53.

Gründer, K., Perspektiven für eine Theorie der Geschichtswissenschaft, In: Saeculum 22, 1971, 101 ff.

Grundmann, Th., Analytische Transzendentalphilosophie. Eine Kritik, Paderborn 1994.

Grundmann, Th., Neuere Werke von Hilary Putnam, In: Philosophische Rundschau 43, 1996, 64–70.

Grundmann, Th., Hrsg., Erkenntnistheorie. Positionen zwischen Tradition und Gegenwart, Paderborn 2001.

Grundmann, Th., Eine psychologische Verteidigung des erkenntnistheoretischen Realismus, In: Th. Grundmann, Hrsg., Erkenntnistheorie. Positionen zwischen Tradition und Gegenwart, Paderborn 2001, 188–209.

Grundmann, Th., Die Grenzen des erkenntnistheoretischen Kontextualismus, In: Deutsche Zeitschrift für Philosophie 6, 2003, 993–1014.

Grundmann, Th., Was ist eigentlich ein transzendentales Argument?, In: D. Heidemann u. a., Hgg., Warum Kant heute?, Berlin/New York 2004, 44–75.

Gumbrecht, H. U., Diesseits der Hermeneutik, Frankfurt 2004.

Gunnarson, L., Jenseits von Gegebensein und Machen. Interpretationspluralistischer Monismus als Alternative zu Abels Weltenvielfalt, In: Deutsche Zeitschrift für Philosophie 44, 1996, 867–878.

Haack, S., ‹Realism›, In: Synthese 73, 1987, 257–299.
Hacking, J., Einführung in die Philosophie der Naturwissenschaften, übersetzt von J. Schulte, Stuttgart 1996.
Hacking, J., Historische Ontologie, übersetzt von J. Schulte, Zürich 2006.
Hahn, L. E., Hrsg., The Philosophy of Hans-Georg Gadamer, In: The Library of the Living Philosophers Vol. XXIV, Carbondale 1997.
Haller, R., Zum Problem des Relativismus in der Philosophie. In: A. Burri, Hrsg., Relativismus und Konstruktivismus. Festschrift für H. Lauener, Grazer Philosophische Studien 44, 1993, 159–173.
Hartmann, N., Grundzüge einer Metaphysik der Erkenntnis, 4. Aufl. Berlin 1965.
Hegel, G. W. F., Phänomenologie des Geistes, herausgegeben von J. Hoffmeister, 6. Aufl. Hamburg 1952.
Hegel, G. W. F., Vorlesungen über die Philosophie der Geschichte, Werke Bd. 12, Frankfurt 1970.
Heidegger, M., Sein und Zeit, 8. Aufl. Tübingen 1957.
Heidegger, M., Der Ursprung des Kunstwerks. Mit einer Einführung von H.-G. Gadamer, Stuttgart 1960.
Heidegger, M., Holzwege, 1950, 5. Aufl. Frankfurt 1972.
Heintel, E., Einführung in die Sprachphilosophie, Darmstadt 1972, 4. Aufl. 1991.
Henrich, D., Hrsg., All-Einheit. Wege eines Gedankens in Ost und West, Stuttgart 1985.
Hermeneutik und Ideologiekritik. Mit Beiträgen von Apel, Bormann, Bubner, Gadamer, Giegel, Habermas, Frankfurt 1971.
Hesse, M. B., Models and Analogies in Science, London 1963.
Hirsch, A., Übersetzung und Dekonstruktion, Frankfurt 1997.
Hirsch, E. D., Prinzipien der Interpretation (1967), München 1972.
Hofer, M., Hermeneutische Reflexion?, In: Wischke, M./M. Hofer (Hrsg.), Gadamer verstehen. Understanding Gadamer, Darmstadt 2003, 57–83.
Hohmann, J., Friede, Wirkungsgeschichte und Kollektives Unbewußtes. Phänomenologische Parallelen bei H.-G. Gadamer und C. G. Jung, Frankfurt 1984.
Holz, H., Artikel ‹Analogie› im Handbuch philosophischer Grundbegriffe, Bd. 1, 1973, 51–65.
Hönig, H. G., Konstruktives Übersetzen, 2. Aufl., Tübingen 1997.
Hörisch, J., Die Wut des Verstehens. Zur Kritik der Hermeneutik, erweiterte Nachauflage, Frankfurt 1998.
Hoyningen-Huene, P., Die Wissenschaftsphilosophie Thomas S. Kuhns. Mit einem Geleitwort von Thomas S. Kuhn, Braunschweig/Wiesbaden 1989.
Hoyningen-Huene, P., Paul Feyerabend und Thomas Kuhn, In: Journal for General Philosophy of Science, 33, 2002/1, 61–83.
Hübner, K., Grundlagen einer Theorie der Geschichtswissenschaften, In: Si-

mon-Schäfer, R./W. Ch. Zimmerli, Hgg., Wissenschaftstheorie der Geisteswissenschaften, Hamburg 1975, 101–131.

Hübner, K., Kritik der wissenschaftlichen Vernunft, 4. Aufl. Freiburg/München 2002.

Husserl, E., Analysen zur passiven Synthesis, Husserliana 11, hrsg. v. M. Fleischer, Den Haag 1966.

Husserl, E., Cartesianische Meditationen, hrsg. v. E. Ströker, 3. Aufl. Hamburg 1995.

Husserl, E. Die Krisis der europäischen Wissenschaften und die transzendentale Phänomenologie, hrsg. v. E. Ströker, 3. Aufl. Hamburg 1996.

Ineichen, H., Philosophische Hermeneutik. Handbuch der Philosophie, Freiburg/München 1991.

Ingarden, R., Über die Verantwortung, Stuttgart 1970.

Ingarden, R., Das literarische Kunstwerk, 4. Aufl. Tübingen 1972.

Ingarden, R., Gegenstand und Aufgaben der Literaturwissenschaft, Tübingen 1976.

Iser, W., Die Appellstruktur der Texte, Konstanz 1970.

Iser, W., Der implizite Leser, München 1972.

Iser, W., Der Akt des Lesens, 4. Aufl. München 1994.

Jacoby, G., Allgemeine Ontologie der Wirklichkeit, Band 1, Halle 1925, 555 ff.

Jakobson, R., Linguistische Aspekte der Übersetzung, In: R. J., Semiotik. Ausgewählte Texte 1919–1982, Frankfurt 1988, 2. Auflage 1992, 481 ff.

Jauss, H. R., Literaturgeschichte als Provokation der Literaturwissenschaft, Frankfurt 1970.

Jauss, H. R., Ästhetische Erfahrung und literarische Hermeneutik I/II, Frankfurt 1982.

Jauss, H. R., ‹Rezeption, Rezeptionsästhetik›, In: Historisches Wörterbuch der Philosophie, Band 8, Basel 1992.

Jauss, H. R., Wege des Verstehens, München 1994.

Kamlah, W., Plädoyer für einen wiedereingeschränkten Gebrauch des Terminus ‹Hermeneutik›, in: W. K., Von der Sprache zur Vernunft, Mannheim/Wien/Zürich 1975, 164–172.

Kant, I., Kritik der reinen Vernunft B, Akademieausgabe, Einleitung VI 41.

Kant, I., Briefwechsel, 3. Auflage Hamburg 1986.

Katz, J., The Refutation of Indeterminacy, In: R. Barrett/R. Gibson, Hgg., Perspectives on Quine, Cambridge/Mass. 1990, 177–199.

Keßler, E., Historia magistra vitae. Zur Rehabilitation eines überwundenen Topos, In: R. Schörken, Hrsg., Der Gegenwartsbezug der Geschichte, Stuttgart 1981, 11–33.

Keuth, H., Realität und Wahrheit. Zur Kritik des kritischen Rationalismus, Tübingen 1978.

Keuth, H., Die Philosophie Karl Poppers, Tübingen 2000.

Kirk, R., Indeterminacy of translation, In: R. F. Gibson, Hrsg., The Cambridge Companion to Quine, Cambridge 2004, 151–180.

Kocka, J./Nipperdey, Th., Hgg., Theorie und Erzählung in der Geschichte. In: Theorie der Geschichte. Beiträge zur Historik, Bd. 3, München 1979.

Koller, W., Einführung in die Übersetzungswissenschaft, UTB, 4. Aufl. Heidelberg 1992.

Koselleck, R., Historia magistra vitae. Über die Auflösung des Topos vor dem Horizont neuzeitlich bewegter Geschichte, In: H. Braun/M. Riedel, Hgg., Natur und Geschichte. Festschrift für Karl Löwith, Stuttgart 1967, 196–219 (mehrfach nachgedruckt).

Koselleck, R., Wozu noch Historie?, Historische Zeitschrift 212, 1971, 1 ff., wiederabgedruckt in: Seminar: Geschichte und Theorie, hrsg. v. H. M. Baumgartner/J. Rüsen, Frankfurt 1976, 17 ff.

Koselleck, R., Geschichte, Geschichten und formale Zeitstrukturen, In: Ders./W.-D. Stempel, Hgg., Geschichte, Ereignis und Erzählung, Poetik und Hermeneutik V, München 1973 a, 211 ff.

Koselleck, R., Ereignis und Struktur, In: Ders./W.-D. Stempel, Hgg., Geschichte, Ereignis und Erzählung, Poetik und Hermeneutik V, München 1973 b, 560 ff.

Koselleck, R., Zeitschichten. Studien zur Historik, Frankfurt 2000 (Taschenbuch 2003), 247 ff.

Koslowski, P./R. Schenk, Hgg., Ambivalenz-Ambiguität-Postmodernität. Begrenzt eindeutiges Denken, Coll. Philos. 5, Stuttgart 2004.

Krämer, H., Zur Ortsbestimmung der Historischen Wissenschaften, In: Zeitschrift für Allgemeine Wissenschaftstheorie 26, 1974, 74–93.

Krämer, H., Grundsätzliches zur Kooperation zwischen Historischen und Systematischen Wissenschaften, In: Zeitschrift für philosophische Forschung 32/3, 1978, 321–344.

Krämer, H., Flüchtige Gegenwart? Zur Phänomenologie der Zeiterfahrung, In: H. Gauly, Hrsg., Im Gespräch: der Mensch. Festschrift für J. Möller, Düsseldorf 1981, 24 ff.

Krämer, H., Funktions- und Reflexionsmöglichkeiten der Philosophiehistorie. Vorschläge zu ihrer wissenschaftstheoretischen Ortsbestimmung, In: Zeitschrift für allgemeine Wissenschaftstheorie 16, 1985, 67–95 (Kurzfassung in: Dialektik 18, 1989, 144–163).

Krämer, H., Thesen zur philosophischen Hermeneutik, In: Internationale Zeitschrift für Philosophie, 1993/1, 173–188.

Krämer, H., Integrative Ethik, 2. Aufl. Frankfurt 1995.

Krämer, H., Zur Rekonstruktion der Philosophischen Hermeneutik, In: Journal for General Philosophy of Science 26, 1995, 169–185.

Krämer, H., Hermeneutik – Wissenschaft – Kultur – Praxis, In: Zeitschrift für philosophische Forschung 51/3, 1997, 390–410.

Krüger, L., Die systematische Bedeutung wissenschaftlicher Revolutionen, In: W. Diederich, Hrsg., Theorien der Wissenschaftsgeschichte, Frankfurt 1974, 240ff.

Krüger, L., Wissenschaftliche Revolutionen und Kontinuität der Erfahrung, In: Neue Hefte für Philosophie 6/7 (Tendenzen der Wissenschaftstheorie), 1974b, 14ff.

Kuhn, Th. S., Die Struktur wissenschaftlicher Revolutionen (engl. 1962), Frankfurt 1967.

Kukla, A., Studies in Scientific Realism, Oxford 1998.

Kukla, A., Social Constructivism and the Philosophy of Science, London/New York 2000.

Künne, W., Bolzanos blühender Baum. Plädoyer für eine nicht-epistemische Wahrheitsauffassung, In: Forum für Philosophie, Bad Homburg, Hrsg., Realismus und Antirealismus, Frankfurt 1992, 224–244.

Künne, W., Abstrakte Gegenstände. Semantik und Ontologie, Frankfurt 1983, 2007².

Kutschera, F. v., Wissenschaftstheorie II, München 1972.

Kutschera, F. v., Grundfragen der Erkenntnistheorie, Berlin/New York 1982.

Kutschera, F. v., Bemerkungen zur gegenwärtigen Realismus-Diskussion, In: Gombocz/Rutte/Sauer, Hgg., Traditionen und Perspektiven der Analytischen Philosophie. Festschrift für R. Haller, Wien 1989, 490–521.

Laudan, L., Explaining the success of science, In: Cushing/Delanney/Gutting, Hgg., Science and Reality, Notre Dame 1984, 83–105.

Laudan, L., Science and Relativism. Some Key Controversies in the Philosophy of Science, Chicago 1990.

Laudan, L., Beyond Positivism and Relativism. Theory, Method, and Evidence, Oxford 1996.

Laurence, St./C. Macdonald, Contemporary Readings in the foundations of Metaphysics, Oxford 1998.

Lenk, H., Interpretation und Interpret. In: Allgemeine Zeitschrift für Philosophie 17/1, 1992, 49–54.

Lenk, H., Interpretationskonstrukte, Frankfurt 1993.

Lenk, H., Schemaspiele, Frankfurt 1995.

Lenk, H., Interpretation und Realität, Frankfurt 1995 b.

Leplin, J., A Novel Defense of Scientific Realism, Oxford 1997.

Leplin, J., Hrsg., Scientific Realism, with an Introduction, Los Angeles/London 1984.

Lepsius, M. R., Bemerkungen zum Verhältnis von Geschichtswissenschaft und Soziologie, In: W. Conze, Hrsg., Theorie der Geschichtswissenschaft und Praxis des Geschichtsunterrichts, Stuttgart 1972, 55ff.

Lessing, H.-U., Die Idee einer Kritik der historischen Vernunft, Freiburg/München 1984.

Lipset, S. M., Bemerkungen zum Verhältnis von Soziologie und Geschichtswissenschaft, In: E. Topitsch, Hrsg., Logik der Sozialwissenschaften, 8. Aufl. Köln 1972, 477ff.

Löhrer, G., Einige Bemerkungen zur Theorieebene der Interpretationsphilosophie, In: Allgemeine Zeitschrift für Philosophie 21/3, 1996, 266–270.

Ludz, P. Chr., Hrsg., Soziologie und Sozialgeschichte. Kölner Zeitschrift für Soziologie und Sozialpsychologie, Sonderheft 16, 1972.

Lueken, G.-L., «Alles, was so ist, könnte auch anders sein». Zu Günter Abels Interpretationswelten, In: Deutsche Zeitschrift für Philosophie 44, 1996, 889–901.

Luhmann, N., Evolution und Geschichte, In: N. L., Soziologische Aufklärung II, Opladen 1975, 150ff.

Luhmann, N., Weltzeit und Systemgeschichte (1972), Nachdruck in: N. L., Soziologische Aufklärung II, Opladen 1975, 103–133.

Lycan, W. G., Philosophy of Language. A Contemporary Introduction, New York 2000.

Markis, D., Quine und das Problem des Übersetzens, Freiburg/München 1979.

McAllister, J. W., Scientific realism and the criteria for theory choice, In: Synthese 38, 1993, 203–222.

McDowell, J., Über «die Wirklichkeit der Vergangenheit», In: Ch. Hookway/Ph. Pettit, Hgg., Handlung und Interpretation, Berlin/New York 1982, 160–182.

Mehrtens, A., Enzyklopädisch: Realismus, In: H. J. Sandkühler/D. Pätzold, Hgg., Die Wirklichkeit der Wissenschaft. Probleme des Realismus, Dialektik 1, Hamburg 1991, 35–44.

Mellor, D. H./A. Oliver, Properties, Oxford 1997.

Melville, G., Kategorien des Metahistorischen. Forschungsziel eines neuen geschichtswissenschaftlichen Selbstverständnisses?, In: Philosophisches Jahrbuch 82, 1975, 188ff.

Menke, Chr., Die Souveränität der Kunst, Frankfurt 1991.

Merleau-Ponty, M., Phänomenologie der Wahrnehmung, Berlin 1966.

Metzinger, Th., Hrsg., Bewußtsein. Beiträge aus der Gegenwartsphilosophie, Paderborn 1995.

Minkowski, E., Le temps vécu, 2. Aufl. Neuchâtel 1968 (deutsch: Die gelebte Zeit, Salzburg 1971, Bd. 1, 24ff.).

Mommsen, W., Die Geschichtswissenschaft jenseits des Historismus, 2. Aufl. Düsseldorf 1972.

Murray, M. J., The God's I point of view, In: W. P. Alston, Hrsg., Realism and Antirealism, Ithaka 2002, 92ff.

Nagel, E., The Structure of Science, London 1961, Kap. 11: The Reduction of Theories, 336ff.

Natorp, P., Platos Ideenlehre, Leipzig 1903, 2. Aufl. 1921.

Newman, A., The Correspondence Theory of Truth, Cambridge 2002.

Nida, E. A., Das Wesen des Übersetzens, In: W. Wilss, Hg., Übersetzungswissenschaft, Wege der Forschung 535, Darmstadt 1981, 123–147. (Englisches Original in: A. D. Dil, Hrsg., Language's Structure and Translation, Essays by E. A. Nida, Stanford 1975.)

Nietzsche, F., Sämtliche Werke in der Ausgabe von Colli/Montinari (Studienausgabe), 2. Aufl. München 1999.

Nüse, R./N. Groeben/B. Freitag/M. Schreier, Über die Erfindung(en) des radikalen Konstruktivismus. Kritische Gegenargumente aus psychologischer Sicht, Weinheim 1991.

Oelmüller, W., Hrsg., Wozu noch Geschichte?, München 1977.

Orth, E. W., Was ist und was heißt ‹Kultur›?, Würzburg 2000.

Papineau, D., Reality and Representation, 2. Aufl. Oxford 1991.

Perpeet, W., ‹Kultur, Kulturphilosophie›, In: Historisches Wörterbuch der Philosophie Bd. 4, 1976, Sp. 1309–1324.

Perpeet, W., Kulturphilosophie, Bonn 1997.

Piaget, J., Der Strukturalismus, Olten 1973.

Poincaré, H., La science et l'hypothèse, Paris 1902 (deutsch: Wissenschaft und Hypothese, 2. Aufl. Leipzig 1906).

Popper, K. R., The myth of the framework (1976), jetzt in M. A. Notturno, Hrsg., The Myth of the Framework, London/New York 1994, 33–64.

Przylebski, A., Die Grenzen der hermeneutischen Vernunft. Über die vermeintlichen und die wirklichen Begrenzungen der Hermeneutik Gadamers, In: Hogrebe, W., Grenzen und Grenzüberschreitungen, Bonner Philosophiekongreß, Bonn 2002, 222–228.

Putnam, H., Vernunft, Wahrheit und Geschichte (Reason, Truth, and History), deutsch, Frankfurt 1982.

Putnam, H., Models and Reality, jetzt in: Realism and Reason. Philosophical Papers, Bd. 3, Cambridge 1983, 1–25.

Putnam, H., The Many Faces of Realism, La Salle 1987.

Putnam, H., Realism with a Human Face, Cambridge Mass. 1990.

Putnam, H., Repräsentation und Realität, Frankfurt 1991.

Putnam, H., John-Dewey-Lectures (Essays) in Philosophy (1994), New York 1999.

Putnam, H., Das modelltheoretische Argument und die Suche nach dem Realismus des Common sense, In: Willaschek, M., Hrsg., Realismus, 125–142.

Quine, W. V. O., Wort und Gegenstand, Stuttgart 1980.
Quine, W. V. O., Indeterminacy of translation again, In: The Journal of Philosophy 84, 1987, 5–10.

Rickert, H., Die Grenzen der naturwissenschaftlichen Begriffsbildung, 5. Aufl. Tübingen 1929.
Rickert, H., Die vier Arten des Allgemeinen in der Geschichte (Anhang), In: Die Grenzen der naturwissenschaftlichen Begriffsbildung, 5. Aufl. Tübingen 1929, 737 ff.
Risku, H., Translatorische Kompetenz, Tübingen 1998.
Rittner, V., Zur Krise der Westdeutschen Historiographie, In: I. Geiss/R. Tamchina, Hgg., Ansichten einer künftigen Geschichtswissenschaft, Bd. I, München 1974, 67 ff., 153.
Rombach, H., Strukturontologie, Teil II und III, Frankfurt/München 1971.
Rorty, R., «Sein, das verstanden werden kann, ist Sprache», In: Hommage an H.-G. Gadamer, Frankfurt 2001, 30–49.
Rothacker, E., Logik und Systematik der Geisteswissenschaften, 2. Aufl., Bonn 1948.
Rothacker, E., Die dogmatische Denkform in den Geisteswissenschaften und das Problem des Historismus. Abhandlungen der Akademie der Wissenschaften und der Literatur zu Mainz. Geistes- und Sozialwiss. Klasse Bd. 6, Mainz 1954, 249 ff.
Rüsen, J., Grundzüge einer Historik I–III, Göttingen 1983–1989.
Rüsen, J., Konfigurationen des Historismus, Fankfurt 1993.

Sachsse, H., Was sind Geisteswissenschaften?, In: Philosophia naturalis 13, 1971, 259 ff.
Sachsse, H., Methode, Verfahren, Zugangsweisen, In: Rombach, H., Hrsg., Wissenschaftstheorie II, Freiburg 1974, 29 ff.
Schadewaldt, W., Hellas und Hesperien, Zürich/Stuttgart, 1. Aufl. 1960, 932.
Schaffner, K. F., Approaches to reduction, In: Philosophy of Science 34, 1967, 137 ff.
Schantz, R., Der sinnliche Gehalt der Wahrnehmung, München 1990.
Schantz, R./R. Scholz, ‹Universalien›, In: Historisches Wörterbuch der Philosophie, Bd. 11, 2001, 192–199.
Schantz, R., Wahrheit, Referenz und Realismus, Berlin 1996.
Schantz, R., Hrsg., What is Truth?, Berlin/New York 2002.
Schaper, E./W. Vossenkuhl, Hgg., Bedingungen der Möglichkeit, Stuttgart 1984.
Schapp, W., In Geschichten verstrickt, Hamburg 1953, 2. Aufl. 1976.
Schapp, W., Philosophie der Geschichten, Hamburg 1959.
Schieder, Th., Der Typus in der Geschichtswissenschaft, In: Studium Generale 5, 1952, 228 ff.

Schieder, Th./K. Gräubig, Hgg., Theorieprobleme in der Geschichtswissenschaft, Wege der Forschung 378, Darmstadt 1977.

Schleiermacher, F. D. E., Hermeneutik und Kritik, herausgegeben und eingeleitet von M. Frank, Frankfurt 1977.

Schlobach, J., Die klassisch-humanistische Zyklentheorie und ihre Anfechtung durch das Fortschrittsbewußtsein der französischen Frühaufklärung, In: K. G. Faber/Chr. Meier, Hgg., Theorie der Geschichte, Bd. 2: Historische Prozesse, München 1978, 127–142.

Schmitt, A., Die Moderne und Platon, Stuttgart 2003.

Schnädelbach, H., Morbus hermeneuticus. Thesen über eine philosophische Krankheit, jetzt in: H. Sch., Vernunft und Geschichte. Vorträge und Abhandlungen, Frankfurt 1987, 279–284.

Scholtz, G., Hrsg., Historismus am Ende des 20. Jahrhunderts. Eine internationale Diskussion, Berlin 1997.

Schulz, W., Wittgenstein, Pfullingen 1967.

Schulze, W., Soziologie und Geschichtswissenschaft. Einführung in die Probleme der Kooperation beider Wissenschaften, München 1974.

Searle, J. R., Reiterating the differences. A reply to Derrida, In: Glyph 1, 1977, 198–208.

Seebohm, Th. S., Zur Kritik der hermeneutischen Vernunft, Bonn 1972.

Seel, M., Sich bestimmen lassen, Frankfurt 2002.

Seiffert, H./G. Radnitzky, Hgg., Handlexikon zur Wissenschaftstheorie, 2. Aufl. München 1992.

Shusterman, R., Vor der Interpretation, Wien 1996.

Simon, J., Philosophie des Zeichens, Berlin 1989.

Simon, J., Welten und Ebenen, In: Deutsche Zeitschrift für Philosophie 44, 1996, 855–866.

Sklar, L., Types of intertheoretic reduction, In: The British Journal for the Philosophy of Science 18, 1967/8, 109 ff.

Snell-Hornby, M., Hrsg., Übersetzungswissenschaft. Eine Neuorientierung, Tübingen 1986.

Sosa, E./E. Villanueva, Hgg., Realism and Relativism. Philosophical Issues Bd. 12, Oxford 2002.

Spinner, H. F., Artikel ‹Theorie›, In: Handbuch philosophischer Grundbegriffe Bd. 5, 1974, 1486 ff.

Stachowiak, H., Allgemeine Modelltheorie, Wien/New York 1973.

Steenblock, V., Transformationen des Historismus, München 1991.

Stegmüller, W., Der sogenannte Zirkel des Verstehens, In: K. Hübner/A. Menne, Hgg., Natur und Geschichte. X. deutscher Kongreß für Philosophie, Kiel 1972, 21 ff.

Stegmüller, W., Unvollständigkeit und Unentscheidbarkeit. Die mathematischen Resultate von Gödel, Church, Kleene, Rosser und ihre erkenntnistheoretische Bedeutung, 3. Aufl. Wien/New York 1973, bes. 36 ff.

Stegmüller, W., Probleme und Resultate der Wissenschaftstheorie und Analytischen Philosophie Bd. II D, 1973 ff.; II E, 1973, 247 ff., 282 ff.

Stegmüller, W., Theoriendynamik und logisches Verständnis, In: W. Diederich, Hrsg., Theorien der Wissenschaftsgeschichte. Beiträge zur diachronen Wissenschaftstheorie, Frankfurt 1974, 198 ff.

Stegmüller, W., Hauptströmungen der Gegenwartsphilosophie II, 1975, 528 ff.

Stierle, K., Geschichte als Exemplum – Exemplum als Geschichte. Zur Pragmatik und Poetik narrativer Texte, In: R. Koselleck/Stempel, W. D., Hgg., Geschichte, Ereignis und Erzählung, Poetik und Hermeneutik V, München 1973, 347 ff.

Strawson, P. F., Einzelding und logisches Subjekt (1959), Stuttgart 1972.

Strawson, P. F., Die Grenzen des Sinns (1966), Königstein 1981.

Strawson, P. F., Scepticism and Naturalism, London 1985.

Ströker, E., Geschichte als Herausforderung. Marginalien zur jüngsten wissenschaftlichen Kontroverse, In: Neue Hefte für Philosophie 6/7, 1974, 61 ff.

Teggart, H., The Processes of History, New Haven 1918, 124 ff.

Teichert, D., Kunst als Geschehen. Gadamers antisubjektivistische Ästhetik und Kunsttheorie, In: J. M. Fehér, Hrsg., Kunst, Hermeneutik, Philosophie, Heidelberg 2003, 193–217.

Trigg, R., Reality at Risk. A Defense of Realism in Philosophy and the Sciences, Harvester Studies in Philosophy 12, Sussex 1980.

Troyer, J. G./S. C. Wheeler III, Hgg., Intentionality, Language, and Translation, In: Synthese 27, 3/4, 1974.

Vetter, H./M. Flatscher, Hgg., Hermeneutische Phänomenologie – Phänomenologische Hermeneutik, Frankfurt/Wien 2005.

Vico, G., De nostri temporis studiorum ratione, Darmstadt 1963.

Vico, G., Scienza nuova, nach der 3. Aufl. von 1744 hrsg. von F. Nicolini, Rom 1949/50.

Vierhaus, R., Zum Problem historischer Krisen, In: K. G. Faber/Chr. Meier, Hgg., Theorie der Geschichte, Bd. 2: Historische Prozesse, München 1978, 321 ff.

Vierhaus, R., Geschichtswissenschaft und Soziologie, In: G. Schulz, Hrsg., Geschichte heute, Göttingen 1973, 69 ff.

Wagner, F., Analogie als Methode geschichtlichen Erkennens, In: Studium Generale 8, 1955, 703 ff.

Warning, R., Hrsg., Rezeptionsästhetik, 4. Aufl. München 1994.

Weber, M., Methodologische Schriften, Frankfurt 1968.

Weckert, J., The Theory-Ladenness of Observations, In: Studies in History and Philosophy of Science 17/1, 1986, 115–127.

Wehler, H.-U., Hrsg., Geschichte und Soziologie, Köln 1972.
Wehler, H.-U., Hrsg., Geschichte und Ökonomie, Köln 1973.
Wehler, H. U., Aus der Geschichte lernen?, München 1988.
Wellmer, A., Zur Kritik der hermeneutischen Vernunft, In: Chr. Demmerling/Gabriel/Rentsch, Hgg., Vernunft und Lebenspraxis. Für Friedrich Kambartel, Frankfurt 1995, 123–156.
Wellmer, A., Sprachphilosophie, Frankfurt 2004.
Wendel, H. J., Moderner Relativismus. Zur Kritik naturalistischer Sichtweisen des Erkenntnisproblems, Tübingen 1990.
Wiesing, L., Hrsg., Philosophie der Wahrnehmung, Frankfurt 2002.
Wiesing, L., Zur Kritik am Interpretationismus oder die Trennung von Wahrheit und Methode, In: Internationales Jahrbuch für Hermeneutik Heft 3, 2004, 137–151.
Willaschek, M., Hrsg., Realismus, Paderborn 2000.
Willaschek, M., Der mentale Zugang zur Welt, Frankfurt 2003.
Wilss, W., Hrsg., Übersetzungswissenschaft, Darmstadt 1981.
Wischke, M., Die Schwäche der Schrift. Zur philosophischen Hermeneutik H.-G. Gadamers, Köln 2001.
Wischke, M./M. Hofer (Hgg.), Gadamer verstehen. Understanding Gadamer, Darmstadt 2003.
Wittgenstein, L., Philosophische Untersuchungen, Schriften 1, Frankfurt 1960.
Wojtecki, W. A., Vom Untergang des Abendlandes. Zyklische, organische und morphologische Geschichtstheorien im 19. und 20. Jahrhundert, Berlin 2000.
Wright, C., Realism, Meaning, and Truth, 2. Aufl. Oxford 1993.
Wright, C., Wohin führt die aktuelle Realismusdebatte?, In: M. Willaschek, Hrsg., Realismus, Paderborn 2000, 209–241.
Wright, C., Wahrheit und Objektivität (1992), Frankfurt 2001.
Wüstemeyer, M., Die ‹Annales›: Grundsätze und Methoden ihrer neuen Geschichtswissenschaft, In: Vierteljahresschrift für Sozial- und Wirtschaftsgeschichte 54, 1967, 27 ff.

II. Namenregister

antirealistisch → hermeneutisch → politisch

→ skeptisch